JN080193

保育者論

―主体性のある保育者を目指して

野津直樹・宮川萬寿美 編著

萌文書林
Houbunshorin

はじめに

　あなたはなぜ保育者になろうと思ったのでしょうか。"子どもが好きだから"そんな声がすぐにでも聞こえてきそうです。しかしながら、保育者の専門性を学んでいくうちに気づくことがあります。それは"子どもが好きというだけではできない仕事である"ということです。

　"子どもが好き"という思いはいわばあなた自身の志です。"子どもが好き"という思いは何事にも代え難い、保育者になろうとする者にとって最も大切な志です。もっと言えば、その志はあなた自身の人間性の基礎を培うための志となります。"子どもが好きというだけではできない"とは、多岐に渡る保育者としての専門的な知識・技術を学ぶ上での葛藤状態を指しています。保育者としての学びを深めていくにつれ、きっとあなた自身もこの思いを経験することとなるでしょう。前者は保育者として必要な人間性であり、後者は保育者として必要な専門的な知識・技術です。この両者を持ち合わせた者こそ、保育者であるといえます。本テキストにおいてはこの両者について様々な見地から言及しました。

　本テキストは、国が定める"教職課程コアカリキュラム"と"保育士養成課程を構成する各教科目の目標及び教授内容"に対応して作成されています。そして、本書の特色は、保育所、幼稚園、認定こども園、施設それぞれにおいて現場経験豊かな教員達が、その専門的な知見を基に、保育者が持つべき視点・知識等を記述していることです。また学生の皆さんが、分かりやすく章の内容をイメージできるよう、各章において"保育の現場では"としてエピソードを挿入しました。

　このテキストのタイトルにある主体性のある保育者とは、自ら考え、自ら動くことのできる保育者です。保育現場に保育者として立つ時、主体性をもって立ち居振る舞いのできる保育者であることを、職場からも保護者からも、そして子どもたちからも必ず求められます。自身が保育現場に立つとは、就職して保育者として働く時だけではなく、実習生としてあるいはボランティアとしての活動も含まれます。そう考えると本テキストで保育者論を学び始めたあなたは、もう間もなく主体性を持って動く時がやってくることになります。

　保育者を目指す全ての皆さんが、このテキストを活かして主体性のある保育者になるべく日々謙虚に努力を積み重ねていくことを著者一同切に願い応援しています。

2024年1月　編著者：野津直樹・宮川萬寿美

もくじ

第11章 保育者の連携・協働① 園内の保育者チームおよび家庭との連携

第12章 保育者の連携・協働② 専門機関や地域との連携

第13章 保育者としての葛藤

「教職課程コアカリキュラム」「保育士養成課程を構成する各教科目の目標及び教授内容」と本書の対応表

教職課程コアカリキュラム	
各教科に含めることが必要な事項	教職の意義及び教員の役割・職務内容（チーム学校運営への対応を含む。）
一般目標	１．我が国の今日の学校教育や教職の社会的意義を理解する。 ２．教育の動向を踏まえ、今日の教員に求められる役割や資質能力を理解する。 ３．教員の職務内容の全体像や教員に課せられる服務上・身分上の義務を理解する。 ４．学校の役割が拡大・多様化する中で、学校が内外の専門家等と連携・分担して対応する必要性について理解する。

本書の該当章	到達目標
第１章	（1）教職の意義 １）公教育の目的とその担い手である教員の存在意義を理解している。
第１章	２）進路選択に向け、他の職業との比較を通して、教職の職業的特徴を理解している。
第１，２，４章	（2）教員の役割 １）教職観の変遷を踏まえ、今日の教員に求められる役割を理解している。
第７，14，15章	２）今日の教員に求められる基礎的な資質能力を理解している。
第２，４，10章	（3）教員の職務内容 １）幼児、児童及び生徒への指導及び指導以外の校務を含めた教員の職務の全体像を理解している。
第６，10，13章	２）教員研修の意義及び制度上の位置付け並びに専門職として適切に職務を遂行するため生涯にわたって学び続けることの必要性を理解している。
第５，６章	３）教員に課せられる服務上・身分上の義務及び身分保障を理解している。
第11，12章	（4）チーム学校運営への対応 １）校内の教職員や多様な専門性を持つ人材と効果的に連携・分担し、チームとして組織的に諸課題に対応することの重要性を理解している。

日本保育者養成教育学会・保育教諭養成課程研究会「幼稚園教諭養成課程と保育士養成課程を併設する際の担当者及びシラバス作成について」日本保育者養成教育学会，2018年，pp.7-8 を一部改変
http://www.h-yousei-edu.jp/download/20180518_doc.pdf (2023/11/17)

保育士養成課程を構成する各教科目の目標及び教授内容	
科目名	保育者論
目的	1．保育者の役割と倫理について理解する。 2．保育士の制度的な位置づけを理解する。 3．保育士の専門性について考察し、理解する。 4．保育者の連携・協働について理解する。 5．保育者の資質向上とキャリア形成について理解する。

本書の該当章	内容
第1, 2, 3, 4章	1．保育者の役割と倫理 （1）役割・職務内容
第5章	（2）倫理
第6章	2．保育士の制度的位置付け （1）児童福祉法における保育士の定義
第6章	（2）資格・要件
第6章	（3）欠格事由、信用失墜行為及び秘密保持義務等
第7章	3．保育士の専門性 （1）保育士の資質・能力
第8章	（2）養護及び教育の一体的展開
第11章	（3）家庭との連携と保護者に対する支援
第10章	（4）計画に基づく保育の実践と省察・評価
第9章	（5）保育の質の向上
第12章	4．保育者の連携・協働 （1）保育における職員間の連携・協働
第12章	（2）専門職間及び専門機関との連携・協働
第12章	（3）地域における自治体や関係機関との連携・協働
第13章	5．保育者の資質向上とキャリア形成 （1）資質向上に関する組織的取組
第13章	（2）保育者の専門性の向上とキャリア形成の意義
第13章	（3）組織とリーダーシップ

〈留意事項〉

・教職課程コアカリキュラムの「教職の意義及び教員の役割・職務内容（チーム学校運営への対応を含む。）」の科目と保育士養成課程の「保育者論」を両課程に共通する科目とする際には、下線部分に配慮すること。

・「保育者」という用語は教職課程コアカリキュラムの「教員」より広い概念として一般的に使われている。幼稚園教員を含むものである。

・「保育者」には「幼稚園教諭」も含まれるが、「幼稚園教諭」に「保育士」は含まれない。

第1章

保育者とは

　保育者は保育に関する専門家（プロフェッショナル）です。第1章前半では保育者になるためにどのような心構え・態度が必要かを学んでいきます。保育者は幼稚園教諭、保育士、また保育教諭（職名）等の総称です。後半ではそれぞれの定義について学んでいきます。

　この章で学ぶことは、保育者になるための勉強の第一歩として、さらには保育者として働こうとする時の手がかり（どの職種を選ぶのか等）としても役立ててください。

1. 保育者の存在意義

（1）保育者について思い浮かべるもの

　この本を手にしているみなさんは、保育者になるために（資格・免許を取得するために）保育に関する勉強を始めたばかりの人が多いと思います。

　そこで、学習を始める前にまず、あなたが現段階でもっている「保育者観[*1]（保育者のイメージ）」を、2つの視点から書き留めてみましょう。

ワーク

　子どもの視点からみた保育者は、どのような存在でしょうか。

_____

_____

_____

_____

_____

　ヒント　園に通う子どもになったつもりで書いてみましょう。あなたが子どものころの園の先生を思い浮かべてもよいでしょう。

　現在のあなたからみて、保育者とはどのような存在でしょうか

_____

_____

_____

_____

_____

　ヒント　憧れる点、このような保育者を目指したい等。

　さて、いかがだったでしょうか。ここで、著者が保育者を目指す学生たちに上記のワークと同様の質問をした[*2]結果を紹介します（表1-1、表1-2）。とても素直で素敵な意見がたくさん出ていました。

---

*1　本書では、単なる職業観にとどまらない保育者としての在りようを、保育者観と定義します。
*2　短期大学の「保育者論」の授業の第1回で、まずは個人でこのワークに取り組み、次にグループで意見を交換し、他グループと重複しない回答を発表した結果です。保育を学び始めたばかりの意見でも、その意味合いを考えていくと、価値ある言葉が引き出されています。(2015年)

表1-1　子どもの視点からみた保育者

・一緒に何かをしてくれたり、教えてくれたりする人、<u>母親のように</u>優しいけど怒ることもある
・先生だけど<u>保護者のような</u>存在、子どもの一番の味方になってくれる
・相談相手、着替え・トイレに連れて行ってくれる人
・初めて保護者以外で世話になる人、分からないこと・知らないことを教えてくれる
・保護者とは違う甘え方ができる、<u style="text-decoration:double underline">何でも知っている</u>人
・子どもに絵本を<u>読んだり</u>、外で遊ぶ、<u>第二の母のように</u>頼れる
・<u style="text-decoration:double underline">子どもにとってのヒーロー</u>、大好きな人
・気持ちを理解してくれる人、いつも元気で笑顔な人
・母親とは違うが安心できる存在、子どもにとって手本になる
・子どもにとっての最初の先生、<u style="text-decoration:double underline">頼れる</u>人

　表1-1をみると、「母親のように」「保護者のような」「第二の母のように」（下線実線部分）という回答は、子どもにとって保育者は、いつもそばにいる家族の代わりの存在だという意見です。

　その一方、「保護者以外から世話になる」「保護者とは違う」「母親とは違う」（下線波線部分）は、子どもにとって初めての近しい他人だという意見です。

　また、「何でも知っている」「子どもにとってのヒーロー」「頼れる」（下線二重線部分）からは、学び始めた学生にとっては、保育者が万能な人物としてイメージされていることがよく分かります。

　しかしながら、実際には保育者は万能というわけではありません。保育者は、保育に対して常に迷い、悩み、考え続ける人です。保育に携わる仕事というのはこれといった正解を見出すことが難しい[*3]、そんな職業だからです。それならばなぜ学生には万能に見えたのか、それについて考えることも有意義な学びとなります。憧れの存在として映っていたからかもしれませんし、少しいじわるなことを言うと、いわゆる思い出補正が加わっているからかもしれません。

表1-2　現在のあなたからみた保育者

・<u>成長に気づける人</u>、<u>そばにいると安心する人</u>
・<u>子どもの気持ちが理解できる人</u>、まわりをよく観察できる人
・<u>保護者との連携を大切にする</u>、保護者がいないときに保護者の代わりをする
・ピアノや工作などについて優れた技術をもつ人、友達との関わり方を教える人
・様々なことを同時にこなすことができる、子どもたちを守る人

＊3　明確な不正解は存在します。子どもに対する暴力、体罰等がそれに当たります（第5章参照）。

> ・全力で教える、<u>子どもと一緒に楽しむ</u>
>
> ・一人一人の可能性を<u>見出す</u>、子どものことをよく知っている人
>
> ・<u>保護者の相談役</u>となる、子どもの成長を支える
>
> ・子どもの成長過程に携わる人、子どもに伝わるように言葉を選んで話す
>
> ・一人でできるようにサポートをする、注意をしてあげられる人

　表1-2をみると、「そばにいると安心する」「子どもの気持ちが理解できる」「子どもと一緒に楽しむ」（下線実線部分）といった意見から、保育について学び始めたばかりであっても、すでに保育者の役割を知っていることが見てとれます。それぞれ順番に「子どもの心のよりどころ」「理解者」「共同作業者」という役割を指しています（本書第2章参照）。さらに、「様々なことを同時にこなすことができる」（下線波線部分）からは、その役割を柔軟にこなしていくことが求められることをすでに知っていることになります。

　また、「保護者との連携」「保護者の相談役」（下線二重線部分）からは、保育者が家庭との連携、保護者支援を求められていることも意識できていることになります（本書第11章参照）。

　ここであなたが書いた保育者観は保育者論を学び始めたばかりの保育者のイメージとなります。しっかりと記述してから次の学びへ進んでください。本書の第15章でもワークを行い、保育者論を学んだ後の保育者のイメージを記述することになります。学びの前後で保育者のイメージがどのように変わったかを知ることで、何を学んだのかが明確になると思われます。

　その学びには、保育者論の他の科目での学びも含まれます。「学び」は点であり、その点の集合体が「育ち」です。点をつなげて線にしたり、面にしたりして、学びで得た知識を育ちとして自分のものとしていきましょう。

（2）保育者と他の職業との比較

　職業として保育者を選択する際（中学や高校において、進路選択を考える時期に直面した際）、多くの人が「子どもと遊ぶことが好き」「小さい頃から近所の子どもたちと遊んでいた」「ボランティアや保育体験で子どもと関わったことが楽しかった」等、自身がもつ子どもと関わってきた原体験を基に進路決定したことでしょう。実はこの原体験こそ、保育者を職業として捉えた時に最も重要な想いとなると言うことができます。自身の子どもに関わる原体験は何なのか、ここで今一度思い返してみるといいでしょう。

　子どもと関わる仕事は保育者の他にも多く存在します。例えば看護師がその中の一つと言えるでしょう。保育者も看護師も資格や免許を有した上で就くことのできる職業です。そしてどちらも子どもと深く関わることが必要とされる職業です。自身の進

路選択の際にもこの2つの職業について葛藤した人もいるのではないでしょうか。最終的には、医療技術についてより専門的な知識・技術を学ぼうとする人は看護師を選択し、保育技術についてより専門的な知識・技術を学ぼうとする人が保育者を選択したのではないでしょうか[4]。どちらの職業を選択しても実は、それぞれの技術を学ぶ時に子どもを理解することが必要となってきます。

　そして、殊更（ことさら）子どもを理解するという点ではどの職業を差し置いてでも、保育者という職業はより深く知ろうとする者が就くべきものです。それが保育者はプロフェッショナルであるという所以（ゆえん）です。日本の数多く存在するプロフェッショナルの中で殊更子どもに関することについてはより深く学んでいる人、それが保育者という職業であると言うことができます。

2. 保育者とは何か

（1）保育とは何か、保育者とは何か

　保育は、子どもが生まれたその瞬間、まわりにいる大人がその子どもの命を保障するところから始まります。そして、その命に対してまわりにいる大人たちが温かく世話をし、教育をし続ける行為こそ保育であるということができます。子どもの命を保障するといった視点から保育とは何か、保育者とは何かの問いについて考えていきましょう。

　生まれたばかりの子ども（赤ちゃん）は、まず助産師や看護師、医師の手にその命が預けられます。その瞬間、子どもの命を保障しているのは助産師や看護師、医師であるといえます。その後、新生児ベッドに移動し、しばらくして母親のもとへと向かいます。その時は母親が（あるいは一緒にいる父親も含めて）その子どもの命を保障していることになります。やがて病院を退院すると、自宅でその子どもの命を保障するのは言うまでもなくその母親や父親、つまり保護者です。さらに時が経ち、例えば保護者が働きに出ている間にその子どもを保育所や幼稚園、施設等に預けた場合、その命を保障するのはそこで働く保育者ということになります。その子どもの担任の保育者はもちろんのこと、園長や主任、園バスの運転手や事務職員等までが、その子どもの命を保障することになります。保護者が迎えに来た後は、保護者が子どもの命を保障する人であるということができます。もし帰り道で保護者の友人と偶然出会い、その友人が子どもと関われば、友人も子どもの命を保障する人であるということになります。つまり、子どもの命を保障する大人全員を保育者と呼ぶことができます。このように広い意味で捉えた保育者を「広義における保育者」と定義します。広義における保育者は、その子どものまわりにいる大人が全て保育者となり得るという点に大きな特徴があります。また、広義における保育者は、保育に関する専門性をもってい

---

[4] ひょっとしたら何となく選んでしまったという人もいるかもしれません。それでもいいです。きっかけはこういったことから生まれることもあります。

たり、いなかったりするという特徴があります。

　次に「狭義における保育者」について定義していきます。すでに述べたように、子どもの命を保障する人が広義における保育者です。結論から述べると、その中でも専門性を有した人が狭義における保育者であるといえます。つまり、保育の専門性について学んだ人のみが保育者であるということです。保育に関する本を読んだり、インターネット上で情報収集したりすることである程度の専門性を学ぶこともできますが、狭義における保育者は、より高い次元の保育に関する専門性が求められます。それが資格・免許を取得するということです。それが幼稚園教諭であり、保育士であり、保育教諭です。本書でいう保育者とは、このような狭義における保育者のことを指します。

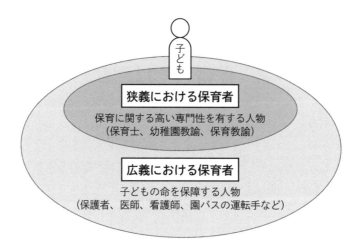

図1-1　狭義における保育者と広義における保育者

　幼稚園教諭、保育士、保育教諭は専門職です。本書を手にしたみなさんは保育に関する専門家、プロフェッショナルとなるべく勉強を進めていくこととなります。専門家である以上、最終的には（長い時間をかけて）子どものことを誰よりも深く理解し、人として深く愛する存在となる必要があります。それは、時には、その子どもの保護者よりも深くということです。そういった心構えをもつことによって、昨今起こり得る様々な事故や事件から子どもたちを守ることができるのではないでしょうか。

（2）幼児教育の担い手としての保育者

　　幼児期の教育は、生涯にわたる人格形成の基礎を培う重要なものであることにかんがみ、国及び地方公共団体は、幼児の健やかな成長に資する良好な環境の整備その他適当な方法によって、その振興に努めなければならない。

教育基本法 第11条 幼児期の教育

　このように、幼児教育は人格形成の基礎を培うために行われる重要なものであると位置付けられています。幼児教育に関わる人は数多く存在しますが、その最前線で子

どもと関わる人（きっと本書を手に取っているあなた自身）が幼児教育の担い手として最も大切な存在であるとここで強調しておきます。

　そのためには、まず保育者は園・施設内において、保育の専門家として、毅然とした態度でその職務を担うことが大前提となります。だからこそ、保育者として研修や自学自習、日々の反省等で研鑽を積み、学び続ける姿勢をもち続ける必要があります。これを実行する保育者のみ幼児教育の担い手として相応しい存在となり得るのです。

（3）保育者観の変遷を踏まえた、今日の保育者に求められる役割

　　　一般に、幼児期は自分の生活を離れて知識や技能を<u>一方向的に教えられて身に付けていく時期ではなく</u>、生活の中で自分の興味や欲求に基づいた直接的・具体的な体験を通して、この時期にふさわしい生活を営むために必要なことが培われる時期であることが知られている。

　　　　　　　　　　　幼稚園教育要領解説 p.28 環境を通して行う教育の意義（下線部は筆者による）

　子どもがより主体的[*5]に取り組むことのできる、かつ園生活の中における体験を通して、子どもがその自身の中に知識や技能に対する育ちの芽が培われていきます。保育者はまずこのことを胸に刻み、目の前の子どもたちと向き合っていく必要があります。なおこれを、環境を通して行う教育（環境を通しての保育）と言います。

　保育者が今日求められる専門的な態度は、子どもたちに対して一方的に知識・技能を教えてそれを"やらせる"ようなものではありません。"やらせる"保育により身に付いていく知識・技能はその瞬間にのみ、短期的には一定の効果が見られるかもしれませんが、より長期的な側面からは身に付くことが期待できないということを、上記下線部は伝えようとしています。

　もう一つ、前述のように子どもが主体的に取り組む様子を園生活の中の体験を通して保障している状況においても、その一切を子ども任せとせずに、保育者も主体的に関わることが、保育者に求められる専門的な態度として必要です。保育者が主体的に関わるための準備として日々の計画案を作成することも必要となります。さらには保育の一瞬一瞬に自身が作成した計画に基づいた想像力や判断力が必要となります。かつて、子ども中心の保育が謳われ始めた時（1989年、第2次改訂幼稚園教育要領時期）、一切を子どもの自由に任せてしまうような、いわば放任主義の保育も見られました。そこには"子どもをただ遊ばせておけばいい"といった、保育者の主体的な関わりが欠けてしまった状況が生まれてしまったと筆者は考えています。なお、保育者が主体的に関わる保育にはそこに必然的に子どもと保育者との対話が生まれることを追記しておきます[*6]。

＊5　（子どもが）自ら進んで行こうと、自身で興味や関心を持ってその物事に取り組む様子をいいます。
＊6　子どもと保育者の対話が、子どもと子どもとの対話、保育者と保育者との対話へとつながり、広がりを生みます。

保育者って？

①保育者は俳優さん!?

　保育者は子どもたちにとって、保護者以外に初めて長時間接する大人と言ってもいいかもしれません。実はその中で…保育者はいろいろな人や物に変身します。子どもたちと接する中で時には、お母さん、お父さん、お姫様、王子様、怪獣、ヒーロー、ネコ、イヌ等々…。自分の恥を捨てて、子どもたちと共に思い切り変身して楽しむことが子どもたちと仲良くなる第一歩!!

　さらには、運動会や発表会等で、子どもたちを演出する舞台監督になったり、スタイリストになったり、ダンスリーダーになったり、指揮者になったり、ピアニストになったり、カメラマンになったり、司会者になったりと…。保育者という職業は、保育現場でいろいろな人に変身する俳優さんのような仕事でもあります。

　保育にはそれぞれの保育者の生き様が滲み出てきます。音楽が好き、ダンスが好き、絵が好き、運動が好きといったようにそれぞれのクラスで特徴が出てきます。実はそれはそのクラスの保育者の"好き・得意"が影響を与えています。

　これだけを伝えてしまうと「えー、大変、ムリ…」となってしまいそうですが、うん。大丈夫です。あなたの"好き・得意"を精いっぱい頑張ればいいのです。その他の分野（あなたの"嫌い・苦手"のことです）は、そこは好き・得意な保育者との助け合いです。そして何年か経験していけば、いろいろな分野に自信が少しずつもてるようになりますよ。

②子どもたちの成長を感じるお仕事

　保育者という仕事は人をつくる仕事だと思っています（ちょっと大げさかもしれませんが…）。人を育て、育ちを見守るお仕事です。特に幼い子どもは一年一年の成長の"大きさ"を感じることができると思います。昨日できなかったことができるようになっている（何日かかけてできるようになる子どももいます）、例えば…トイレトレーニング、ハサミの使い方、着替え、なわとび、はしの使い方、絵が上手になる、泣かないで一人で頑張れるようになる等です。

　そんなことを毎日の保育で目の当たりにすることができるのが保育者という仕事の魅力の一つです。年少さんで一人ではほとんど何もできずに入園した子が、年長さんになる頃には一人で自分の身のまわりのことはもちろん、年少さんや年中さんのお世話までできるようになります。そんな成長を感じることができる仕事だと思います。卒園式で先生たちが流す涙の半分はその成長が走馬灯のように思い出されるからではないでしょうか。

　小学生になり、幼稚園に遊びに来てくれたり、中学生になり職場体験などで幼稚園に来てくれたりするとさらに成長を感じとても嬉しくなります。"保育者っていいな"って思う瞬間です。

（野津裕子）

第2章

幼稚園教諭とは

この章で学ぶこと

　この章では幼稚園教諭について大きく二つに分けて学んでいきます。

　まずは、幼稚園教諭の役割である「理解者」「共同作業者」「憧れを形成するモデル」「援助者」「子どもの心のよりどころ」について学びます。幼稚園教諭の役割をしっかりと覚え、それを意識しながら保育を行うことのできる幼稚園教諭を目指してほしいと願っています。

　次に、幼稚園教諭の一日の流れについて詳しく学びます。実際に幼稚園教諭（教育実習生）になったつもりで学ぶことで、よりリアルに幼稚園の保育現場を知ることができます。

1．幼稚園教諭の役割

幼稚園教育要領において、幼稚園教諭の役割は次のように示されています。

> 幼児の主体的な活動を促すためには、教師が多様な関わりをもつことが重要であることを踏まえ、教師は、理解者、共同作業者など様々な役割を果たし、幼児の発達に必要な豊かな体験が得られるよう、活動の場面に応じて、適切な指導を行うようにすること。

幼稚園教育要領 第1章 第4 3 指導計画の作成上の留意事項（7）

※下線部は筆者による

　幼稚園教諭は、理解者や共同作業者にとどまらず、実に様々な役割を担いながら職務に当たる必要性があります。しかも、その役割を常に流動的に務めていくことが求められます。つまり、子どもと関わる中で様々な役割を臨機応変に担っていくということです。

（1）理解者

　幼稚園教諭には、子どもが行っている活動に対する理解者としての役割が求められます。さらに、「集団における幼児の活動がどのような意味をもっているのかを捉えるには、時間の流れと空間の広がりを理解することが大切である」[1]とされています。

　時間の流れを理解するということは、少し大げさかもしれませんが、入園前も含めて、その子どものこれまでの人生を知るということです。そのためには、保護者からの情報も不可欠でしょう[2]。

　空間の広がりを理解するということは、子どもが「いつ、どこで、誰と、何をしているか」を把握するということです。担任教諭は特に、自分のクラスの子どもたちの空間の広がりをよく把握しているものです。「Aは、この時間は三輪車置き場の近くの木の下でかくれんぼしているかな？」「Bは、Cと一緒に砂場で遊んでいるかな？」等、ある程度の予測をもちながら、幼稚園教諭は次の活動を考えていきます[3]。

（2）共同作業者

　幼稚園教諭には子どもと一緒になって遊びに没頭できる能力も求められます。例えば、子どもが砂場で楽しそうに山や川を精いっぱい作っている場面で、ただ眺めるだけではなく、幼稚園教諭も一緒になって子どもの想いと寄り添いながらそれらを精いっぱい作っていくのは、共同作業者としての役割を果たしているといえます。その際に生まれる子どもと幼稚園教諭との連帯感が、子どもからの安心感や信頼感へとつながり、

---

*1　文部科学省『幼稚園教育要領解説』フレーベル館，2018年，p.116
*2　保護者が記した子どもに関する書類（家庭での生活の様子等）、登園・降園時の保護者との会話、保護者参観、家庭訪問などが考えられます。
*3　難しそうに思えるかもしれませんが、子どもと過ごす経験を積むことで、不思議といつの間にか空間の広がりを把握できるようになります。

さらには子どもと同じ視点で物事を捉えようとするその姿勢が、より深く子どもを理解することにつながることでしょう。

（3）憧れを形成するモデル

　子どもはいつでも幼稚園教諭をじっと見つめていて、ちょっとしたしぐさや変化にも目を光らせています。それは、子どもたちがもつ幼稚園教諭への憧れからです。そのため、幼稚園教諭のよいところも悪いところも、子どもはすぐに面白がって模倣します。言葉遣い、髪型、服装（ファッション）等々…。幼稚園教諭は子どもにとって憧れを形成するモデルとして存在しなければなりません。また、幼稚園教諭の行う遊びや、日頃のなにげない行動（園内のゴミを拾う、手を丁寧に洗う等）にも、子どもは憧れを抱くことでしょう。子どもが幼稚園教諭に憧れを抱くのは、園内だけに留まりません。園外でのプライベートな時間に子どもと出会うこともあります。幼稚園教諭たるもの、日頃の行動を真似されても困らないような、しっかりとした態度を今のうち（学生のうち）から身に付けておきたいものです。

（4）援助者

　　　さらに、幼児の遊びが深まっていかなかったり、課題を抱えたりしているときには、教師は適切な援助を行う必要がある。

幼稚園教育要領解説，2018年，p.117

　援助者としての役割も、幼稚園教諭は担う必要があります。子どもと関わる際には「どのように見守り、どのように声かけをし、どのように手を差し伸べるか」が幼稚園教諭の悩みどころとなってきます。まずは見守り、その後に声かけをし、最終的には手を差し伸べて援助するという順番でも間違いではありませんが、必ずしも見守りから始まるわけではないというのが、保育の難しいところでもあります。すぐに声かけをして注意等を促さなければならない場面もあるでしょうし、すぐに手伝わなければならない場面もあるでしょう。いずれの場合においても、子どもを注意深く観察しながら、幼稚園教諭（自分）に今何が求められるのかを判断する必要があるということになります。

（5）子どもの心のよりどころ

　　　このような役割を果たすためには、教師は幼児が精神的に安定するためのよりどころとなることが重要である。

幼稚園教育要領解説，2018年，p.117

　これまで述べてきた役割を担うために幼稚園教諭がもつべき基本的な態度は、子どもにとっての心のよりどころになることです。子どもの心のよりどころとなるということは、幼稚園教諭が子どもにとって心身ともに安心できる人となるということです。
　幼稚園は、子どもにとって初めての集団生活の場となることが多いです。同時に、

子どもにとって初めて保護者から離れて過ごす場でもあります。幼稚園において子どもが安心して生活できるようになるためには、保護者に代わり幼稚園教諭が子どもの心のよりどころとして信頼される必要があります。

　日々の園生活の中で、これまで述べてきた役割を担いつつ子どもと共に喜怒哀楽を感じ合うことで、子どもから少しずつ信頼を得ることができるでしょう。

2．幼稚園教諭の一日の流れ

　幼稚園教諭になったつもりで（あるいは教育実習生として）、ある幼稚園で働く幼稚園教諭の一日を見てみましょう。言うまでもなく、本書で挙げるのは一例に過ぎません。実際には、実習に行く幼稚園や就職する幼稚園の一日をよく観察する必要があります。その上で、その園に合った行動ができるよう心がけてください。

　ケイタ先生は当年4月に幼稚園教諭になった新人の先生です。1年目からクラスを担任することになり、やる気に満ちあふれています。

　ここで強調しておきたいのは、幼稚園教諭の一日は環境を構成することから始まり、環境を構成することで終わるということです。環境構成は子どもにとってよりよい学びの空間をつくり出すのに欠かせない大切な仕事です。

1　出勤

7：30

　ケイタ先生は自宅から園まで徒歩で向かいます。所定の出勤時間は8時ですが、余裕をもって30分前には幼稚園に着くようにしています[4]。前日の子どもたちの様子を頭に思い描きながら、今日の子どもたちへの思いを新たにしています[5]。

　園に着いて着替えを済ませると、他の保育者と朝の挨拶を交わしながら様々な情報交換をします。例えば、この日は他の保育者から「昨日、AとBがおもちゃを取り合って言い争いをしていた」という情報を入手しました。早速メモに残します。その他、園バスを利用している子どもが今日はバスに乗らないと電話があった等、登園に関する情報も大切です。聞き違いや伝え損ねのないよう、メモをしながら情報をまとめていきます。特に、自身が担任するクラスの子どもに関する情報には細心の注意を払います。

---

*4　自宅から園まで、電車やバス、自家用車等で出勤する保育者もいます。万が一の遅延や渋滞等を想定し、出勤時間に間に合うよう余裕をもって自宅を出たいものです。
*5　保育における省察については、第10章を参照。

2 環境構成その1

8：00

　園内外の掃除をしながら前日の「環境構成その２」から何か変化がないかチェックをします。前日に風雨が強かった日は、特に入念にチェックを行います。また、前日は気付かなかった見落としがあるかもしれません。

　園庭の掃除を終えると、外で使う遊具を用具入れから出します。ブランコや砂場セット（シャベル、ざる、バケツ等）、ボール等を園庭にセッティングしていきます。その際に、故障している遊具に気付いたり、園庭内の危険な箇所を改めて見付けたりすることもあります。

　園外の掃除では、正門のまわりや園周辺の歩道等も率先して掃除します。そんな中、ケイタ先生は毎朝会うおばあさんとの挨拶をとても楽しみにしています。そのおばあさんに「おはようございます！」と元気よく挨拶すると、おばあさんは丁寧にゆっくりと笑顔を向けてくれます。こういった関わりが、地域の方に園の存在をよりよく知ってもらうことに通じると考えています。

　その後、自分のクラスの部屋の掃除を行います。ここでもやはり前日の「環境構成その２」から変化がないか掃除をしながら入念にチェックします。最後に、子どもと一緒に作った日めくりカレンダーをめくり、登園した子どもが連絡帳にシールを貼る際に、今日の日付が分かるようにしておきます。

3 登園

9：00

　いよいよ子どもたちが登園してきます。ケイタ先生の園には、徒歩で登園する子ども、園バスで登園する子どもがいて、それぞれ9時から9時30分の間に園に到着します。まずは徒歩の子どものお出迎えです。正門で子どもと「おはようございます！」と元気に挨拶し、保護者に笑顔で応対します。この時、子どもの健康観察（視診）をする等、子どもと関わりながら様子をよく見ていきます。園までの道のりで花を摘んで持ってきたり、虫を捕まえて見せてきたり、「昨日ね、○○したんだよ！」等、子どもは様々な関わりを保育者に求めてきます。また、子どもの小さな変化にも目を光らせます。「元気がないなぁ」「あれ？　こんなところにけがをしている」等、ほんの小さなことでも気付いたことはその場で保護者に尋ねることを心がけています[6]。

　保護者との関わりもとても大切にしています。前日にお手伝いをいただいたり、プリント類の提出をいただいたりした際は、必ず次の日も改めてお礼を伝えることを心がけています。

＊6　家庭の様子を見ることも必要です。詳細は第５章を参照。

　園バスが到着すると、バスから降りる子どもたち一人一人とハイタッチをして迎えることを、子どもたちもケイタ先生もとても楽しみにしています。

　子どもは昇降口で、平仮名で書かれた名前や自分のマークを目印に、自分の靴箱に靴を入れ、上履きに履き替えて自分のクラスへ向かいます。クラスに入るとかばんから連絡帳を取り出し、今日の日付のところにシールを貼り、保育者の机の決まった箱に入れます。その後、自分のロッカーにかばんを置き、制服と制帽を脱いで、スモックとクラス帽に着替えます。これらを済ませると、子どもたちは次々と園庭へ遊びに行きます。もちろんそのままクラスの中で遊びだす子どももいます。

4　自由遊び

9：30

　子どもたちはそれぞれ、園庭、クラス、職員室等、園内の様々な場所で遊びに没頭します。ケイタ先生は子どもの共同作業者として、園庭で子どもと一緒になって遊びます。ケイタ先生は特に、砂場での遊びをとても大切にしています。砂場での遊びは、様々な出会いや関わり、学びが交錯する場であると学校で学んだからです。今日もたくさんの子どもが砂場に集まって遊んでいます。ある子どもは山を作ってトンネルを開通させようと穴を掘り出しています。ある子どもは保育者のための落とし穴（！）を懸命に掘っています。バケツに砂をパンパンに詰め、それをひっくり返して落ち葉や木の実で「できたてのケーキ」を作っている子どももいます。

　この時、ケイタ先生は砂場で子どもたちと一緒になって遊びながらも、他の遊び場にも目を向けています。危険な行動や何かのトラブルが生じていないか等、常に自分のまわりに意識を置いておくことも大切です。

　中には、どんな遊びをしようか迷っている子どもも見かけます。園庭に出たり、クラスに戻ったりしてフラフラしているような子どももいます。ケイタ先生はこういった子どもへの声かけを欠かしません。遊びに誘ってみたり、（時には無理に誘わずに）子どもと一緒になってフラフラしてみたり、様々な対応で子どもに寄り添うことを大切にしています。

　朝の会の少し前の時間に、連絡帳に目を通します。子どもの家庭での様子が記されていたり、あるいは何も記入されていなかったりしますが、園への伝言や要望が記入されている場合は、迅速な対応を求められることもあるため、すぐに職員室に向かい、その連絡帳

を園長や上司（副園長、教頭、主任等）に報告・相談します。

5 朝の会

10:00

　　クラスの子どもが全員そろったら、朝の会を始めます。子どもたちは自分の椅子に座り、担任の教師であるケイタ先生の挨拶を待っています。「おはようございます！」とケイタ先生が声をかけるとその声に被るように「おはようございます!!」と大きな声で子どもたちが挨拶をしてきます。その後、ケイタ先生のピアノの伴奏に合わせて子どもたちは朝の歌や季節の歌を歌います。ケイタ先生はピアノが少し苦手なので、CDを使うこともあります。

　　次に出席を確認します。子どもの氏名を一人ずつ丁寧に読み上げ、子どもの元気な返事を聞いて、出席簿に記入します。今日はYが風邪のため欠席で、ケイタ先生は心配になりました。前日のYの様子を思い起こすと、少しせき込んでいる様子が見られた気がします。

　　気持ちを切り替えて、子どもたちに今日の活動内容を伝えます。今日はクラスのみんなで園周辺の散歩に行く予定です。子どもたちもケイタ先生もとても楽しみにしています。

　　朝の会終了後、クラスの出欠状況を職員室に伝えに行きます[7]。欠席者の分の給食を取り消すことや、バス登園の子どもの園バスの利用変更等を再確認しなければなりません[8]。

6 設定保育

10:30

　　今日の散歩のために、ケイタ先生は自身が作成した指導計画に基づいて十分に準備をしてきました[9]。事前にお散歩コースを入念に確認し、安全対策や、もしもの時のための対応もバッチリ頭に入っています[10]。携帯電話と救急セットを持参して準備完了です。

　　子どもたちはトイレを済ませると、園庭に出て早いもの順でケイタ先生を先頭に並びます。その列をだいたい半分のところで2列にして、子ども同士で手をつないで再び並びます。その後、「おさんぽのおやくそく」[11]をしてから出発です。

　　お散歩コースでは、園周辺の様々な自然や人々と触れ合うことができます。それらに対して子どもたちは歩きながら様々な関心を抱いていきます。川を眺めながら「あ！　コイがいる！　あっちにはきれいなコイもいるよ！」急に立ち止まって「この石、すごく大きくてかっこいい。持って帰りたい！」農作業をしている人に「ねえねえ！　これ（キャベツ）食べられる？」アリを見付けて「（踏まないように）気を付けなきゃ…」等々。

＊7　保護者からの欠席の連絡は、電話のほか、メール、アプリを使う園もあります。
＊8　途中から登園し、降園時のみ利用する場合等。バス利用記録ノートを使う園もあります。
＊9　計画に基づく保育の実践については、第10章を参照。
＊10　危機管理については、第14章を参照。
＊11　友達を押さない、走らない、歩いている時は手を離さない（緊急時を除く）。その他、「先生の話をよく聞く」等。

ケイタ先生は欠席しているYへのお土産として、用意していた袋に花や落ち葉、木の実等を入れていきます。

園周辺をおよそ30分かけて散歩を済ませ、園に戻ってきました。園長が正門でお出迎えです[12]。「あ！　園長先生だ！」「ただいまー！」子どもたちが次々と挨拶を交わしていきます。散歩の詳細な報告をしている子どももいます。その姿を見てケイタ先生は「今日の帰りの打ち合わせでの報告は必要ないかも？」と思ってしまうくらい子どもを頼もしく感じました。

ケイタ先生はクラスに入る前にしっかりと手洗い・うがい、トイレを済ませるよう子どもたちに伝えながら、それを援助しつつ、頭の中は次の活動への切り替えをしています。

7　昼食

11 : 30

今日は給食の日です[13]。子どもたちが自分の机にナフキンを広げ、自分のお箸とスプーン、フォークを出します。給食は小さなお弁当箱に入っていて、業者さんが配達したものを、保育者がナフキンの上に配っていきます。ケイタ先生も含め、クラスのみんながおなかペコペコです。みんなで少し足早にお弁当の歌を歌い、「いただきます！」の挨拶をします。

今日のお弁当の中身は、小さなハンバーグ、ゆでキャベツ、ミカン、ごはんです。他にはオニオンスープ、牛乳もあります。

ケイタ先生は子どもたちが食べる様子を、そばで一人一人よく観察しながら声をかけていきます。「おいしいかな？」「ごはんもたべようね」「スープをこぼさないようにね」等々。ケイタ先生は子どもに好き嫌いなく何でも食べてほしい、残さずに食べてほしいと願っていますが、それと同時に無理に食べるような言い方はしないよう心がけています。食事を残している子どもに対しては「一口でもいいから食べてみようか？」と伝えながらゆっくりと見守っていきます。結果としてその時に食べることができなくても慌てずに、次の機会を待ちつつ声かけするようにしています。

昼食後は、時間を見付けて、目を通しておいた連絡帳に印を押し、必要なものには返事を記入します。園長に頼んでおいた連絡帳がある場合はこのタイミングで園長が持ってきてくれます。

---

[12]　実は園長の出迎えも指導計画に含んでいます。
[13]　この園では月・水曜がお弁当、火・木・金曜が外部の給食の設定です。自園の調理室を設けている園もあります。

8 自由遊び

12：30

　昼食を食べ終わると、子どもたちは再びそれぞれ、園庭等へ行ったり、そのままクラスに残ったりして遊びます。ケイタ先生もクラス全員が食べ終わると、再び園庭へ向かおうとします。

　ところが、この日は廊下の隅で一人うずくまっている子どもに気付きました。近くに行くと、隣のクラスのEが泣いていることが分かりました。ケイタ先生は「あら、Eちゃん…」と声をかけます。どうやら、一番に園庭に出ようと思って靴を履き替えていたら、何人かの子どもに追い抜かれてしまい、その後、靴を上履きに履き直して廊下をウロウロしていた結果がこの状況のようです。ケイタ先生はEの思いを知ると「先生と一緒に園庭に行こうか？　それとも、他の所に行く？」と伝え、子どもの判断を待ちます。Eは「お外に行く！」と言うと、ケイタ先生の手を引いて一緒に園庭に向かおうとします。ケイタ先生は少し安心して一緒に園庭で遊ぶことにしました。

　ケイタ先生は、子どもの気持ちの変化にじっくりと向き合い、子どもと一緒に考えてみるといった関わり方を大切にしています。また、朝の会や散歩の時等に気になる子どもがいた場合には、この時間を利用して声かけをするようにしています[*14]。

　帰りの会が始まる時間の少し前、園庭で遊んでいる子どもたちに「そろそろお部屋に戻りますよ」と声をかけていきます。子どもたちは順次、手洗い・うがい等を済ませ、クラスに戻っていきます。ケイタ先生はトイレも忘れずに済ませるよう声かけをしていきます。

9 帰りの会

13：30

　子どもはクラスに戻ると、自分で帰りの支度を整えていきます。ロッカーから制服と制帽を取り出して着替え、かばんを身に着けて準備完了です。クラスの子ども全員の帰りの支度が整うまで、ケイタ先生はじっくりと見守っています。帽子を間違えてクラス帽子を被っていたり、かばんを持たないで椅子に座っていたり…そういった子どもに一人ずつ声かけをしていきます。全員の帰りの支度が整ったら帰りの会を始めます。

　ケイタ先生は子どもの氏名を一人ずつ丁寧に呼びながら連絡帳を手渡していきます。子どもは連絡帳を受け取るとかばんの中に入れます。

　今日一日の振り返りを子どもたちと一緒に行います。今日は散歩の時の話を織り交ぜながら振り返りをしていきます。その後、翌日の計画を子どもたちに伝えます。明日は散歩のことを思い出しなが

＊14　声をかけようと子どもの元へ向かっても、様子を見て声かけをせずに見守ることもあります。子どもがもつ「自分で解決する力」も信じて関わっていきたいものです。

ら絵を描く予定だと話します。

　最後に、ケイタ先生のピアノに合わせてお帰りの歌をみんなで歌います。ケイタ先生が「みなさん、さようなら！」と言うと、やはり被るように「先生、さようなら!!」と元気な挨拶が子どもたちから返ってきます。一人一人とハイタッチをして降園です。

10 降園

14：00

　徒歩と園バス利用のグループに分かれて並びます。最初に園バス利用の子どもたちがバスに乗り込みます。保育者が子どもの手を取って一人ずつバスに乗せていきます。添乗を担当する保育者が一緒に乗って、出発です。

　今日は、ケイタ先生は徒歩の子どもたちの担当です。徒歩の子どもの保護者が迎えに来ます。一人ずつ氏名を呼んで、保護者の顔をよく確認しながら、子どもと「さようなら」の挨拶をします。時には、母親や父親ではなく祖父母が迎えに来る場合もあります。その場合は「引き渡しカード」を持参してもらいます。万が一の事故に備え、持参のない人には一切子どもを預けることはしません。

　また、この時間は保護者との情報交換ができる大切な時間でもあります。今日の出来事を伝えながら、家庭での様子も聞いていきます。ケイタ先生は廊下でうずくまって泣いていたEの保護者に、そのことを伝えました。保護者は「でも最後はケイタ先生と一緒に遊んでいたんですね」と言って笑顔で安心して帰っていきました。

11 環境構成 その2

14：30

　子どもが全員、保護者の元へ戻った後は、園内外の掃除をします。「環境構成その1」と同様のことを意識しながら行っていきます。外の遊具を用具入れ場に戻します。クラスの部屋の掃除も行い、日めくりカレンダーを明日の日付に替えておきます。

　翌日の指導計画に基づいた環境を構成することもこの時間内で行います。明日は散歩のことを思い出しながらのお絵描きです。子どもが絵を描きやすいよう机や椅子の配置をしたり、画用紙やクレヨンのチェックをしたりします。一人一人のお道具箱に入っているクレヨンをチェックし、欠けているものがあれば補充していきます。ケイタ先生は散歩の時に摘んだ花を一輪、小さな瓶に挿して、自分の机の横に倒れないように置きました。

　また、誕生会や身体測定等といった、幼稚園全体で取り組むような行事を翌日に控えている時は、全教職員でその準備を進めていきます。

この時間以降は、保護者から電話連絡を受けることもあります。ケイタ先生の元に欠席していたYの保護者から電話があり、明日は元気に登園してくるようです。ケイタ先生も少し安心しました[15]。

12 省察・記録・指導計画の作成等

15：00

「環境構成その2」が済んだ後、そのまま自分のクラスの机で個人記録と指導計画の作成を行います。ケイタ先生は個人記録専用のノートに今日一日のことを振り返りながら、その様子を書き込んでいきます。特に気になるエピソード等は、そのファイルの別の欄に書き込みます。今日は「一番になれなかったE」のことを書きます。こういった記録一つ一つが日々の保育の省察へとつながっていきます。ケイタ先生がそれを実感できるのはもう少し後のことになりそうです。

今後の指導計画の作成も、時間の許す限り行っていきます。提出期限までに作成できるよう見込みをもって書き込んでいきます。

13 教職員による打ち合わせ

15：30

園長を中心に全教職員で打ち合わせを行います。今日一日の全体を通しての振り返りを園長が話し、その後、クラス担任がそれぞれのクラスの報告すべき事項を伝え合います[16]。ケイタ先生は、欠席したYについての情報をここで共有しました。

明日の計画をクラスごとに報告していきます。ケイタ先生は散歩を思い出しながらお絵描きをすることを伝えました。すると、Yが散歩に行っていないことを知っている園長は「どこかの時間で散歩に連れて行きますよ」とケイタ先生に提案します。ケイタ先生はとてもうれしくなりました。

明日の欠席者やバスの添乗の確認等を済ませ、「お疲れ様でした」と打ち合わせを終了します。

打ち合わせの後の少しの時間、ケイタ先生は自分が気付いた子どもに関することを、小さなことでも他の保育者に伝えるようにしています。そうすることでアドバイスをもらえるからです。ケイタ先生が廊下でうずくまっていたEのことについて隣のクラスの保育者に話すと、「うんうん、あの子はいつも一番を競っているからね。一番になることもあるから大丈夫よ」と言われ、「今日はケイタ先生がフォローしてくれていたのね。ありがとう」思いがけずお礼まで頂きました。ケイタ先生はさらにうれしくなりました。

＊15　欠席したYが散歩に行っていないことを想定した指導計画を立てる必要があります。用意したお土産を渡しながら話をしたり、時間や人材の用意ができれば、自由遊びの時間等に散歩に連れて行ったりすることも考えられます。

＊16　保育中に事故やけががあった場合は、園長や上司に伝えるべきです。小さなことでも必ず伝えましょう。

14 退勤

16 : 30

　着替えを済ませ、園長や他の保育者に挨拶をして幼稚園を後にします。自宅までの帰り道、やはり今日の子どもたちの姿を思い出しながら、明日の子どもたちへの思いを新たにするケイタ先生でした。

保育の現場では

幼稚園の一日ってこんなだよ
園長先生のつぶやき

①子どもが登園する前は環境整備を行います！

　子どもが登園する前に、幼稚園の先生は戸外の遊具（砂場セット、ボール、なわとび、ブランコ等）の準備をします。また、遊具が濡れていないかチェックをし、濡れていれば雑巾・タオルできれいに拭きます。同時に、遊具の安全チェックもします。

　季節に合わせた環境整備も行います。例えば、5月にこいのぼりをあげたり、前日に子どもと一緒に野菜を収穫したら、玄関に飾ったりします。

　何でもきれいにすることだけが大切だとは思っていません。例えば、水たまりをあえて残したままにしておくこともあります。そうするといつの間にか子どもたちがその水たまりで遊んでいることもあります。子どもたちの遊びの一つにつながる可能性があるものについては「そのままにしておく」ということも大切にしています。

②トイレに行きすぎ!?

　幼稚園ではこれでもかっていうくらい、トイレに行きます（笑）。活動の合間合間に、子どもにトイレに行くことを促しています。トイレと手洗いは1セットなので、先生はその都度、「きれいに手が洗えたかな？」「上手に拭けたかな？」と丁寧に声かけをします。

③子どもたちから教わることも…

　私の幼稚園でも、日めくりカレンダー（担任の先生の手作りだったり、子どもたちと一緒に作ったものだったり…まあいろいろです）を各クラスに置いてあります。毎朝の環境整備をする際に先生がめくっておくのですが、先生だって人間です。めくることを忘れてしまうこともあります。でも心配しないでください！気付いた子どもが真っ先にめくってくれることでしょう。「せんせい！　めくるのわすれてたよ！」なんて言葉を子どもからもらえるかもしれません。そんな時は視線を合わせて（子どもと同じ目線になるってことがとても大切です）、「ありがとう。先生、忘れてたよ」って言ってあげてくださいね。そうすることで、子どもと先生の信頼関係が生まれるって私は考えています。

④秘密の冷蔵庫!?

　後片付けって、（①でも少し話しましたが）何でも元通りに片付けることだけが大切ではないと私は思っています。

　例えば、砂場で子どもたちと盛り上がって作ったプリンやケーキ、長い時間かけて集めたサラサラの砂やきれいな石や貝（園庭には貝殻も落ちてるんですよ）を、砂場から少し離れた屋根のある場所に子どもたちと大切にしまうこともあります。そこを私の幼稚園では「秘密の冷蔵庫」と呼んでいます。次に遊ぶ時にまた秘密の冷蔵庫からそれらの宝物を持ってきて、遊びの続きをします。そうすることで、「また後で同じ遊びができる」という安心感を子どもたちが抱くことができると考えています。遊びの連続性なんて言葉もありますよね。

（野津裕子）

第 3 章

保育士とは

この章で学ぶこと

　この章では保育所で働く保育士について学びます。

　法令で定められた保育士の役割を理解し、実際の保育所で働く保育士
の一日の流れをみてみましょう。

　保育士の仕事について理解することで、「保育士になってみたいな」「保
育士の仕事は大変そうだけどやりがいもありそうだ」等と、自分の保育
者になりたいという将来像を考える一助になればと思います。

1. 保育所で働く保育士の役割

（1）保育者に求められる知識および技術

保育所保育指針解説において、保育士の役割は次のように示されています。

> 保育士については、児童福祉法第18条の4において「保育士の名称を用いて、専門的知識及び技術をもって、児童の保育及び児童の保護者に対する保育に関する指導を行うことを業とする者をいう。」との規定が置かれている。これを踏まえ、保育所における保育士は、子どもの保育や家庭での子育ての支援に関する専門職として、保育所保育の中核的な役割を担う。
>
> 保育所保育指針解説 フレーベル館, 2018年, p.17

また、「保育所の保育士に求められる主要な知識及び技術」として、次のように示されています。

> ①これからの社会に求められる資質を踏まえながら、乳幼児期の子どもの発達に関する専門的知識を基に子どもの育ちを見通し、一人一人の子どもの発達を援助する知識及び技術
> ②子どもの発達過程や意欲を踏まえ、子ども自らが生活していく力を細やかに助ける生活援助の知識及び技術
> ③保育所内外の空間や様々な設備、遊具、素材等の物的環境、自然環境や人的環境を生かし、保育の環境を構成していく知識及び技術
> ④子どもの経験や興味や関心に応じて、様々な遊びを豊かに展開していくための知識及び技術
> ⑤子ども同士の関わりや子どもと保護者の関わりなどを見守り、その気持ちに寄り添いながら適宜必要な援助をしていく関係構築の知識及び技術
> ⑥保護者等への相談、助言に関する知識及び技術
>
> 保育所保育指針解説 フレーベル館, 2018年, p.17

保育者はこれらの専門的知識や技術を用いて、子どもの保育と保護者への支援を行っていくことが求められます。その際、保育所は児童福祉施設（児童福祉法　第39条）であるという視点も忘れてはなりません。特に前述⑤の「子どもと保護者の関わりなどを見守り、その気持ちに寄り添いながら適宜必要な援助をしていく関係構築の知識や技術」や、⑥の「保護者等への相談、助言に関する知識及び技術」のためには大切な視点です。

> **事例**
>
> ## 子どもの洗髪が苦手な保護者
>
> 　筆者が初めて園長になった時のことです。移動先の園に、配慮の必要な保護者がいました。前任の園長からは、「園でＡちゃんをお風呂に入れていた」と引き継ぎがありました。Ａの母親は、新しい園長にも分かってほしいと思ったのか、「なんて言ったらいいか分からないけど、いやだった」「頭を洗ってあげると大騒ぎするので大変」等、自分の気持ちを話してくれました。そこで、「目にシャンプーがしみるから、いやがるのかもしれませんね、よかったら私と一緒にやってみましょうか」と、園のシャワーで乾いたタオルで顔を押さえながら洗うことを一緒に行いました。
>
> 　その後も、母親はその時その時の自分の気持ちを伝えてくれたので、そのたびに一緒に考えていきました。

　助言や支援は、こちらからの一方的なものではなく、当事者の心の内の思いや、つぶやきの中に見え隠れするものに対してすべきではないかと学んだ貴重な体験です。延長保育、病後児保育、休日保育、障害児保育、乳児保育等、いろいろな場面で子どもや保護者と関わっていく保育所では、保育・幼児教育を行う施設であるとともに、児童福祉施設という視点も大切になります。

（2）保育士の職務の全体像

　保育士は、子どもにとって大切な人的環境です。一人一人の発達に合わせ、年齢に合った多様な経験ができるように心がけます。

①生活リズムの確立と基本的生活習慣の自立の援助

　朝起きて夜寝る。私たちが当たり前に送っている生活のリズムも、自然に身に付いたものではありません。大人と一緒に生活し、社会や文化の中で身に付いていくものです。園では、大まかな一日の流れをデイリープログラム*¹として作り、ゆったりと生活リズムを確立していきます。また、基本的生活習慣の自立の援助では、家庭との連携を密にし（子どもの思い、親の思いを理解する）、無理をしないでその子に合った援助を心がけます。

　特に、排泄の自立はできた、できないがはっきりしているため、早く自立することが求められがちなので注意が必要です。

②遊びの援助

　保育士等が、子どもの欲求、思いや願いを敏感に察知し、その時々の状況や経緯を捉えながら、時にはあるがままを温かく受け止め、共感し、また時には励ますなど、子どもと受容的・応答的に関わることで、子どもは安心感や信頼感を得ていきます。そして、保育士等との信頼関係をよりどころにしながら、周囲の環境に対する興味や

＊1　子どもたちが日々安定した生活を送るために生活リズムを整える必要があります。デイリープログラムはあくまでも生活時間の指標です。指導計画（日案）では、指標を示すだけでなく個々の子どもの発達段階を考慮して生活を組み立てていきます。松本峰雄（監修）『乳児保育演習ブック』ミネルヴァ書房, 2016年, p.162

関心を高め、その活動を広げていきます。

> 乳幼児期の教育においては、こうした安心して自分の思いや力を発揮できる環境の下で、子どもが遊びなど自発的な活動を通して、体験的に様々な学びを積み重ねていくことが重要である。

保育所保育指針解説　フレーベル館, 2018年, p.30

とあるように、養護と教育を一体的に行います。

③計画の作成と記録の記入

　全体的な計画を基に、担当するクラスの指導計画を作成します。保育士は子どもに育ってほしい未来像をもっています。目標に向けて保育するためには、保育のねらい、内容、配慮事項などを考えることが必要です。それが計画であり、保育者は目標に向かって、育ちを支える役割があります。

　また、日誌、連絡帳、クラス便り、ケース記録等、保育を見直す評価のための書類や、家庭との連携を支える便り等、たくさんの事務仕事（書く仕事）があります。

④室内外の整理整頓、整備

　クラスはもちろん、共同で使用する場所（トイレ、遊戯室、廊下等）も協力して掃除をします。クラスの中は、小さな子どもの部屋は特に衛生に注意して掃除します。子どもの遊びが広がるような環境設定も大切です。子どもが楽しんで遊ぶ姿を想像して整えます。

　園庭の整備も大切な環境です。ゴミ、危険物（プラスチックの切れ端、ガラス等）を掃除したり、砂場を柔らかくしたりします。花壇に、季節の花々や野菜の苗を子どもたちと植えるために準備することなども大切です。

　固定遊具、三輪車、自転車等の点検も安全のために必要になります。

（3）保育者の配置とクラス編成

　保育者の配置基準は、「児童福祉施設の設備及び運営に関する基準」で、表3-1のように定められています。

表3-1　保育士の配置基準

年齢	児童	保育士
0歳児	3人	1人以上
1・2歳児	6人	1人以上
3歳児	20人	1人以上
4・5歳児	30人	1人以上

児童福祉施設の設備及び運営に関する基準　第33条の2を基に筆者作表

これはあくまでも国の基準なので、行政によって基準を決めているところもあります。ただし、これを下回ってはいけないことになっています。

　保育所はこの基準に従ってクラスを編成するので、そこが幼稚園のクラス編成と異なる点です。例えば、今年の年長組（5歳児）が、33人在籍していたとします。保育所では、5歳児の配置基準は児童：保育士＝30：1なので、2人の保育者が配置されます。一方、幼稚園では、35人以下で1クラスなので（幼稚園設置基準　第3条）、1人の保育者が配置されることになります。保育所は保育時間が長いこと等を考えられてのことだと思われます。

　0歳児のクラスについても考えてみましょう。10人の乳児がいたとします。配置基準は3：1ですので、4人の保育者が配属されることになります。少し想像してみてください。一部屋に10人の赤ちゃんと4人の先生がいます。10人それぞれの月齢によって、はいはいを始めた子もいれば、伝い歩きを楽しんでいる子、保育者に抱っこしてもらって玩具で遊んでいる子もいます。部屋の大きさにもよりますが、ゆったりとした時間の確保が難しいほど、たくさんの子どもが一部屋で過ごしている園もあります。2017年の保育所保育指針の改定で、乳児保育の充実が含まれました。改定の中で、大きな集団での乳児保育も話題になったといわれています。乳幼児期に育てたいものを明確にし、緩やかな担当制[2]や役割担当制[3]で補っていきたいものです。

（4）保育所の保育士のシフト（交替制勤務）

　11時間保育が通常になっている保育所では、保育時間が短い子どもでも8時間保育の場合が多く、教育時間で降園する園児がいる認定こども園よりも、保育者のシフトは複雑です。5ローテーション、6ローテーションという園も珍しくありません。

　保育士の8時間労働は確保されていますが、日によっては朝早くの出勤や、遅い退勤の日もあります。養成校を卒業した保育者が、「先生、冬の早番は、星を見ながらの出勤です。お星さまが好きになりました」と、にこやかに話してくれたこともありました。

　土曜日出勤の場合は、振り替えで平日に休むことになります。

　保育者には、計画を立てたり、記録を書いたりする仕事があります。これは気持ちだけではできない時間のかかる仕事です。この時間をどう確保するかも、保育所の課題です。アプリ等の導入[4]も進んでいますが、内容を考えなくては記入もできません。園によっては、午後にデスクワークやミーティングを行い、保育に戻ったり、午後の担当者も午前中に、午前の遊びの様子を見たり、計画する時間をもった後に保育に入ったりして、時間の工夫をしています。

＊2　クラスの子どもを、発達段階などを考慮して何人かずつの小さな集団にして担当します。担当を柔軟に変化させ、応答的な関わりを重視します。
＊3　デイリープログラムがスムーズに流れるように、担任同士で役割を決めて、子どもの生活や遊びに無理がないようにします。
＊4　本書第14章 3.ICTの活用 p.199参照。

2. 保育士の一日の流れ

　みなさんは、どんな保育者になりたいと思っていますか。次に紹介するミエ先生の保育も、一例に過ぎません。実習やアルバイト、ボランティア等を通してたくさんの保育者と出会いましょう。ぜひ、こんな保育者になりたいという方に出会ってください。

　ミエ先生は、保育士として働き始めて10年目、とてもがんばり屋の保育士です。園では、先輩も後輩もいて、ちょうど中間の経験者ですが、何事も進んでやるタイプの保育士です。素敵な保育を考えることも得意です。

1　出勤

7：15

　寒い朝です。ミエ先生は、今日は早番。園まで車で20分ぐらいかかります。昨日降った雪で道は凍っているかもしれません。いつもより早く家を出て、7時15分には、園で身支度を済ませることができました。保育室を回ってストーブをつけ、カーテンを開けます。木々の間から朝日が差しています。ミエ先生は「暖かくなりそう」とうれしそうに早朝保育の部屋に向かいました。

2　登園

7：30

　7：30を過ぎると、早速子どもたちがやってきます。この園での早朝保育の担当は2人体制です。子ども一人一人に「おはよう」と声をかけ、保護者の方とは、健康状態や家での様子などを情報交換します。今日は雪遊びを想定して、スキーウエアを着て登園してくる子が多数いそうです。ミエ先生は予備のタオルかけを倉庫から持ってきて廊下に用意しました。

　子どもたちは、大好きなレゴブロックや人形ごっこをやりながらも「何する」「絶対雪だるま」と雪遊びの話題で盛り上がっています。小さなお友達のために、給食の先生が、お盆に雪うさぎを作ってきてくれました。小さな手でウサギを触り、手を引っ込めて笑っています。可愛い手が薄ら赤くなりました。

3　遊び

8：30

　8：30になると、保育士が自分のクラスの子どもたちを、早朝保育の部屋に迎えに来ます。子どもたちは、担任の先生が来てくれてうれしそうです。中には駆け寄っていく子もいます。小さな子どもは、手を引かれたり抱っこをしてもらったりしながら、保育室へと向かいます。2歳児から上のクラスは、自分のかばんを持って、先生と挨拶をしながら部屋へ向かいます。ミエ先生はこの時点で登園して

いた３歳児４人と保育室へ向かいました。子どもたちは「あったかい」と自分の部屋に来たうれしさと安心感からか、弾んだ声です。保育室は、ストーブですっかり暖かくなっていました。子どもたちは朝の身支度を早々に済ませると、昨日のうちに、ミエ先生が用意していた机の上の雪の絵本に目をやりました。

雪の結晶の絵本を、Ｋがじっと見入っています。Ｙは雪山の写真を見ながら、「きれい」と感動を口にしています。子どもたちは思い思いに遊び始めました。昨日から新聞の広告を丸めて輪にし、ふにゃふにゃのドーナツのようなものを作っている子もいます。同じものを作っているのに「ドーナツ」と言っている子もいれば、「輪投げだよ」と言っている子もいます。ミエ先生は「どんな遊びになるのか楽しみ」と思い、広告をもっと用意したり、新聞や白い紙も用意したりしてみました。

その時です。窓から外の雪を見ていたＴが「先生、大変！」と大騒ぎ。「すごい足跡！早く来て」と呼びに来ました。声につられみんながのぞく窓の下に、巨人の足跡を発見。みんなの顔が一斉に輝きました。何かうれしいことがある時に見せる顔です。

４ 朝の会

9：45

今日は、朝の会もそこそこに、スキーウエアを着込んで外に出かけることにしました。保育者は、こんな時まずは、子どもの気持ちを尊重します。ドーナツ遊びも魅力的だけど、今日はまた新しいことが起きそうと感じたのです。ミエ先生の場合、先生自身も「足跡発見」に参加したかったのだと思います。そんな子どもたちへの共感が、遊びを高めます。足跡の近くに行った子どもたちは、あまりの大きさに、誰もがしばらく無言でした。しばらくすると「すごい」「だれの足跡？」「ゴリラかな」「鬼かな？」「どこにいるのかな」「こわいねー」押し合いながら、それぞれの思いを表現します。ミエ先生は、子どもたちのつぶやきに耳を澄ましました。

５ 給食

11：30

外から帰ると、子どもたちはスキーウエアを脱ぎ、ミエ先生に渡します。子どもの手に負えない始末も、保育士の仕事です。ミエ先生は、ストーブの近くにタオルかけを持ってきて乾かします。

手早く済ませ、給食の準備です。子どもの食べられる分量を丁寧によそいます。午前中の興奮が収まらない子どもたち。豚汁を頬張りながら、話題はここでも足跡のことでした。

6 午睡

13 : 00

給食を食べた後、しばらく静かな時間を過ごし、午睡の準備に取りかかります。絵本の読み聞かせをしようと思っていたミエ先生ですが、子どもたちの足跡への思いを考え、自由な時間にしました。

今日は興奮していて眠れないかと心配しましたが、しばらくすると布団に入った子どもたちから静かな寝息が聞こえてきました。子どもの気持ちの満足は、生活のリズムにも影響します。楽しい体験ができてよかったなと、子どもたちを見渡しました。

部屋の温度を確認し、寝ている様子を一人一人見て回ります。パジャマの袋も、今日は全員きれいに片付けてあります。

7 おやつ

14 : 30

おやつは、愛情のこもった手作りおやつ。今日はみんなの大好きな蒸しパンと牛乳。「むしパンだから、カブトムシが入っているんだよね」「ぼくのはダンゴ虫」3歳児はこんなところでも自分の思いを出し合い楽しんでいます。このごろは、子どもたちは食べ終わった食器を自分で片付けようとします。「落とさないようにね」と声をかけながら見守ります。

8 遊び

15 : 00

午前中の予定では、起きたらまた足跡探検に行きたいと言っていた子どもたちですが、外はあいにく小雨が降ってきてしまいました。雪になってしまいそうな寒さに、諦めて保育室で遊ぶことにしました。

SとKは、自由帳を持ってきて「こんなだった」「ここもっと大きかった」と足跡の絵を描き始めました。

迎えが来るまでのこの時間は、その日によりますが、午前中の遊びを続ける子や、新たに遊び始める子もいます。そしてみんなでホールに行って思い切り遊ぶなど、子どもたちが今日の保育を振り返られるような時間にしたいという思いから、一日の締めくくりになるような保育を心がけます。今日は、子どもたちの自由にしました。

9 降園

15 : 45

一番お迎えの早いTの時間に合わせ、15：45ぐらいに、帰りの会をします。今日の話題は、もちろん足跡。明日は絶対に誰の足跡か見つけに行きたいとの話にまとまりました。

帰りの会は、歌を歌ったり絵本を読んだりもしますが、今日の遊びの振り返りや、明日の遊びへの期待がもてる会にしたいと思っています。3歳児では「今日も楽しかった」で終わることが多いのですが、今日の会は、明日への期待が詰まっていました。

10　夕方の保育と引き継ぎ

16：00

　Tを含め7人の子どもが16：00までに降園しました。これからの時間は、遅番の先生と過ごします。異年齢の子どもたちと触れ合える時間です。廊下に用意されているタオルかけに持ち物をかけると、4・5歳児がもう遊んでいる保育室に入りました。この保育園では、早朝と夕方の保育を、同じ部屋で行います。玩具や保育室の壁面を、クラスの部屋より家庭に近い環境にしようと保育士は心がけています。

　担任の先生は、クラスでの様子を、今日の延長保育の担当の先生に引き継ぎます。保護者に伝えてもらうためです。0・1・2歳児は、連絡帳を通しても伝えます。3・4・5歳児の場合は、どうしても詳しく伝える必要がある場合、電話で話します。

11　環境構成

16：10

　部屋に戻ったミエ先生は、さっそく部屋の掃除に取りかかります。ロッカーまわりや製作物を並べる棚の様子で、今日の子どもたちの様子を振り返ります。ロッカーの中がぐちゃぐちゃの子がいる時は、「今日は楽しく過ごせなかったのかな」「友達と何かあったのかな」等、子どもたちのことを考えながら片付けます。

　明日のために、タオルかけを多く用意しました。一日中、雪遊びになることを想定し、ブーツや長靴を乾かすスペースもストーブの近くに設けました。

　最後に、模造紙に大きな足跡を描くことにしました。「大きい」「すごい」

　と言っていた子どもたちに、「どのぐらい大きいのか」感じてほしいと思ったからです。絵と一緒に、メジャーと定規を机の上に用意しました。「足跡を測りに行こう」と提案しようと思っています。

12　記録

16：30

　職員室に戻ったミエ先生は、今日の保育を記録します。A5の記入欄が一日分の日誌なので、今日のように記録しておきたいことがたくさんある日は物足りないこともありますが、勤務時間のほとんどが保育になる保育所の保育士にとって、日々の日誌を書くことも大変な作業です。他に、計画の作成、ケース記録、要録等多々ありますが、日々の日誌をきちんと書いておくことが、他の記録を書くために必要です。

　ミエ先生は、今日の活動がどう展開するのか楽しみです。ノートに記録しておくことにしました。

13 退勤

17：00

17：00になってしまいました。早番だったミエ先生は、今日はもう退勤です。16：00が退勤時刻ですが、今日は、明日の準備や記録に時間がかかってしまいました。ついつい時間がかかってしまうのですが、ローテーションで働いている保育所では、勤務時間を守ることも大切なことです。

雪がちらつき始めた駐車場までの道を、「明日は晴れるといいな」と思いながら歩きました。

保育の現場では

足跡から発展した遊び

①みんなで鬼を探しに行こう

　窓から見つけた大きな足跡。次の日に早速、スケールを持ってみんなで測りに行きました。足跡の中に自分の足を入れ、「もっとでっかくなったみたい」と歓声を上げる子どもたち。足跡はなんと縦56cm、横29cmもありました。大人の付けた足跡が、昼の暖かさで少しずつ溶け、夜の寒さで固くなり形を保ちながら大きくなっていく、自然の創り出す面白さです。「パパの足より、ぜったいおおきい」「こんな大きな足の人いるかな」「鬼だよ」「ぜったい鬼だよ」…子どもたちの結論は、鬼の足跡に決定したみたいです。「せんせい、鬼を見つけに行こう」「かくれているよ」「棒がなくて、へいきかな」好奇心と怖いもの見たさと子どもたちの興味はマックスです。中学校の校舎のまわりをめぐる、鬼さがし探検の始まりです。

②鬼が「おしっこ」をした

　鬼を探し始めて何日目、今日は朝から日が差して暖かいです。子どもたちは、今日も鬼さがし探検に行く気満々です。やりたいことがあるので、身支度も進んで行います。いつものコースで中学の裏から出発、中学生が勉強している教室の外を歩くときは、腰を屈め静かに歩きます。この何日かの経験で得た子どもたちのルールです。体育館に隣接している倉庫小屋まで来た時です。雪解けの水が、屋根からジャアージャアーとかなりの勢いで流れ落ちていました。Sが「鬼のおしっこだ」と叫んだのです。「おしっこだ」「おしっこだ」と大騒ぎ、一時、鬼の発見より「おしっこ」に興味が移ったようでした。3歳ぐらいの子どもは、おしっこに限らず「おしり」「うんち」等の言葉が好きです。言い合って笑っていますが、大人が考えているよりずっと普通のことなのだと思います。しばらくすると、いつも冷静なTが、「おしっこが落ちてきたから、鬼は上にいるんだよ」と屋根を指しました。騒いでいた子も、一斉に屋根を見ました。どこにも見えない鬼に「おしっこが恥ずかしいから隠れているんだ」ということになりました。これから春まで、鬼さがし探検は続くことになります。

（白川三枝）

第4章

保育教諭および施設で働く保育者とは

この章で学ぶこと

　この章の前半では、幼保連携型認定こども園における、保育教諭の役割について学びます。法令で定められた保育教諭の仕事を理解し、認定こども園で働く保育教諭の一日の流れみてみましょう。本来、幼稚園に通う子どもと、保育所に通う子どもが、一緒に生活している認定こども園はどんな所なのでしょう。「おもしろそうだな」「もっと知りたいな」「働いてみたいな」等、興味をもってくださればと思います。

　後半では、児童福祉施設で働く保育者について学びます。

1. 幼保連携型認定こども園で働く保育教諭の役割

　幼保連携型認定こども園教育・保育要領解説の「幼保連携型認定こども園における教育及び保育の基本」中で、保育教諭の役割について、次のように示されています。

　　乳幼児期の教育及び保育は、子どもの健全な心身の発達を図りつつ生涯にわたる人格形成の基礎を培う重要なものであり、幼保連携型認定こども園における教育及び保育は、就学前の子どもに関する教育、保育等の総合的な提供の推進に関する法律（平成18年法律第77号。以下「認定こども園法」という。）第2条第7項に規定する目的及び第9条に掲げる目標を達成するため、乳幼児期全体を通して、その特性及び保護者や地域の実態を踏まえ、環境を通して行うものであることを基本とし、家庭や地域での生活を含めた園児の生活全体が豊かなものとなるように努めなければならない。

　　このため保育教諭等は、園児との信頼関係を十分に築き、園児が自ら安心して身近な環境に主体的に関わり、環境との関わり方や意味に気付き、これらを取り込もうとして、試行錯誤したり、考えたりするようになる幼児期の教育における見方・考え方を生かし、その活動が豊かに展開されるよう環境を整え、園児と共によりよい教育及び保育の環境を創造するように努めるものとする。（略）

　　保育教諭等は、園児の主体的な活動が確保されるよう、園児一人一人の行動の理解と予想に基づき、計画的に環境を構成しなければならない。この場合において、保育教諭等は、園児と人やものとの関わりが重要であることを踏まえ、教材を工夫し、物的・空間的環境を構成しなければならない。また、園児一人一人の活動の場面に応じて、様々な役割を果たし、その活動を豊かにしなければならない。

幼保連携型認定こども園教育・保育要領解説　フレーベル館，2018年，pp.26-27

　家庭や地域での生活を含め園児の生活全体が豊かなものになるように、保育教諭は子どもと信頼関係を十分築きながら、環境を通した保育を行っていく必要があります。

（1）幼保連携型認定こども園に特化した配慮事項

　幼保連携型認定こども園教育・保育要領には、認定こども園に特化した配慮として、第1章 総則「第3 幼保連携型認定こども園として特に配慮すべき事項」の中に、集団生活の経験年数が異なる園児がいることへの配慮、0歳から就学前までの一貫した教育及び保育を園児の発達の連続性を考慮して展開すること、一日の生活リズムや在園時間が異なる園児が共に過ごすことを踏まえ、活動と休息、緊張と解放感等の調和に配慮する等が示されています。

　園が認定こども園に移行した時や新学期は、前述のような様々な子どもがいること

からのスタートになります。保育教諭の配慮は、目の前の子どもたちの理解から始まります。3歳児のクラスで、4月新入園児が母親を追って「ママー」と泣く姿があります。集団に慣れている子もつられて不安になったり、また、友達を慰めたりする姿もあります。次第に、友達、保育者、クラスの環境に囲まれ、子どもにとって安心できる場所になっていきます。

　幼稚園の経験の長い保育者は、集団に慣れている子どもや、生活習慣の自立している子どもの多さに驚き、保育所の経験の長い保育者は、新入園児のおおらかさ、無邪気さに感動します。これらの体験は、指導計画の作成に生かすことができます。全体的な計画の中の、乳児保育のあり方のヒントにもなります。多様な子どもたちが一緒に生活していることを、保育の充実に繋げていけたら素敵です。

　長時間利用児と短時間利用児が一緒の保育では、やってみないと分からないことだらけです。短時間利用児が帰った後に長時間利用児が寂しい思いをしないようにする、通園かばんの置き場所やお迎えを待つ部屋を工夫する、帰りの会のあり方を考える等、最初はいろいろしてみますが、保育者が思っているよりも、子どもはたくましい存在です。「明日また続き一緒にやろう」「やらないで、とっておくね」と声をかけあって明日の約束をする姿があります。中には母親に、長く遊べるように「今度、預かり保育頼んでね」と言う子どももいます。遊びが充実している時には、こんな子どもの申し出にも応えられる保護者であり、保育者であるとよいですね。

（2）保護者に対する子育て支援

　認定こども園として特に配慮すべき事項の中には、保護者に対する子育て支援もあります。幼保連携型認定こども園教育・保育要領の第1章 総則には次のように記されています。

　　　保護者に対する子育ての支援に当たっては、この章に示す幼保連携型認定こども園における教育及び保育の基本及び目標を踏まえ、子どもに対する学校としての教育及び児童福祉施設としての保育並びに保護者に対する子育ての支援について相互に有機的な連携が図られるようにすること。また、幼保連携型認定こども園の目的の達成に資するため、保護者が子どもの成長に気付き子育ての喜びが感じられるよう、幼保連携型認定こども園の特性を生かした子育ての支援に努めること。

第1章 第3 幼保連携型認定こども園として特に配慮すべき事項 7

　また、第4章 子育ての支援には、次のように記されています。

　　　日常の様々な機会を活用し、園児の日々の様子の伝達や収集、教育及び保育の意図の説明などを通じて、保護者との相互理解を図るよう努めること。

第4章 第2 幼保連携型認定こども園の園児の保護者に対する子育ての支援 1

　機会としては、送迎時、相談、連絡や通信、会合や行事などが考えられます。これらの機会を通して、園児の様子、教育および保育の意図や内容、課題などを伝えていくことになりますが、送迎の時間帯の異なる親同士や、勤務の都合で園の行事に参加しにくい保護者がいる中で、配慮すべき点が多々あります。短時間利用児の保護者には直接口頭で報告や連絡ができますが、長時間利用児の保護者への報告や連絡は、夕方の保育担当の保育者が行うことになります。園行事の開催にも配慮が必要です。回数を多くして参加できそうな機会を作るのか、多いと負担に感じてしまうのか。園側の思いも大切ですが、こういったこと一つでも、出られないことに悩む保護者がいることに心を寄せることが大切です。

（3）保育教諭のシフト

　認定こども園では、幼保両方の機能をもつと同時に、子育て支援等やるべきことが多数あります。だからこそ全職員が、保育教諭としてローテーションを回し、分け隔てなく、保育や、計画等のデスクワーク、掃除を含めた環境構成などができるとよいでしょう。同じクラスの中で、長時間利用児と短時間利用児が一緒に同じ保育を受けることが前提の認定こども園で、先生に隔たりがあってはうまくいきません。

2．保育教諭の一日の流れ

　ジュンコ先生は、子育てが一段落したところで保育の世界に入りました。子育ての経験を生かし、母親たちからの相談などでは、「私たちの気持ちを分かってくれる」と定評があります。この認定こども園には4月に異動してきて働いています。乳児保育のリーダーとして、新採用の保育者の教育をしたり、認定こども園での乳児保育の意義などを模索したりしながら、担任している0・1歳児の保育を楽しんで行っています。

　今日は普通番で、8：30からの勤務です。身支度を整えると、まず、保育室に向かいました。昨日の帰りにきれいに掃除しましたが、もう一度床をきれいに拭きました。赤ちゃんは、はいはいしたりお座りしたり寝転んだり、床での生活がほとんどです。これで、気持ちよく過ごせそうです。床は、この時だけでなく、おやつの後、給食の後と何回も拭き掃除を行います。

　早番の保育者がいる延長保育の部屋に、子どもたちを迎えに行きました。ジュンコ先生を見かけると、早番の保育者の膝の上で本を読んでもらっていたHが駆け寄ってきました。「おはよう」と声をかけながら抱き上げました。

0・1歳児のクラスの場合、この時間にほとんどの子どもが登園しています。今日も9人中6人が登園していました。早番の保育者から、保護者からの情報を引き継ぎます。連絡帳もありますが、登園時の直接の情報は、一日安心して保育を行うために大切になります。

3 保育室での遊び

自分の部屋に着いた子どもは、早速、自分の好きな玩具の所へ近付いていきます。今の子どもたちのお気に入りは、最近、保育者が作ったケースに、きれいな色のプラスチック製の鎖を入れる玩具です。いろいろな長さの鎖を使って、器用に集中して遊ぶ姿があります。

サヤカ先生の『まるぱんころころ』*¹の紙芝居も子どもたちのお気に入りです。サヤカ先生は新採の保育者です。子どもとの関わりでは初めて経験することばかりで、悩むことも多いようです。実習に行くために練習を十分したという『まるぱんころころ』は、繰り返しとリズム感のある作品で、実に上手く上演します。「コロコロ、コロコロ…」というリズムのところでは、体を上下に振って楽しむ子どもたちの様子に、サヤカ先生もうれしそうな姿があります。ジュンコ先生は、サヤカ先生が子どもたちの様子から自分の保育を考えるよいチャンスと考え、「十分読み込んでいたり、自分のものになっていたりする作品は、子どもたちの反応も違うね」と、サヤカ先生を認めていきます。

ジュンコ先生は一仕事を済ませ、ゆっくり登園してきた子どもと保護者に、視診も含め丁寧に対応します。

4 おやつ・授乳

一回に食べ物をたくさん摂取できない0・1・2歳児は、午前中にも簡単なおやつの時間があります。お腹がすきすぎないように、給食に影響しないように、分量や内容が工夫してあります。今日は、リンゴの薄切りと小さなソフトせんべい1枚、そして麦茶です。授乳の必要な子どもには、授乳をします。調乳室でミルクを調乳したり、おやつを食べるのを介助したり、忙しいひと時です。

おいしそうに食べたり、満足そうな表情でミルクを飲んだりする子どもたちと過ごすこの時間は、全員の様子を見られる大事な時間でもあります。「みんな今日は元気かな」「眠そうな子はいないかな」「咳をしている子はいないかな」と、ジュンコ先生は一人一人の表情を見渡し、今日の保育の見通しを立てます。

予定通りにできないこともたくさんあります。今日は、やっと色づき始めた木々の中、裏山の方を一周して来ようと考えていましたが、

＊1　ロシア民謡より。川崎大治 脚本／鈴木寿雄 画『まるぱんころころ』童心社, 1969年

第4章　保育教諭および施設で働く保育者とは

朝早く登園してくるMちゃんが眠そうなのが気になりました。

5 外の空気に触れる

10:00

寝てしまったMを園長先生に見てもらうことにして、Mをベッドごと職員室に運びました。睡眠チェック表も預けます。Mのことも考え、今日の散歩は短いコースにして、早めに帰ってくることにしました。その後、Mも一緒に遊べるとよいなと考えました。

散歩の目的は、いろいろあります。大好きな車や小動物など、子どもたちの興味や関心に応える、地域の人と触れ合い挨拶を交わす、季節の自然に触れるなどがあります。それらの経験を通し、社会性や感性を育てていきます。思ったより外は寒く、時折吹く風に、子どもたちは髪をなびかせ目を細めています。自分で歩いて行くと言っていた子も、帰りは乳母車に乗りたがります。子どもの気持ちを受けて帰りました。

園に帰ると、ベランダでMが園長先生に抱かれて、年長さんが遊んでいるのを見ていました。Mは仲間を見つけると大喜びです。給食まで外で遊ぶことにしました。「お腹すいたね。お給食にしましょう」と声をかけ、砂場の道具を1個ずつ片付けました。今日も、片付け、靴を脱ぐ、保育室に行くのを促してくれたのは年長さんです。自然な形で世話を買って出てくれます。これも普段から様々な年齢の子どもが一緒に生活している認定こども園のよいところです。

6 給食・離乳食

11:00

子どもたちが砂場を片付けている間、3人のうち1人の保育者が、給食を食べるための椅子や机を配置します。保育室に入って、手を洗った後の流れがスムーズにいくようにします。生活のリズムを作っていくこの時期、子どもたちに次は何をする時なのか分かるようにします。

おむつを取り替えてもらい、手を洗った子どもから席に着きます。「はい、今日はお魚だね」「ニンジンとおイモもあるね」と声をかけながら配ります。子どもたちは自分のテーブルに並んだ皿やお椀をうれしそうに眺めています。「いただきます」と言って食べ始めます。

離乳食が始まったばかりのHは、なかなか食が進まずにいます。友達の食べている姿を見ては口を動かしているので、食べることには興味がありそうです。ジュンコ先

生は、無理なくHが食べられるようになるよう、保育者同士や、保護者を交えて話し合っています。

　一人一人に必要な介助をしていく給食の時間ですが、保育者も一緒に食べることを大切に考えています。子どもに「かみかみね」と言うだけでなく、一緒に食べる姿を見せる、「おいしいね」と一緒においしさを共感する、子どもは五感を働かせて、文化や社会を知っていくのです。

　子どもたちの口のまわりはべとべと。小さな子どもは皮膚も弱いので、おしぼりできれいに拭きます。

7　午睡

　食べながら眠くなってしまう子もいます。食べ終わった子どもから順にパジャマに着替えて、お昼寝の準備です。取り替えたばかりですが、気持ちよく眠れるように、ここでもおむつを点検します。

　月齢の低い子どもはベッドで寝ます。他の子どもは、カーペットの上に布団を敷いて寝ます。保育室の暖房は、エアコンと床暖房です。起きているときは床暖を用いますが、午睡の時は、下から熱くなりすぎないようにエアコンに切り替えたりして、温度調節に気を配ります。

　子どもたちは、トントンしてもらうなど保育者に優しく見守られながら、すぐに寝息を立て始めました。寝ている時も目を離せません。保育者の一人は、10分おきに睡眠チェック表を用いて、息づかい、顔色、熱の状態などを見て回ります[*2]。

　ジュンコ先生は、全体を見渡しながら連絡帳を書いています。「今日は○○をしました」というだけの連絡帳にならないよう、例えばジュンコ先生は、「はいはいが上手になりましたね。今日はテーブルに手をかけ自分で立ち上がろうとしている姿がありました。はいはいを十分させながら、ホールの大型積木で遊んだり、テーブルの上に玩具を並べたり、Mちゃんの遊びが広がる工夫をしていきたいと思います」などと書きます。保護者と共に、発達を喜びながら、援助や配慮についても知ってもらい、一緒に子育てしていく喜びを共有したいと考えています。

　子どもたちが起き始めるころになると、年長児が「起きましたか」と入ってきます。今日は女の子が3人、着替えを手伝うために来てくれました。中には、保育者でないと嫌がる子もいます。年長児も、0・1歳児も、そこのところはお互い承知しているようで、役割をこなしています。社会に当たり前にあることを自然に体験している

第4章　保育教諭および施設で働く保育者とは

＊2　乳幼児突然死症候群（SIDS）や窒息などによる、睡眠中の赤ちゃんの死亡を防ぐためです。

42

のではないかと、ジュンコ先生は考えています。大きい子、小さい子を含め、多様な子どもが通う認定こども園のよさだと感じています。

8 おやつ

14：45

　まだ起きたばかりで食欲のない子もいますが、お迎えの時間まで長いので、ゆっくりと時間をかけておやつを食べます。午後のおやつは、心のこもった手作りおやつで、今日は雑炊と牛乳です。起きたてで、のどが渇いていたのでしょう。子どもたちは牛乳から飲んでいます。保育者との会話を楽しみながら、ゆっくりとおいしい雑炊を食べます。ゆとりのある時は、子どもたちもいろいろなことに気が付きます。授乳をしてもらっているHの姿に目をやり、Kは何かを考えています「Kちゃんも飲みたい？」と言うと、にこっと笑います。

9 遊び

15：20

　おやつを食べた後は、好きな遊びをします。部屋の中で遊ぶ時もありますが、ホールやテラスに行って遊ぶ時もあります。
　おむつ交換は、給食の前や午睡の前などは一斉に行いますが、後は一人一人の状態で対応します。体をぶるっと震わせる、「ちい」とつぶやく、手を体の前に当てるなど子どもから発信があった時と、保育者が抱っこやにおいで感じた時に取り替えます。
　今日は風が強く寒いので、子育て支援センター[*3]がすいていて、二組の親子が来ていました。そこで、子どもたちを連れていくことにしました。センターには、いつもと違う玩具や家庭用のジャングルジムがあって、子どもたちにとっては魅力的です。母親と遊んでいた子どもも、競って玩具を取り合ったり、譲り合って一緒に遊んだりしています。そんな姿を見ることは、保育者にとっては、母親の対応からわが子に対する愛情を知る機会に、母親にとっては、保育者の保育を知る機会になります。
　途中、お迎えがあります。保育者は、今日の子どもの様子を保護者に伝え、「明日も待っているね」と送ります。

10 夕方の保育

16：00

　朝と同じ延長保育の部屋に移動します。この時間も全員のおむつを点検します。子どもたちが、異なる環境でもゆっくり過ごせるようにします。延長保育の部屋に全体の人数を確認に行き、人数が多い日は、延長保育の部屋に行く時間を少し遅らせたりします。延長保育の部屋では、異年齢の子どもたちとの触れ合いを喜ぶ子も、苦

＊3　この園に併設されている、こども家庭庁および厚生労働省「地域子育て支援拠点事業」の一般型の経過措置（小規模型指定施設）に基づく施設です。「育児不安等についての相談指導」「子育てサークルや子育てボランティアの育成・支援」「地域の保育資源の情報提供、地域の保育資源との連携・協力体制の構築」のうちいずれか2つや、可能であれば保健相談も行います。

手な子もいます。少しずつ慣れるようにしています。玩具も、保育室とは異なり、家庭にあるようなものを用意します。たまにはビデオを見ることもあります。夕方の時間、子どもたちがゆったりとした気持ちで過ごせるように環境を考えます。

11 環境構成

16：10

今日は普通番のジュンコ先生は、子どもたちを遅番の保育者のいる延長保育の部屋に送った後は、掃除に取りかかります。部屋、トイレ、調乳室、視診室と丁寧に掃除をします。哺乳瓶も洗って消毒しました。

つかまり立ちや、はいはいを喜んでしている子や、歩き始めて半年たって体をいっぱい使って遊びたい子が混在しているため、明日は、月齢の高い子はテラスで車や大型積み木で遊び、月齢の低い子は保育室で遊ぶ計画です。保育室に巧技台とマットで低い山を作りました。高ばいや、つかまり立ちが楽しめるように環境を整えます。

12 記録

17：00

職員室に行けたのは、17：00過ぎになってしまいました。日々の日誌を書き、毎月のケース記録も少し記入しました。Ｈの離乳食の進め方を悩んでいます。「保護者と一緒に、成長を喜びたい」これがジュンコ先生の考えです。

13 退勤

17：30

遅番の保育者のいる延長保育の部屋の様子をのぞいて、退勤しました。

認定こども園の保護者支援と乳児保育

①本音がみえない保護者の支援

　私が、新任の保育者2人と一緒に0・1歳児の担任を受け持っていた時のことです。園にはいろいろな環境で育ってきた子どもたちがいます。保護者のあり方も様々で、初めての子育てに悩みながらも子どもの成長を楽しんでいる母親や2人、3人と子育てをし、どこか余裕のあるベテランの母親もいます。

　Aくんの母親は夫婦で保養所に勤めていて、Aくんは0歳児から認定こども園に入園してきました。Aくんの母親は物静かでいつも穏やかな表情を浮かべながら保育室へ入ってきます。Aくんは、担当がどの保育者でも、母親を追って泣くこともなく、すんなりと来て母親から離れていました。いわば、手のかからない子です。子どもは手がかかって当たり前なのですが…。そこで、担任で役割分担をし、このAくんとの関わりを深めていきました。丁寧に関わっていくうちに、Aくんから、抱っこしてもらえないと泣いたり手を伸ばしてきたりと要求も増えてきて、だんだんに信頼関係が結ばれるようになってきました。

　母親に園でのAくんの成長を伝えると、にこやかに答えているのですが本音がみえてこない感じでした。また、Aくんの離乳食が始まってもなかなか進まないため、家庭での様子を伺うと、うやむやな返事が返ってきます。

　ある日、Aくんの母親が、新任のまだ若い先生に、家では離乳食を作っていないことをこっそり話してきました。きっと私の前ではよい母親として認めてもらいたいという気持ちがあったのでしょう。でも、自分より若い先生には本音を打ち明けてきたのです。私はそのことを新採の保育者から聞いて、この母親が本音を言える場所があってよかったと思いました。そして、私の前ではよい母親でありたいという気持ちも大事にしていきたいと思いました。理想と本音は誰にでもあり、両方必要なのかもしれません。保護者支援とは、子どもをあるがまま受け入れると同様に、その保護者の弱さも受け入れることでしょう。そして、担任同士がいろいろな役割分担をして連携を取っていくことで子どもも保護者も心地良く過ごせることが大事だと思います。

②認定こども園における乳児保育の意義

　乳児室というと、園舎の中でも静かな奥に作られていることが多いようですが、私の園の乳児室はホールの横にあり、2階の幼児の姿やホールで遊ぶ子どもたちの様子がとてもよく見えます。ホールから楽しそうな音楽が聞こえてくると乳児の子どもたちは保育室の窓から「見せて！」と抱っこを求めてきます。

　そんな子どもたちの様子から、乳児室の入口を開け、そこに牛乳パックと布で作った柵を取り付けました。乳児の子どもたちはそこへ行き、身を乗り出してホールの様子を見ています。

するとそこに幼児クラスの子どもたちがやってきて、「○○ちゃん」と声をかけたり、自分の大事な人形を見せてくれたりします。声をかける幼児の子どもたちは本当に優しく、小さい弟や妹をいたわるような表情です。声をかけられた乳児たちは新しい刺激に目を輝かせています。

　遊んでいる時だけでなく、時には、幼児が迎えに来た保護者の手を引いて乳児の姿を見に来ます。そこへ来た保護者は、その乳児の姿に自分の子どもの成長を重ねてうれしそうに帰るのです。1号認定の保護者や子どもたちにとって、乳児と一緒に過ごすことができる認定こども園は、あたたかな気持ちや穏やかな時間。そして改めて子どもの成長の喜びを感じられるとても素晴らしい場となっています。

（金井潤子）

3．児童福祉施設で働く保育者

　保育者は子どもの福祉の分野でも活躍しています。特に、児童福祉施設で働く保育士は「施設保育士」といわれ、子どもの生活を支える重要な役割を担います。

　児童福祉施設には様々な種類があります。施設を利用する子どもは児童虐待や貧困、障害などによる様々な背景をもっており、保育士はなくてはならない専門職です。対象となる子どもは乳児から18歳未満児ですが、施設の種類によっては18歳以上でも利用可能となっています。

（1）児童福祉施設とは

　児童福祉施設には、子どもの福祉に関係する事業を行う様々な施設があります。児童福祉法に基づいて運営されており、国、都道府県、市町村が設置する他に、社会福祉法人等も設置、運営しています。

　児童福祉法には、次のように示されています。

> 　この法律で、児童福祉施設とは、助産施設、乳児院、母子生活支援施設、保育所、幼保連携型認定こども園、児童厚生施設、児童養護施設、障害児入所施設、児童発達支援センター、児童心理治療施設、児童自立支援施設及び児童家庭支援センターとする。

児童福祉法 第7条

　それぞれの種類については、児童福祉法の第36条から第44条の2に施設概要が示されています。また、「児童福祉施設の設備及び運営に関する基準」では、各種施設において最低限保障すべき基準が示されており、子どもにとってできる限り最善を尽くした環境や支援を提供することが求められています。

（2）児童福祉施設の種類

　児童福祉施設は前記の通り次のものがあります。それぞれの施設で保育士が活躍しています。施設によっては、教員免許所持者の採用もあります。

①助産施設

　保健上必要があるにもかかわらず、経済的理由で安心して出産できる環境がない妊産婦を入所させて助産を受けられるようにする施設です。乳児や妊産婦のケアや母親への育児指導など、保育の知識のある保育士を配置することになっています。

②乳児院

　乳児（必要があれば幼児も含む）を養育するとともに、退院した子どもと保護者に対しても相談や支援を行います。入所の理由には、親の病気や死亡、経済的困難、虐

待などがあります。入所前にネグレクト状態であった子どもや障害のある子どももおり、子どもとの愛着関係形成を大切にした養育を行います。そのため、子どもの担当を決め、密に関わることで愛着関係を築く担当養育制を取り入れているところが多くあります。保育士の他、看護師や医師、栄養士など、他職種の職員とも連携をとり、24時間体制で子どもの養育に当たります。

③母子生活支援施設

　配偶者のいない女性や、ＤＶ等により家出した母子、貧困や障害・病気などを理由として、子どもの養育や地域社会での生活が困難になった母子家庭を対象とした施設です。子どもは18歳まで入所可能ですが、高年齢児童の入所は少ない傾向にあります。児童福祉施設の中でも、母子世帯で入所できる唯一の施設であり、母親と子どものそれぞれに対して支援を行っています。また、退所した母子に対してもアフターケアで必要な支援を行います。

④保育所

　保育を必要とする乳児、幼児を保護者の下から通わせて保育を行います。

⑤幼保連携型認定こども園

　満３歳以上の幼児の教育と、保育を必要とする幼児と乳児の保育を一体的に行います。

⑥児童厚生施設

　児童遊園、児童館等において、子どもに健全な遊びを提供して、子どもの健康を増進し、情操を豊かにすることを目的にした施設です。

⑦児童養護施設

　保護者のいない子どもや虐待されている子ども、あるいは、養育環境上、養護を必要とする子どもを入所させて養護する施設です。また、退所した子どもの相談や必要な支援を行います。子どもの年齢は状況により乳児も受け入れ、また、支援が必要な場合は18歳を超えて20歳まで措置延長でき、さらに自立支援として22歳の年度末まで在籍できるようになっています。

　社会的養護の施設の中で、最も設置数や利用者数が多い施設です。

⑧障害児入所施設

　医療を必要とする、しないで二種類に分かれています。

　福祉型障害児入所施設は、医療を必要としない、主に知的障害児や自閉症児などが入所し、日常生活における基本的動作の指導や独立自活に必要な知識技能の付与または集団生活への適応のための訓練を行います。

　医療型障害児入所施設は、医療機関と併設されており、医療法に基づく医療スタッフも職員として配置されています。肢体不自由児や重症心身障害児など、自力では生活の自立が困難な子どもが入所します。日常生活における基本的動作の指導や独立自活に必要な知識技能の付与または集団生活への適応のための訓練のほか、医療的な治療、リハビリ訓練を行っています。

　障害児入所施設については、18歳を超えても在籍する人が多く、特別支援学校を卒業後の生活支援や就労支援など障害に応じた支援を行うことも必要になっています。学齢児童とは異なる日課を共に過ごすのも保育士の仕事になります。

⑨児童発達支援センター

　障害のある子どもを保護者の下から通わせて療育を行う施設です。「福祉型児童発達支援センター」と「医療型児童発達支援センター」の二種類があります。いずれも、障害のある未就学児が日常生活を円滑に送るための指導を受けたり、集団生活に適応するための訓練を受けたりします。医療型の施設には医療法による医療の専門職が配置されています。また、保育士以外に、児童指導員やそれぞれの施設の対象となる子どもの特性に応じた専門職が配置されています。

⑩児童心理治療施設

　家庭環境、学校における交友関係その他の環境上の理由により、社会生活への適応が困難となった子どもを短期間入所させ、あるいは、保護者の下から通わせて社会生活に適応するために必要な心理に関する治療および生活指導を行う施設です。また、退所した者についても相談や必要な支援を行います。

⑪児童自立支援施設

　不良行為をした、またはするおそれのある子どもや家庭環境その他の環境上の理由により生活指導などを要する子どもを入所させる、あるいは、保護者の下から通わせる場合もあります。この施設では、個々の子どもの状況に応じて必要な指導を行い、その自立を支援します。また、退所した者に対しても相談その他の援助を行います。

⑫児童家庭支援センター

　地域の子どもの福祉について、子どもとその家庭の様々な問題に対して、専門的な知識と技術をもって対応する施設です。市町村の求めに応じて、技術的な助言や必要な援助を行うほか、児童相談所や児童福祉施設等との連絡調整などを行います。

　以上のように、子どもとその家庭の様々な状況に応じた支援を行う児童福祉施設は多種類にわたっています。保育士は施設においても主要な専門職員として活躍しています。

　子どもが育つ環境には、親と一緒に家庭で育つ以外に、様々な事情で親と別れて生活する社会的養護があります。図4−1は、子どもの養育の場が、家庭だけでなく、社会的養護の様々な施設や里親などにもあることを示しています。社会的養護では、里親やファミリーホームのような、より一般の家庭に近い家庭養護と、児童福祉施設による施設養護に分けられます。施設養護には前述した様々な施設があり、子どもの特性に応じた生活と支援の場があります。

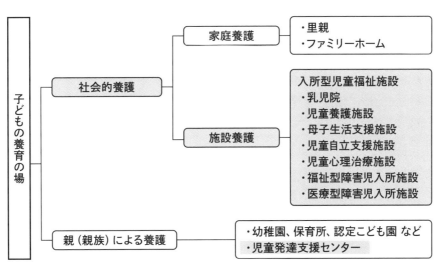

※ 施設養護や児童発達支援センターでも保育士が活躍している。

(著者作成)

図4-1　子どもの養育の場

　これらの児童福祉施設で働く保育士は施設保育士ともいわれ、子どもの成長を支える重要な働きをしています。施設保育士は保育士資格が就労の条件となります。他に、保育士でなくても、小学校以上の教育職員免許所持者や、その他の条件を満たせば児童指導員として働くことができます。

（3）施設保育士に求められるもの

　施設保育士の主な役割は、施設に入所している子どもの日常生活を支援することが中心です。子どもの生活の場で子どもの養育に責任をもって関わる立場であり、社会的養護の分野ではなくてはならない専門職です。

　施設に入所している子どもの背景は様々です。最近では、発達障害や被虐待経験のある子どもの入所の割合がどの種類の施設でも高くなっています。そのため、生活の中で子どもの問題行動に対処したり、子どもの心のケアを意識した関わりをしたりするなど、より専門的知識が必要になっています。常に高い専門性をもって子どもと向き合うほか、子どもの親等とも関係調整を図っていくことが求められています。

　児童福祉施設における職員の一般的要件として、「児童福祉施設の設備及び運営に関する基準」第7条には以下のように記されています。

　　児童福祉施設に入所している者の保護に従事する職員は、健全な心身を有し、豊かな人間性と倫理観を備え、児童福祉事業に熱意のある者であって、できる限り児童福祉事業の理論及び実際について訓練を受けた者でなければならない。

児童福祉施設の設備及び運営に関する基準　第7条

保育士として、情熱と愛情をもっているとともに、高い専門性をもって絶えず研鑽していくことが求められています。

4．施設で働く保育者の一日の流れ

児童福祉施設のうち、児童養護施設の一日を見てみましょう。子どもたちは普通の家庭と同じように過ごしています。表4-1は、ある児童養護施設の子どもたちの一日です。保育者はこのような日課に沿って子どもと関わり、子どもの生活を支えます。いわば、家庭で親が子どもにしていることと同じように関わっているのです。

表4-1　児童養護施設の子どもたちの一日の例

6：30	起床、洗面、朝食、朝食後の片付け、登校準備
7：45〜	小学生・中学生・高校生登校、幼稚園児登園
9：00〜	未就園児の保育
12：00	昼食（登校児童は給食・弁当）
14：00	幼児降園、小学校低学年から順次下校 学習、宿題、遊び
15：00	おやつ、趣味活動、習い事、クラブ活動等
16：00〜	幼児から入浴
18：00〜	夕食（中学生、高校生は部活動などで遅くなることもある） 夕食後の片付け、団らん、自由時間
20：00	幼児就寝
21：00	小学生就寝、中学生以上入浴
22：00	中学生就寝
23：00	高校生就寝

保育者は子どもたちに対して愛情をもって接し、安心・安全に過ごせるよう生活を支えます。施設により、登校時間やスケジュールは異なりますが、だいたいは一般的な家庭と同じような生活になっています。生活単位の小規模化が進み、一定の子どもたちと担当の職員が一緒に生活する形になっています。次に、小規模ユニットケアで働く保育士と子どもたちの一日の生活を見てみましょう。

1 保育士の起床

5:30

保育士は前日から宿直し、施設内で過ごしています。子どもたちより早く起床し、身支度を整えたら、子どもたちの朝ごはんの支度をしたり、高校生の弁当を作ったりします。小規模ユニットケアでは、おかずなどを調理室で作り、各ユニットに運んでくるところもあります。ユニットでご飯を炊き、みそ汁などを作るなど、部分的な調理を行う所もあります。

2 子どもの起床

6:15

子どもたちを起こして登園・登校の準備をします。寝起きの悪い子どももいるので、早めに起こしたりして身支度を整えるよう声かけをします。起きてきた子どもに朝ごはんを用意して食べさせます。朝はとても忙しく、子どもの中には急に持ち物を思い出すこともあったりするので、慌ただしく時間が過ぎていきます。早番の職員も入り、2人以上で対応します。

3 登園・登校

7:45

小学生を、「いってらっしゃい」「いってきます」という元気な挨拶で送り出します。地域によっては、登校に同行することもあります。中学生や高校生は、朝の部活動や遠くの学校に通う場合など、早く出ていくこともあります。時間に合わせて「いってらっしゃい」と送り出します。

幼児は、地域の幼稚園に通園します。職員が送迎することもありますし、園バスを利用することもあります。施設にいる子どもは就学前教育の視点から幼稚園に行きます。地域の事情などで保育所や認定こども園に行くこともあります。

4 未就園児の保育開始

9:00

未就園児は施設内で担当保育士が保育をします。

掃除・洗濯・記録などの時間も確保します。子どもを送り出した後、各ユニットや共有部分を掃除します。また、子どもの衣類やシーツなど洗濯したり、布団を干したりします。いわゆる、生活を維持するための家事を行います。

時間の合間を見て、子どもたちの様子や出来事などの記録も書きます。

5 朝礼・報告会

10:00

宿直職員と朝出勤してきた職員が集まり、子どもの様子や引き継ぎ事項などを話し合います。他のユニットの様子も聞き、施設全体で子どもの状況を把握し、連携して子どもの養育に当たれるようにするために、この時間はとても大切です。

第4章 保育教諭および施設で働く保育者とは

6 昼食
（給食・弁当）

12：00

職員は休憩したり、子どもの保育に関わったりします。

子どもが幼稚園や学校から帰ってくるまで、事務仕事や洗濯物整理、雑用などをこなします。

施設によっては、断続勤務の体制をとっているところがあります。これは、子どもの生活に合わせ、朝と夕方から夜の時間に職員を手厚く配置することが目的です。子どもが学校に行っている間の３～６時間を勤務時間からはずし、この間は勤務外として自分の時間となります。

7 降園・下校

14：00

幼稚園児が降園、小学生が順次下校してきます。地域によっては、職員が下校時に迎えに行きます。子どもが10人くらいであれば、職員は１人か２人で行います。多ければ３人以上で対応し、子どもの安全に気を付けて帰ります。

幼児は遊びを中心に過ごし、小学生は宿題、学習をしてから遊びます。子ども同士で遊んだり、職員も参加したりします。ボランティアや実習生などが関わって学習や遊びの支援をすることもあります。職員はボランティアや実習生への助言なども行います。

8 おやつ

15：00

手を洗い、おやつを食べます。職員は学校の連絡帳を確認したり、明日必要な持ち物を確認したりします。高学年になると、自分でできるようになる子どもも多くなります。自分でできるようにしていくことも支援です。

9 幼児・小学生の入浴

16：00

幼児は、入浴を職員が介助します。風呂の入り方や体の洗い方など、年齢とともに子どもが自分でできるようにしていきます。子どもが、一人で入浴できるようにすることも自立支援です。

入浴は性暴力や性的ないじめが起きないよう、気を付けなければなりません。

10 夕食

18：00

夕食は職員が作る所もあれば、栄養士・調理員が作って部屋に運んでくる所もあり、施設により異なります。小規模ユニットケアの体制では、おかずだけを調理員が調理室で作り、子どもの身近な生活空間でご飯を炊いたりみそ汁等を作ったりするところもあります。子どもにとって、食事を作る音や匂いを身近で感じることは、家庭生活では当たり前のことだからです。

食事は毎日繰り返されるとても大切な場であり行為です。より家

庭に近い雰囲気で楽しく食べる時間にすることが大切です。中学生以上の子どもは部活動で遅くなることもありますが、なるべくそろって食べるようにします。

　高校生になるとアルバイトをする子どももいるので、遅く帰宅する子どものために取りおいておきます。家庭で親が子どもに用意するように、温かく食べるものは温かく、冷たいものは冷たくして、その子どもに思いやりを込めた料理を食べられるようにします。中高生になれば自分で準備できますが、孤食にならないよう、子どもの学校での様子など話を聞きながら過ごすのもよいでしょう。

⑪ 自由時間　食後の団らんを自由に過ごします。テレビを見たり、ゲームをやったり、本を読んだり、やり残した宿題をしたり、勉強したり、子どもが自由に過ごす時間です。時には、子ども同士でけんかをすることもあります。兄弟姉妹のように日々を過ごすからであり、子どものありのままの姿を見ることができるでしょう。時には仲裁をし、また、見守りながら、子どもの様子を観察しながら子どもと共に過ごします。子どもと過ごす何気ない時間は、子どもの心を落ち着かせ、心を癒す大切な時間です。

⑫ 幼児から順次就寝　布団を敷いて、あるいはベッドを整えて寝る用意をします。歯磨きがきちんとできているか見てあげます。明日の学校の準備はできているか、子どもと一緒に確認します。幼い子どもには読み聞かせをしてから寝かしつけることもあります。子どもが落ち着いて、安らかに眠れるよう気を配ります。

　中学生や高校生は、遅くまで受験勉強をしたり、本を読んだりすることもあります。明日に備え、夜更かしをしないように声をかけ、決められた就寝時間を目安に休むようにします。

⑬ 施設全体の消灯　消灯時間までに子どもたちがやり残した家事を終わらせ、明日の朝食などの準備をします。家事が一段落したら、記録を書くなどの事務仕事を片付けます。

　消灯後、子どもたちが静かに寝ているか見回りをします。子どもによっては、夜尿起こしをする場合もあります。いわゆるおねしょを予防するためですが、静かに起こしてそっとトイレに連れていきます。寝付けない子どもに寄り添って寝かしつけることもあります。「眠るまでここにいて」「絵本を読んで」「トントンして」など、子ど

もからお願いされることもあるでしょう。

　子どもの中には、虐待などの過酷な生活の経験から、様々な行動上の問題を抱えていることがありますが、職員はその背景を理解し、子ども一人一人に添った支援を行います。

14 宿直

　子どもたちが寝ても、夜中に何かがあったらすぐに対応しなければなりません。病気や夜驚、あるいは災害など、常に子どもを守る意識でいることが求められます。

　宿直の合間の時間をみて、日頃の記録を書いたりすることもあります。また、子どもたちの就寝対応が一段落したら、職員もシャワーを使用したり、翌朝の勤務開始まで短い睡眠を取ったりすることができます。

　宿直の翌日は、早朝からの子ども対応をし、午前中の朝礼・報告会をしたら、その後は「宿直明け」と称して退勤します。退勤時間などは施設によりますが、次の日は休日にしている所が多く見られます。

　以上のように、子どもが24時間365日生活している施設を運営するには、職員は3、4種類の勤務時間を組み合わせ、ローテーションで回しながら子どもたちの支援を行っています。

児童養護施設の現場から

第4章　保育教諭および施設で働く保育者とは

①児童養護施設で働く「魅力」とは

「正解はない!?」といわれる子育てなので、子どもとの日々の関わりは自問自答の連続です。叱りすぎたのかな…、もう少し伝え方を工夫すれば良かったな…、など悩んでしまう日も多くあります。しかし、子どもを理解していくためには、ごく自然であり当たり前のことです。保護者の多くは、子育てに自信満々な人はいませんし失敗しない人もいません。子どもとの関わりを愉しみ、悩みながらも「養育者として子どもの成長を願い、寄り添い続ける」ことが私たち保育者の役目であり、やりがいでもあります。子どもが施設を巣立つある日のこと、「ありがとう。今までお世話になりました」と涙を浮かべて話してくれた時は、「今までの多くの葛藤は、充実の日々だったのだ」ということを強く実感しました。もちろん、巣立っていった子どもたちが大きくなって、施設へ遊びにきてくれる度にパワーを貰い励まされ「施設保育者っていいナ…」と改めて感じます。

②先輩保育者から学んだ「基礎」

　私は、就職してから子どもに対し「先輩保育者と同じような場面に同じような声かけをすること」を念頭に精一杯の関わりを続けているつもりでしたが、次第に指示的な声かけが多くなってしまい、子どもとの関係性に伸び悩む時期がありました。それでも先輩保育者は、具体的な助言ではなくニコニコと「大丈夫、期待しているからね」と私を見守り励まし続け、その経験が、現在の私の「基礎」となりました。

　保育者は、子どもに対し「伝え方ではなく伝わり方を深く考える」こと、躓きや失敗があっても「大丈夫、頑張って」という励ましの姿勢を絶やさないこと。「保育者＝子ども」の前提にあるのは「人＝人」です。「嬉しいことに喜び、悲しいことに悲しむ」そんな日々の積み重ねがお互いの信頼や成長に繋がるものだと考えています。

③「みんなで暮らす、みんなで育ち合う」を目指して

　入所している子どもにとって、施設は「家庭に代わる場」であり、保育者（職員）にとっては「職場」である一方で「子どもと暮らす場」であることを深く感じます。朝の「いってらっしゃい」、帰りは「おかえりなさい」の声をかけ、病気の症状が酷ければ夜中でも通院に同伴し、年齢が小さい子には夜通し看病が必要なこともあります。

　施設でも家庭と同じように「当たり前の暮らし」を積み重ねる取り組みが行われています。前述のとおり、保育者は子どもとの関わりから子育ての術をつかんでいくので「互いの育ち合い」といえます。さらに子どもたち同士は、年齢の大きい子が年下の子の面倒をみる意識が培われています。「小さい子が守られる」ことと「年上の子を見習って成長していく」という「育ち合い」があります。

　子どもだけの暮らしではなく「子どもも保育者も同じ屋根の下で暮らす、育ち合う」ことを目指す場所、それが児童養護施設の大きな特徴です。

（名川壮平）

第5章
保育者に求められる倫理

この章で学ぶこと

　　この章では、不適切な養育を防ぐためにどう行動しなければならない
かを理解します。子どもの権利条約に示されている子どもの権利につい
て深く理解することで、保育者が常に心に置くべき倫理についての理解
につながるでしょう。保育者には子どもの最善の利益とは何かを追求し、
また、専門職としての倫理に基づいた行動が求められます。具体的には、
保育所保育指針、児童虐待の防止等に関する法律、要保護児童対策地域
協議会などの意義を通して、不適切な養育や保育をどう予防するか、考
えていきましょう。

1．保育における倫理

（1）保育所保育指針に示された倫理

保育者は絶えず子どもにとって最もよい保育を目指していくことが求められています。そのためには、常に資質を向上させる努力が求められます。保育所保育指針には、職員の資質向上について、以下のように記されています。

> **(1) 保育所職員に求められる専門性**
>
> 　子どもの最善の利益を考慮し、人権に配慮した保育を行うためには、職員一人一人の倫理観、人間性並びに保育所職員としての職務及び責任の理解と自覚が基盤となる。
>
> 　各職員は、自己評価に基づく課題等を踏まえ、保育所内外の研修等を通じて、保育士・看護師・調理員・栄養士等、それぞれの職務内容に応じた専門性を高めるため、必要な知識及び技術の修得、維持及び向上に努めなければならない。
>
> **(2) 保育の質の向上に向けた組織的な取組**
>
> 　保育所においては、保育の内容等に関する自己評価等を通じて把握した、保育の質の向上に向けた課題に組織的に対応するため、保育内容の改善や保育士等の役割分担の見直し等に取り組むとともに、それぞれの職位や職務内容等に応じて、各職員が必要な知識及び技能を身につけられるよう努めなければならない。
>
> 保育所保育指針 第5章 1 職員の資質向上に関する基本的事項

なお、幼稚園教育要領解説には、次のように記されています。

> 　教師が幼児と適切な関わりをするためには、幼児一人一人の特性を的確に把握し、理解することが基本となる。教師には、幼児を理解する者としての役割、共同作業を行う者としての役割など、様々な役割を果たすことが求められるのである。（略）
>
> 　このような教師の役割を果たすために必要なことは、幼稚園教育の専門性を磨くことである。その専門性とは、幼稚園教育の内容を理解し、これらの役割を教師自らが責任をもって日々主体的に果たすことである。
>
> 　つまり、幼児一人一人の行動と内面を理解し、心の動きに沿って保育を展開することによって心身の発達を促すよう援助することにある。そのためには専門家としての自覚と資質の向上に教師が努めることが求められる。
>
> 幼稚園教育要領解説, 2018年, pp.45-46

　保育所保育指針、幼稚園教育要領解説のいずれにも、子どもに対する理解を深め、専門性の向上を求めると示されています。資格や免許を取得してからも、それぞれの子どもの養育の場において、子ども理解と保育者としての専門性をたゆまず向上させていくことが求められているのです。

（2）児童虐待の防止等に関する法律

　近年、児童虐待に関する報道が次々になされ、子どもを取り巻く養育環境のあり方が問われています。特に、子どもと関わる保育者の役割は非常に重要です。児童虐待については、2000（平成12）年に児童虐待の防止等に関する法律（略称：児童虐待防止法）が施行されました。児童虐待は、重大な子どもの権利侵害に当たります。この法律により、児童虐待について身体的虐待、性的虐待、ネグレクト、心理的虐待として具体的に定義されました。また、子どもに関係する機関や職員は虐待の早期発見に努めなければならないこと、児童虐待を発見した際には、福祉事務所や児童相談所等に速やかに通告する義務があるとしました。この際、通告に係る個人情報については、守秘義務違反には当たらないとされました。子どもの命を守ることが最優先だからです。

　子どもの権利を守るためには、保育者はいち早く虐待を発見し、適切な対応を取ることが求められています。そして、保護者に対する子育て支援をすることで、子どもが健やかに成長する環境を作っていかなければなりません。時には、関係機関と連携しながら、子どもを保護したり、保護者を支援したりする立場に立つことが求められています。

（3）要保護児童対策地域協議会

　被虐待児や虐待の恐れがある子どもをいち早く発見し、地域でその家庭を支える取り組みがあります。要保護児童対策地域協議会は、各市町村単位で設置することになっています。子どもと関わる機関や専門職が連携して地域社会の中で支援を行うために連携する組織です。

　役所の関係部局、家庭児童相談室の相談員、児童相談所、幼稚園、保育所、認定こども園、小中学校、地域の児童福祉施設、歯科医師会、医師会、婦人相談員、民生委員・児童委員、法務局（地方出張所）、警察など、多岐にわたる関係者や専門機関が連携しています（図5-1）。

　保育者は、地域でどのような対策が採られているか知っておく必要があります。常に、子どもを守る、子どもの成長を支えるという意識で関わることが求められています。

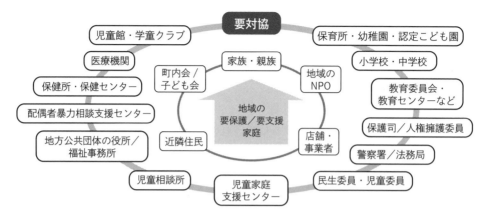

図5-1　要保護児童対策地域協議会のイメージ図

厚生労働省「子ども子育て　児童虐待防止対策『要保護児童対策地域協議会の概要』」より改変（著者作成）
https://www.mhlw.go.jp/file/06-Seisakujouhou-11900000-Koyoukintoujidoukateikyoku/0000198593.pdf
(2020/01/07)

（4）不適切な保育とその防止

　保育士会倫理綱領の他、保育所保育指針や幼稚園教育要領などで保育や幼児教育に何が求められているかが示されているにもかかわらず、残念ながら不適切な保育は生じています。実際に保育の場であった事件となった事例があります。本来、子どもが過ごす場は、子どもと保護者にとって安心で安全が保障されていなければなりません。しかし、現実には不適切な行為が行われることがあり、如何に防止し対処するかが問われています。

事例 1

保育士による虐待および不適切な保育

・認可外保育所で相次いで2人の男児が頭部打撲で死亡した。園長による暴行であり、「男児がぐずって泣き止まないためにやった」ということだった。

・認可保育所で男性保育士がステンレスの水筒で子どもの頭を殴ってけがをさせた。食事の態度に腹を立てたということだった。

・認可保育所で昼寝の時間に騒ぐ園児に対して、保育士が馬乗りになり押さえつけたり、抱えた状態から床に落としたりしていた。匿名の通報から監視カメラで確認された。

・保育士が園児のズボンを無理やり脱がせて、高い所に置いて園児が取ろうとする姿を動画に撮っていた。保育士は遊びだと言っていた。

・男性保育士が女児にキスをしたり、下半身に触ったりするなどのわいせつ行為があり、子どもには口止めしていた。

　不適切な子どもへの関わりについては、保育者の資質の問題や厳しい勤務体制、日々の保育活動のストレスなど、要因は様々です。社会的養護を担う児童福祉施設に対しては、被措置児童等虐待防止ガイドラインが出されており、都道府県は防止と対応をすることになっています。

　保育所や認定こども園、幼稚園等においても、不適切な保育を防がなければなりません。また、万が一、不適切なことが生じた場合に、速やかに対処し早期に芽を摘むことも求められます。そのためには、保育者が常に倫理意識をもつことです。また、子どもの権利に対して深く理解していなければなりません。倫理を守り、子どもの権利を守る意識に立つことが、保育者として子どもに向き合う姿勢を適切なものにするはずです。

2．子どもの最善の利益

　「子どもの最善の利益」とは何でしょうか。子どもの最善の利益という理念については、「児童の権利に関する条約」についてよく理解しておく必要があります。それは、保育者として子どもの最善の利益を常に考えた言動が求められるからです。

　子どもの最善の利益を追求する姿勢で取り組むために、全国保育士会では倫理綱領を掲げています。保育者が倫理綱領を常に守ることで、子どもと保護者にとってもっともよい方法で保育が提供されることにつながります。子どもの権利や保育者の倫理について、よく理解しておきましょう。

（1）児童の権利に関する条約

　「児童の権利に関する条約」（子どもの権利条約）とは、どのようなものでしょうか。発端は、1900年にスウェーデンの女性思想家エレン・ケイが『児童の世紀』を刊行し、子どもが教育によりその権利が保障されなければならないことを示したことにあります。この思想がたちまちのうちに世界に広がり、影響を与えていきました。第一次世界大戦後の1924年には、世界で初めての児童権利宣言である「児童の権利に関するジュネーブ宣言」が採択されました。さらに、第二次世界大戦後には、1948年の「世界人権宣言」、1959年の「児童の権利に関する宣言」へと引き継がれました。その20周年を記念して、1979年を国際児童年とし、世界中の国々が児童の福祉の向上に向けた活動を推進しました。そして、1989年11月20日に児童の権利に関する条約が採択されるに至ったのです。児童の権利に関する条約は、1989年11月30日、国連第44回総会において、全会一致で採択され、世界各国に広がっていきました。

　児童の権利に関する条約は、前文と54の条文から成っています。特に、前文には、次のように子どもの「基本的人権」が示されています。

　　国際連合が、世界人権宣言及び人権に関する国際規約において、<u>すべての人は</u>
<u>人種、皮膚の色、性、言語、宗教、政治的意見その他の意見、国民的若しくは社</u>
<u>会的出身、財産、出生又は他の地位等によるいかなる差別もなしに同宣言及び同</u>
<u>規約に掲げるすべての権利及び自由を享有することができる</u>ことを宣明し及び合
意したことを認め、
　　国際連合が、世界人権宣言において、児童は特別な保護及び援助についての権
利を享有することができることを宣明したことを想起し、（略）
　　児童が、その人格の完全なかつ調和のとれた発達のため、<u>家庭環境の下で幸福、</u>
<u>愛情及び理解のある雰囲気の中で成長すべきである</u>ことを認め、

※下線部は筆者による

　さらに、子どもの特徴として、「児童は、身体的及び精神的に未熟であるため、その
出生の前後において、適当な法的保護を含む特別な保護及び世話を必要とする」立場
であり、子どもは保護され守られるべき存在であることも示されています。これを「受
動的権利」といいます。
　また、第12条では、「自己の見解をまとめる力のある子どもに対して、その子どもに
影響を与えるすべての事柄について自由に自己の見解を表明する権利を保障する。そ
の際、子どもの見解が、その年齢および成熟に従い、正当に重視される」とあります。
これは、「子どもの意見表明権」といわれ、子どもが権利の主体であることを示してい
ます。このように子どもの主体的な権利を「能動的権利」といいます。子どもの権利
を尊重し、子どもの最善の利益を追求することが具体的に示されているのが児童の権
利に関する条約です。
　日本は、児童の権利に関する条約を1994年4月に批准し、5月から発効しました。

（2）児童福祉法と児童の権利に関する条約

　児童福祉法はすべての児童を対象とし、健全育成と福祉の増進を目的としています。
第一条には、その理念が示されています。

　　　全て児童は、児童の権利に関する条約の精神にのつとり、適切に養育されること、
　　その生活を保障されること、愛され、保護されること、その心身の健やかな成長
　　及び発達並びにその自立が図られることその他の福祉を等しく保障される権利を
　　有する。

　「全て児童は、児童の権利に関する条約の精神にのっとり」とありますが、これは、
2016年5月27日に改正児童福祉法が成立した際に加えられました。その背景には、子
どもが権利の主体であるという児童の権利に関する条約の理念を明確化するという目
的がありました[1]。

---

* 1 「『子どもの権利条約』を前面に 児童福祉法が改正されました」日本ユニセフ協会，2016年
　　https://www.unicef.or.jp/osirase/back2016/1606_01.html（2023/11/17）

　児童福祉法は、第二次世界大戦が終わって間もなく、1947年に制定されました。その後何度も改正されていますが、日本が児童の権利に関する条約に批准してから22年経って、理念の部分が改定されたことで、より一層子どもの権利を重視していく方向が示されました。日本の子どもたちが権利を実現していける社会にしていく一つの表れとして、児童福祉法の理念に「児童の権利に関する条約の精神にのっとり」の文言が入れられたのです。

（3）全国保育士会倫理綱領

　倫理綱領とは、「専門職団体が、専門職としての社会的責任、職業倫理を行動規範として成文化したもの」[2]です。多くの専門職団体では倫理綱領を掲げており、常に倫理を守るよう努めています。

　保育に関わる専門職として守るべき倫理については、全国保育士会等が下記のような倫理綱領を掲げています[3]。

全国保育士会倫理綱領

　すべての子どもは、豊かな愛情のなかで心身ともに健やかに育てられ、自ら伸びていく無限の可能性を持っています。

　私たちは、子どもが現在（いま）を幸せに生活し、未来（あす）を生きる力を育てる保育の仕事に誇りと責任をもって、自らの人間性と専門性の向上に努め、一人ひとりの子どもを心から尊重し、次のことを行います。

　　私たちは、子どもの育ちを支えます。

　　私たちは、保護者の子育てを支えます。

　　私たちは、子どもと子育てにやさしい社会をつくります。

（子どもの最善の利益の尊重）

　1．私たちは、一人ひとりの子どもの最善の利益を第一に考え、保育を通してその福祉を積極的に増進するよう努めます。

（子どもの発達保障）

　2．私たちは、養護と教育が一体となった保育を通して、一人ひとりの子どもが心身ともに健康、安全で情緒の安定した生活ができる環境を用意し、生きる喜びと力を育むことを基本として、その健やかな育ちを支えます。

（保護者との協力）

　3．私たちは、子どもと保護者のおかれた状況や意向を受けとめ、保護者とより良い協力関係を築きながら、子どもの育ちや子育てを支えます。

＊2　日本図書館情報学会用語辞典編集委員会（編）『図書館情報学用語辞典』第4版, 丸善出版, 2013年, p.252
＊3　社会福祉法人全国社会福祉協議会・全国保育協議会・全国保育士会「全国保育士会倫理綱領」全国保育士会, 2003年
　　　http://www.z-hoikushikai.com/about/kouryou/index.html（2023/11/17）

（プライバシーの保護）

　4．私たちは、一人ひとりのプライバシーを保護するため、保育を通して知り得た個人の情報や秘密を守ります。

（チームワークと自己評価）

　5．私たちは、職場におけるチームワークや、関係する他の専門機関との連携を大切にします。

　　また、自らの行う保育について、常に子どもの視点に立って自己評価を行い、保育の質の向上を図ります。

（利用者の代弁）

　6．私たちは、日々の保育や子育て支援の活動を通して子どものニーズを受けとめ、子どもの立場に立ってそれを代弁します。

　　また、子育てをしているすべての保護者のニーズを受けとめ、それを代弁していくことも重要な役割と考え、行動します。

（地域の子育て支援）

　7．私たちは、地域の人々や関係機関とともに子育てを支援し、そのネットワークにより、地域で子どもを育てる環境づくりに努めます。

（専門職としての責務）

　8．私たちは、研修や自己研鑽を通して、常に自らの人間性と専門性の向上に努め、専門職としての責務を果たします。

社会福祉法人全国社会福祉協議会
全国保育協議会
全国保育士会

　保育士として仕事に就く上で、常に意識しておかなければならないのが倫理綱領です。全国保育士会倫理綱領の条文の最初に「子どもの最善の利益の尊重」と掲げられています。

　他の各種児童福祉施設においても、それぞれの倫理綱領を掲げています。乳児院倫理綱領、全国児童養護施設協議会倫理綱領、全国母子生活支援施設協議会倫理綱領等が各施設団体により定められており、職員は常に遵守して仕事をしなければいけません。幼稚園教諭については、倫理綱領として確立されたものはありませんが、保育士と守るべきことは同じと捉えていることが望ましいでしょう。

　倫理綱領を守ることによって、不適切な保育や子どもの利益にならない関わりは発生しなくなるはずなのです。

（4）虐待と子どもの最善の利益

　児童虐待によって、本来、安心・安全であるはずの身近な人間関係から子どもが心身を傷付けられることは、子どもの健やかな成長・発達や子どもの将来に、大きなマ

イナスの影響を与えることが明らかになっています。

これを防ぐために、2000年に「児童虐待の防止等に関する法律」（平成12年法律第82号。通称：児童虐待防止法）が制定されています。この法律では、児童虐待に当たる行為について、身体的虐待、性的虐待、ネグレクト、心理的虐待の4つを具体的に示しています。また、虐待を早期に発見することや、虐待を受けたと思われる子どもを発見したら速やかに福祉事務所や児童相談所に通告する義務があることを定めています。

子どもの安全を守ることは子どもの利益にかなうことです。子どもが本来、親から愛され、親の下で養育されるべきであることも大切にしなければなりません。しかし、虐待については、親の下にいることで子どもが著しい不利益をこうむることから、親から一旦引き離す必要が出てきます。子どもの心身の安全を守ることが、その時の子どもの最善の利益になることもあるからです。

事例2

それでもママと一緒にいたい

30代の母親と5歳の子どもが暮らす母子家庭に起こったことです。母親は、離婚やその後の生活の不安から精神疾患を発症してしまいました。保育所の担任は、子どもの話や母親の様子から、母親は不安感が高まると、とっさに子どもの首を絞めてしまうことが分かりました。家庭で一緒にいる時間は密室なので、外からでは何が起こっているか分かりません。

保育士は、市役所の子育て担当に相談しました。生活面のこともあり、また、母子家庭であることから福祉事務所の母子自立支援員が対応することになりました。家の中で母子が二人きりでいることに危機感を抱いた周囲の大人たちは、一旦、親子を分離する必要があることで一致しました。

母子自立支援員や児童福祉司が、母親との面談で分離の提案をしましたが、それを知った子どもは、母親と離れることをかたくなに拒否しました。子どもは、「ママに首を絞められてもいいから、ママと一緒にいたい」と泣きわめきました。そして、母親も子どもと別れるのは嫌だという気持ちになっています。

この事例では、母親と子どもの別れたくないという気持ちを尊重してそのままにしておいたら、本当に子どもは命を失ってしまうかもしれません。また、母親は疾患によることとはいえ、わが子を殺めた母親になるかもしれません。

子どもの最善の利益は、今は当事者が理解できないかもしれないけれども、命をつないでいった先に見える場合もあります。子どもの最善の利益とは、その時の感情や意見で判断できるものではなく、子どもの将来を見越したところから生じる場合もあるのです。

　この事例では、母親は治療に専念し、子どもは一時的に児童養護施設で保護されて養育を受けることが、その後の子どもの成長・発達の保障になるでしょう。母親が病気から回復すれば、母子の再統合も可能となり、子どもの親と暮らしたいという思いを実現できるのではないでしょうか。子どもの安全を守るために一旦は親と離れるけれども、長い目で見た場合に子どもの最善の利益になることがあるのです。

　子どもの意見を尊重することはとても大切であり、子どもの権利として重んじなければなりません。しかし、子どもの最善の利益とは、親子双方の意に反する場合もあるということ、その判断は時としてとても難しく、専門職間でよく検討されなければなりません。自分で権利を守れない子どもの場合、保育者の気付き、倫理にのっとった判断が非常に重要になってきます。

　児童虐待は生じる前に防ぐことが求められますが、それが困難な場合には、できるかぎり早期に発見し、早期に対応することが求められます。

3．守秘義務

（1）個人情報保護と児童虐待対応
　保育者として、子どもや保護者と関わる上で、日常的に個人情報に触れる機会があります。個人情報の取り扱いについては、「個人情報の保護に関する法律」（平成15年法律第57号。以下、個人情報保護法という）によって定められています。この法律によると、個人情報は次のように定められています[4]。

個人情報
・生存する「個人に関する情報」
・当該情報に含まれる氏名、生年月日その他の記述等により特定の個人を識別することができるもの

個人に関する情報
　氏名、住所、性別、生年月日、顔画像等個人を識別する情報に限られず、個人の身体、財産、職種、肩書等の属性に関して、事実、判断、評価を表す全ての情報（評価情報、公刊物などによって公にされている情報や、映像、音声による情報を含む）

　個人に関する上記のような情報は、保育や福祉、教育の現場では日常的に触れるものです。したがって、保育士、幼稚園教諭等の専門職として職務上知り得た情報を、私的な関係などに漏らすことは法律に違反します。

　昨今、個人情報の漏えいによる多大な被害が発生しています。夫の暴力から逃げて

＊4　個人情報保護委員会「個人情報の保護に関する法律についてのガイドライン（通則編）」2016年，（2022年9月一部改正）p.5
　　https://www.ppc.go.jp/files/pdf/230401_guidelines01.pdf （2023/11/17）

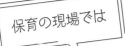

保育者にとって一番大切にしたい人

①それは、絶対に子どもです！

　保育者が一番大切にしたい人…それは子どもです。絶対です。これをふまえて、私の園では子どもの安全・安心を最優先に、日々の保育に取り組んでいます。

　子どもたちと園で生活を共にする中で、様々な子どもたちの安全・安心を保障すべく、保育者は様々な配慮を要する必要があります。例えば、クラス活動の最中でフラッとその場を離れてしまう子どもがいた時に、そのクラス担任の保育者だけでなく、他の保育者のまなざしも必要となってきます（もちろん、クラス担任はそういった子どもたちの行動を最大限把握する努力も必要です）。そういったまなざしによって、もしある子が危ないことをしている時も注意をしてくれる等、子どもの安心・安全を保障していきます。

②インクルーシブ教育

　インクルーシブ教育（インクルーシブ保育）[*1]は、社会や家庭状況の変化の中で障害のある子や生活・学習面で困難のある子どももみんなが同じ場所で共に遊び、共に育ち、共に学ぶという教育です 。

　クラスの中にはいろいろな子どもがいます。様々な発達課題を抱えその支援を必要とする子どもや外国籍の子ども等、そういった子どもたちも平等にインクルーシブな教育を行うことを私の園では目指しています。

　支援が必要な子どもは、一人一人にとって必要な支援が異なるため、正直言って毎日が手探り状態の保育からスタートします。「これでいいのかな？」と考えることがほとんどです。そんな中で、その子が毎日楽しく幼稚園で過ごしていることが一番大切なことだと思って支援を続けています。保護者との連携ももちながらより良い保育に向けて努力を続けることが大切だと思っています。

　また近年増えてきている外国籍の子どもについて、その必要な支援も一人一人異なってくると思っています。私の経験談としては、宗教上の理由でハロウィンを一緒に楽しむことができない子どもがいました。その時はハロウィンに関する絵本や保育内容を避けて園生活を送るように意識しました。

（野津裕子）

第5章　保育者に求められる倫理

---

*1　酒井幸子・守巧著「"気になる子"と育ち合うインクルーシブな保育」チャイルド本社，2019年，p.12

いる人の住所を、役所が夫に知らせてしまったことによる殺人事件もありました。個人情報は時として、人の命に関わる場合もあるのです。

　しかし、個人情報保護をかたくなに守るあまり、児童虐待など子どもの命に関わる情報が関係機関に知らされず、子どもを守れないようなことになってはいけません。児童虐待については、これらの個人情報を児童相談所や市町村に連絡し相談することになります。その場合は、どのようなことに留意すべきかよく理解しておく必要があります。

　児童虐待については、児童相談所の児童虐待相談対応件数が年々増加し続け、子どもの命が奪われる重大事件が相次いでいることから、深刻な社会問題となっています。このような状況から、学校等[5]や市町村、児童相談所等の関係機関においては、児童虐待の早期発見・早期対応に努めており、市町村や児童相談所等への通告や情報提供は速やかに行わなければなりません。警察においては、110番通報や児童相談所等の関係機関からの情報提供を受けて、関係機関と連携しながら対応することとなっています。

　虐待の疑いがある場合に児童相談所に通告することは、児童虐待防止法、児童福祉法により、個人情報保護法の違反とはならないとされています。しかしながら、医療機関で虐待を把握していたにもかかわらず、個人情報保護を守るという立場から児童相談所に通告しなかったことで、子どもの保護ができず、結果として子どもが亡くなるという事件が起きました。医療機関との連携も重要視されるようになっています。

　個人情報保護法においては、「あらかじめ本人の同意を得ないで、前条の規定により特定された利用目的の達成に必要な範囲を超えて、個人情報を取り扱ってはならない」（第16条）、「あらかじめ本人の同意を得ないで、個人データを第三者に提供してはならない」（第23条）とされていますが、児童虐待などの場合には、これらの規定は適用されないことになっています。

　また、「児童福祉法等の一部を改正する法律」（平成28年法律第63号）第13条の4に基づいて、「地方公共団体の機関に加え、病院、診療所、児童福祉施設、学校その他児童の医療、福祉又は教育に関係する機関や医師、看護師、児童福祉施設の職員、学校の教職員その他児童の医療、福祉又は教育に関連する職務に従事する者」も、「児童相談所長等から児童虐待の防止等に関する資料又は情報の提供を求められたとき」は、これを提供することができるとされています[6]。

　児童虐待防止法に基づいた個人情報保護と児童虐待対応については、内閣府、文部科学省、厚生労働省の連名で、2019（平成31）年2月28日に「児童虐待防止対策に係る学校等及びその設置者と市町村・児童相談所との連携の強化について」[7]および「学

---

[5]　幼稚園、小学校、中学校、義務教育学校、高等学校、中等教育学校、特別支援学校、高等専門学校、高等課程を置く専修学校、保育所、地域型保育事業所、認定こども園、認可外保育施設
[6]　「学校、保育所、認定こども園及び認可外保育施設等から市町村又は児童相談所への定期的な情報提供に関する指針」厚生労働省．2019年　https://www.mext.go.jp/a_menu/shotou/seitoshidou/__icsFiles/afieldfile/2019/03/19/1410619_001.pdf（2023/11/17）
[7]　「児童虐待防止対策に係る学校等及びその設置者と市町村・児童相談所との連携の強化について」厚生労働省．2019年　https://www.mext.go.jp/a_menu/shotou/seitoshidou/1414499.htm（2023/11/17）

校、保育所、認定こども園及び認可外保育施設等から市町村又は児童相談所への定期的な情報提供について」[8]という通知が出されています。

　ただし、子どもや保護者、その関係者の権利や利益を不当に侵害しないよう、十分に配慮し、必要な限度で情報提供を行わなければなりません。児童虐待防止法の規定に基づく情報提供であれば、守秘義務規定に抵触することはありません。また、要保護児童対策連絡協議会の実務者会議や個別のケース検討会議においては、情報を共有すべき内容をよく選定した上で、必要な限度で行うことが求められています。その場合、正当な理由がなく、職務に関して知りえた情報を漏らしてはいけません。

（2）守秘義務—SNSと気軽なおしゃべりに要注意

　社会福祉の専門職の姿勢として「バイステックの7原則」[9]があります。その一つに秘密保持の原則、すなわち、守秘義務があります。また、医療や社会福祉分野の専門職の倫理綱領にも必ず守秘義務があることが規定されています。人と関わる仕事をすれば、個人情報に触れることになります。それは、職員の立場だけではなく、ボランティアや実習等で関わる場合も同様に守秘義務があることを常に意識しなければなりません。

　個人情報やプライバシーに関わる情報を絶対に他に漏らさないよう、個人情報保護に重きを置いて関わるのは、漏れた情報が相手に多大な害をもたらすことがあるからです。また、人の秘密に関することが安易に言いふらされたりすれば、信頼関係を築くことができません。また、築いた信頼関係が瞬く間に失われることにもなります。保育者を信頼するからこそ、自分の過去や現状、悩み、気持ちを話すことができるのです。専門職であるという信頼があってこそ、安心して相談することができるのです。実習生として保育現場に入るのであれば、事前に「守秘義務を守る」ことを誓約することが求められます。保育や教育、福祉の現場で人と関わるという立場に立つことは、守秘義務を守り、信頼関係を築くことが大前提です。

　次に、守秘義務違反に当たる事例をみてみましょう。

事例3　個人情報の記録を失くした

　ある保育所では、子ども一人一人に連絡帳を用いて保護者とのやり取りをしています。連絡帳には、子どもの名前や住所、緊急連絡先などが書かれています。
　ある時、クラス担任のA先生は、これまでの記録をまとめて見直そうと数名分の連絡帳を持ち出しました。日々の業務が忙しく、子どもの日々の変化を見返すことができなかったため、自宅に持ち帰って土日に確認しようと考えたからでした。それは本来、持ち出してはいけないことになっていましたが、少しの間くらいな

ら大丈夫だろうと思ったのでした。車で帰宅する途中、駐車場に車を止めて買い物をしました。戻ってみると、車上荒らしに遭っていて、連絡帳が入ったバッグが無くなっていました。連絡帳には、子どもの病歴などが書かれたものもありました。

このことで、園長から厳重注意を受け、始末書を書きました。保護者の中には、個人情報が悪用されないか非常に不安に思う人もいました。また、精神的に苦痛を受けたとして、慰謝料を請求したいと言う人もいました。

　紛失した連絡帳が第三者に渡って現実に嫌な思いをした、プライバシーに関わる物を紛失されたことで精神的苦痛が生じたという場合には、不法行為となり、慰謝料請求が可能となることがあります[10]。

事例4　会話の中で他の保護者についての情報を漏らした

　B先生は、幼稚園教諭として働いて3年になります。保護者のCさんとは話をしやすく、子どもの送迎時によく話をします。ある時、「Yちゃんのママはいつも預かり保育だけど、お仕事はされているのかしら」と聞かれました。話のはずみでつい何をしているかを話してしまいました。また、ある時は、「Nちゃんのパパはどこにお勤めなのかしら」など聞かれたりもします。個人情報に当たることには気を付けているのですが、どうしても気の合う保護者からの問いかけがあると答えてしまいそうになります。

　保護者と仲良くなっても、立場をしっかりわきまえて関わらなければなりません。子ども同士は一緒に楽しく遊んでいても、保護者同士は仲がよくないこともあります。相手の情報を保育者や子どもから聞き出そうとする保護者もいます。答えてしまうと、個人情報の漏えいにあたります。誘導尋問にはくれぐれも気を付けなければいけません。保護者は、他人の個人情報であっても保育者が話しているのを耳にすれば、自分の情報もあのように話されているのではないかと疑いたくなります。保育者が個人に関わる話をするのは厳に慎まなければなりません。

＊10　西田広一「個人情報の記載書類紛失について相手側の責任範囲について」弁護士ドットコム，2014年
https://www.bengo4.com/c_23/b_246037/（2023/11/17）

事例5

SNSに子どもの写真をアップした

　D先生は、保育士として自分が楽しく保育していることを他の人にも伝えたいのと、保育士仲間を増やしたくて、SNSを始めました。投稿すると「いいね」が付き、もっと多くの人に知ってもらいたいと思うようになり、だんだんのめり込んでしまいました。最初は子どもの画像を載せないように注意していましたが、やがて自分の中で感覚が変化し、掲載についてのルール意識が薄れてしまいました。そして、園長に無断でスマートフォンを忍ばせて、お散歩に行った時の子どもの様子を写真に撮って掲載してしまいました。もちろん、顔は写さず、後ろ姿だけを撮影したものでした。写真があると反応もよいので、多くの人からの注目を集めたいために、次第に子どものかわいい画像を載せることに抵抗もなくなっていきました。

　その結果、巡り巡って誰かから勤務先の保育所が特定されることになり、「勝手に自分の子どもをネット上に掲載した」と保護者から抗議を受けてしまいました。一度、写真などが拡散されれば消すことができません。保育者としての姿勢を問われ、退職せざるをえなくなりました。

事例6

勤務先で知った個人情報を家族に話した

　保育者の知り合いのEさんが、近所の人たちと立ち話をしていました。「うちの娘が働いている認定こども園の園児なんだけど、あの子はちょっと障害があるらしいよ。それから、あの親はね…」と園児やその家族の情報をかなり詳しく知っています。保育者はその話から、その子どもがどこの家の子どもなのか分かってしまいました。

　おそらく、認定こども園で保育士として働いているEさんの娘が、園の子どもの個人情報を家族に話しているのではないかと思われました。そうでなければ、近所の人が自分で知ることはないでしょう。保育者が自分の家族に、職場で知り得た園児の家庭環境などを話してもよいのでしょうか。うわさ話を聞いた人は、そういう園を信頼できなくなり、子どもを預けたいとは思わないでしょう。

　このような事例から、守秘義務が守られないことによって、保護者や地域社会から信頼を得られなくなることが分かるでしょう。守秘義務とは、職務上知り得た内容であり、個人を特定できるか推定できる情報を口外してはいけないということです。個人情報の取り扱いや守秘義務については、常に気を付け、安易なSNSの利用やおしゃべりには十分気を付けなければいけません。守秘義務違反は、保育者としての倫理に違反し、場合によっては罰則規定が適用されることになります。

守秘義務って？？ 「子どものも」 「先生のも」 プライバシー管理

①「あの子があんなこと」じゃなくて、「あんなこと」

　私たち保育者は、子どもたちと本当に毎日楽しく笑い、濃厚な時間を過ごしています。そしてその濃厚な時間をつくるために、子どもたちのことをいつも、いつも考えています。（『考えている』というか、楽しすぎて『考えちゃう』のが本音かもしれません。）だからこそ、本当にたくさんのことを知っています。楽しかったことはもちろん、その反対も…なんであの子は今日、「あんなに悲しそうに登園してきたのか」、「なんでこんなに笑っていないのだろう」と楽しいことばかりではないことにも寄り添い、そして、その背景を知っていくこともあります。

　しかし、私たち保育者も人間です。何でも知っていて何でも解決できるスーパーマンではないのです。そんな、（自分が経験したことがなく考えたこともなかった）困ったことに直面した時は誰かに相談したくなります。たくさんの人と話をしてアドバイスをもらい、子どもたちのためにできることを模索していかなければいけないのですが、そこに危険が潜んでいるのです。「あの子がこんなこと」と、第三者に知らせることで、その人が悪気なく、またほかの誰かに話したり相談していくことで徐々に広まっていってしまいます。皆さんも、誰かに家のことや恋愛話を相談して、まったく相談した覚えのない誰かが知っていた。なんてことありませんか？　もし、そんなことがあった人がいればそういうことです。それってあんまり気持ちのいいものではありませんよね。そして、それが情報の漏洩になってしまうこともあります。

　ですので、相談するときは「あの子」は言わずに「あんなこと」だけを相談する、すると「だれが」「なにを」とは結び付かないので、結果、保護者や子どものプライバシーは守られます。5章本文中にありました「個人を特定できるか推測できる情報を口外してはいけない」とはこういうことかもしれませんね。

②先生は有名人？？

　子どもが大好きな先生。保護者の方々は、そんな先生を信頼し、子どもたちを園に預けてくれています。しかし、私生活でした遊びや言動で、信頼を落としてしまうこともあるのです。それが文中にあった「SNS」です。「SNS」は本当に便利な手段です。遠く離れた友達に、簡単なクリックでリアルタイムに伝えることができ、なおかつ返信がすぐに来ることだってあります、こうやって交友関係が広がり深まり保たれていることは私もよく知っているところです。しかしそこにも、落とし穴があるのです。

　子どもたちが大好きな先生たちの名前は、子どもたちはもちろん保護者も、あるいは祖父母まで知っています。「SNS」は「名前」で相手を探すことができます。先生の名前を検索し、先生の「SNS」が覗かれ、知らず知らずのうちに先生の私生活を公開してしまっていることがあります。私たちは、考えて投稿したり、公開を限定したりと、先生でいるということを忘れてはいけないのかもしれませんね。

（土井敬喜）

第6章

保育者の
制度的位置付け

この章で学ぶこと

　この章では、保育者として必要な保育士資格や幼稚園教諭免許、保育
教諭の法的な根拠について学びます。また、民間の担い手として導入さ
れた子育て支援員も含め、保育者には様々な活躍の場が求められている
ことを理解します。保育士の欠格事由や教員免許状の失効など法的な規
定があること、保育者の信用失墜行為とは何か、守秘義務違反などにつ
いても学び、保育者が社会的に信頼される立場であることが求められる
ことを理解しましょう。

　さらに、保育者としてキャリアアップをするために研修の意義につい
ても学びます。保育者として資格・免許を生かして働き、キャリアを積
むことの大切さを理解しましょう。

1．保育者の法的な定義

　本書では保育士、幼稚園教諭、保育教諭をまとめて保育者と呼んでいますが、国の制度上ではそれぞれ以下のように規定されています。

　　保育士…主に保育所や児童福祉施設で働く場合に必要な国家資格。
　　幼稚園教諭…幼稚園で働く場合に必要な教員免許状。一種と二種、専修がある。
　　保育教諭…認定こども園で働く場合の職名。保育士資格と幼稚園教諭免許の両方が必要となる。

　また、これ以外に、2015（平成27）年に始まった「子ども・子育て支援新制度」の下で、子育て支援の担い手を増やす目的で新設された「子育て支援員」があります。ここでは、制度面からそれぞれの資格・免許について押さえておきましょう。

（1）保育士

　保育士資格の根拠法は児童福祉法で、次のように規定されています。

　　第18条の4　この法律で、保育士とは、第18条の18第1項の登録を受け、保育士の名称を用いて、専門的知識及び技術をもつて、児童の保育及び児童の保護者に対する保育に関する指導を行うことを業とする者をいう。

　また、保育士となる資格を得るには、次のように二つの方法があります。

　　第18条の6　次の各号のいずれかに該当する者は、保育士となる資格を有する。
　一　都道府県知事の指定する保育士を養成する学校その他の施設を卒業した者
　二　保育士試験に合格した者

　その上で、「保育士となる資格を有する者が保育士となるには、保育士登録簿に、氏名、生年月日その他内閣府令で定める事項の登録を受けなければならない」（第18条の18第1項）とされており、保育士として仕事をするには登録をする必要があります。保育士養成学校を卒業し資格要件を満たしていても、また、保育士試験に合格したとしても、登録をしなければ保育士の名称を用いて働けないということです。登録簿は都道府県単位にあり、保育士登録証が交付されます。

（2）幼稚園教諭

　幼稚園教諭を含む教員免許状については、教育職員免許法で次のように定められて

います。

> 第5条　普通免許状は、別表第1、別表第2若しくは別表第2の2に定める基礎資格を有し、かつ、大学若しくは文部科学大臣の指定する養護教諭養成機関において別表第1、別表第2若しくは別表第2の2に定める単位を修得した者又はその免許状を授与するため行う教育職員検定に合格した者に授与する。

　免許状を受け取るには、大学において所定の単位を修得し、申請書を都道府県の教育委員会に提出することで、卒業時に免許が授与されます。免許には一種と二種があり、一種は4年制大学を卒業するか、二種免許取得後に5年以上幼稚園教諭として勤務したのち各自治体が定める単位を養成校で修得することで取得することができます。二種は、短大や専門学校で専門課程を学び卒業することで取得することができます。一種と二種では、採用時の給与に差がありますが、教諭としての業務内容には差はありません。

　幼稚園教諭には一種免許のさらに上位資格の専修免許があります。一種免許を取得後、3年以上の勤務経験を経たのちに、15単位を修得し、教育職員検定に合格することで専修免許状が交付されます。あるいは、大学院で所定の単位を取得することでも専修免許が得られます。専修免許を取得することにより、給料や待遇がよくなったり、管理職を目指す上で優利になったりすることがあります。

　教員免許状の所持を偽った場合は、刑事罰が科せられます。相当の教員免許状を所有しないものを教員に任命・雇用した者や、免許状を持っていないのに教員になった者に対して、30万円以下の罰金となります（教育職員免許法　第22条）。

（3）保育教諭

　認定こども園で働く場合、基本的には保育士資格と幼稚園教諭免許の両方が必要になります。特に、幼保連携型の認定こども園では、保育所と幼稚園の両方の役割があるため、資格も両方必要になります。こども園のタイプにより、次頁表6-1のような基準があります。

　幼保連携型認定こども園は、2015年度から開始された子ども・子育て支援新制度において、「学校及び児童福祉施設としての法的位置付けを持つ単一の施設」として創設されました。教育と保育を一体的に行う施設ですから、幼稚園と保育所の長所を併せもっています。したがって、そこで働く保育者は幼稚園教諭免許と保育士資格の両方が必要になるのです。

表6-1　認定こども園のタイプと職員の要件

認定こども園のタイプ	子どもの年齢	職員の要件
幼保連携型	満3歳未満・満3歳以上	保育教諭（幼稚園教諭免許＋保育士資格）
幼稚園型 保育所型※ 地方裁量型	満3歳未満	保育士資格が必要
	満3歳以上	幼稚園教諭免許、保育士資格の併有が望ましい

※保育所型は、教育相当時間以外の保育に従事する場合、保育士資格が必要。

（4）子育て支援員

　保育士や幼稚園教諭の他に、地域の子育て支援の新たな担い手として、子育て支援員があります。2015年の厚生労働省の通知「子育て支援員研修事業の実施について」の別紙「子育て支援員研修事業実施要綱」[*1]では、子育て支援員養成の趣旨・目的として、次のように示しています。

　　　子ども・子育て支援法（平成24年法律第65号）に基づく給付又は事業として実施される小規模保育、家庭的保育、ファミリー・サポート・センター、一時預かり、放課後児童クラブ、地域子育て支援拠点等の事業や家庭的な養育環境が必要とされる社会的養護については、子どもが健やかに成長できる環境や体制が確保されるよう、地域の実情やニーズに応じて、これらの支援の担い手となる人材を確保することが必要である。

　　　このため、地域において子育て支援の仕事に関心を持ち、子育て支援分野の各事業等に従事することを希望する者に対し、多様な子育て支援分野に関して必要となる知識や技能等を修得するための全国共通の子育て支援員研修制度を創設し、これらの支援の担い手となる子育て支援員の資質の確保を図ることを目的とする。

　地域の子育て支援の仕事に就きたい人は、この要綱に基づいて都道府県または市町村（特別区を含む）により実施される基本研修および専門研修を受講することで、子育て支援員として認定されます。子育て支援員の研修事業については、指定保育士養成施設、社会福祉協議会、地域のNPO法人や子育て支援団体、子育て支援分野の研修で実績のある機関や団体が委託を受けて実施することができます。

　保育士や幼稚園教諭の資格取得が困難な状況の人でも、各自治体が指定する研修を受講するだけで得られる資格であるという点では、地域住民が広く子育てに関わりやすくなることにつながります。

＊1　厚生労働省「子育て支援員研修事業の実施について」厚生労働省，2015年
　　https://www.mhlw.go.jp/file/06-Seisakujouhou-11900000-Koyoukintoujidoukateikyoku/0000093394.pdf
　　（2023/11/17）

　新制度による新たな担い手が生じても、保育士や幼稚園教諭の専門性はなお一層、高く求められることは言うまでもありません。子育てに関する場で協働する際には、正規職あるいは子育て支援の専門家として、子育て支援員に指示や指導することも求められることでしょう。より多くの人が子育てに関心をもち、子育ての現場に参入してくることで、専門職としての知識・技能をより高めていくことが今後も求められます。

２．保育者の欠格事由

　保育士には、資格を取れない、あるいは資格を取っても行使できない欠格事由があります。児童福祉法第18条の５に「次の各号のいずれかに該当する者は、保育士となることができない」と定められています（第５項は記載を省略）。

　　一　心身の故障により保育士の業務を適正に行うことができない者として内閣府令で定めるもの
　　二　禁錮*2以上の刑に処せられた者
　　三　この法律の規定その他児童の福祉に関する法律の規定であつて政令で定めるものにより、罰金の刑に処せられ、その執行を終わり、又は執行を受けることがなくなつた日から起算して三年を経過しない者
　　四　第十八条の十九第一項第二号若しくは第三号又は第二項の規定により登録を取り消され*3、その取消しの日から起算して三年を経過しない者

　幼稚園教諭、認定こども園の保育教諭についても、以下の内容に該当する場合に、免許を取れない、あるいは教員免許状が失効すると教育職員免許法に定められています。

　　第５条
　　一　18歳未満の者
　　二　高等学校を卒業しない者（中略）。ただし、文部科学大臣において高等学校を卒業した者と同等以上の資格を有すると認められた者を除く。
　　三　禁錮以上の刑に処せられた者
　　四　（前略）免許状がその効力を失い*4、当該失効の日から３年を経過しない者

＊2　刑の重さは、死刑、懲役、禁錮、罰金、拘留及び科料の順（刑法　第9条、第10条）であるが、令和4年6月に「刑法等の一部を改正する法律」が成立し、懲役刑と禁錮刑が廃止され、新たに拘禁刑が創設されることになった。よって、本法の施行以降は拘禁刑以上が欠格事由となる。
＊3　保育士の登録が取り消されるのは、児童福祉法　第18条の5各号（ただし第四号を除く）に加え、虚偽又は不正の事実に基づいて登録を受けた場合（第18条の19第1項第2号）や、保育士の信用を傷つけるような行為（第18条21）、正当な理由がなく、その業務に関して知り得た人の秘密を漏らしたこと（第18条の22）などによります。
＊4　免許状が効力を失うのは、公立学校の教員であって懲戒免職の処分を受けたとき（教職員免許法　第10条第1項第2号）、公立学校の教員であって、勤務実績がよくない、心身の故障、職に必要な適性を欠く場合に降格または免職された場合（地方公務員法第28条第1項第1から第3号）などです。

五　（前略）免許状取上げの処分を受け[*5]、当該処分の日から３年を経過しない者

六　日本国憲法施行の日以後において、日本国憲法又はその下に成立した政府を暴力で破壊することを主張する政党その他の団体を結成し、又はこれに加入した者

教育職員免許法 第５条（一部著者が要約）

　以上のように、資格や免許は取得しても永続的に有効というわけではありません。保育者は、子どもや保護者、さらに社会的にも、子どもに対する「先生」と呼ばれる立場です。欠格事由に当たらないまでも、常日頃から自らの言動は周囲から見て恥ずかしくないものでなければならないでしょう。法に触れるようなことはもちろんしてはいけませんが、保育者として品位ある態度があってこそ、子どもや保護者も信頼を寄せてくれるものです。

3. 信用失墜行為と秘密保持義務

（1）信用失墜行為

　保育者は信頼関係を大切にしてこそ、子どもや保護者に対する支援を円滑に行うことができます。信用を無くすことは法律上も禁止されており、保育士においては、「保育士の信用を傷つけるような行為をしてはならない」（児童福祉法　第18条の21）とあります。また、教育職員においては、「免許状を有するもの（教育職員以外の者に限る。）が、法令の規定に故意に違反し、又は教育職員たるにふさわしくない非行があって、その情状が重いと認められるときは、免許管理者は、その免許状を取り上げることができる」（教育職員免許法　第11条の３）とあります。

　では、保育者の信用を傷つけるような行為とはどのような行為でしょうか。教職員の信用失墜行為の禁止について、地方公務員法を参考に挙げます。保育士も幼稚園教諭も地方公務員として働くことが多いですが、同法は私立園においても準用されます。身分上の義務としては、次の５つがあります。

①信用失墜行為の禁止

　　　第33条　職員は、その職の信用を傷つけ、又は職員の職全体の不名誉となるような行為をしてはならない。

「信用を傷つけ、または職全体の不名誉になる行為」とは、具体的には次のような行為です。

悪質な交通違反および重大な交通事故…飲酒運転、飲酒運転の幇助、飲酒運転以

外の運転で人を死亡させる、または重篤な傷害を負わせる。

わいせつ行為…子どもへのわいせつ行為、セクシャル・ハラスメントを繰り返して行う、子ども以外に対するわいせつ行為。

体罰…体罰により子どもを死亡させたり、重大な後遺症が残るような負傷を与えたりする。

不適切な勤務…欠勤、遅刻や早退、休暇の虚偽請求、勤務態度不良、職場内の秩序を乱す、違法な職員団体の活動、秘密を漏えいする、政治的行為の制限違反、横領や窃盗など犯罪行為、紛失や盗難、出火、公金などの不適正な処理。

私的な非行…放火、殺人、強盗、麻薬や覚醒剤などの所持または使用、横領、強盗、詐欺、恐喝、暴行、傷害、器物損壊、賭博、酩酊による迷惑行為、条例違反。

②秘密を守る義務

　　第34条　職員は、職務上知り得た秘密を漏らしてはならない。その職を退いた後も、また、同様とする。

守秘義務については、第5章で示しました。また、法律上の規定については後述します。

③政治的行為の制限

　　第36条　職員は、政党その他の政治的団体の結成に関与し、若しくはこれらの団体の役員となつてはならず、又はこれらの団体の構成員となるように、若しくはならないように勧誘運動をしてはならない。

公の選挙における投票の依頼や勧誘、特定の候補者の支持、反対するための署名活動や演説を行うことなどは、公務員としては禁止されていますが、私立の場合は宗教的な背景や理念を掲げた保育を行っているところも多いため、各団体により制限は異なります。

④争議行為の禁止

　　第37条　職員は、地方公共団体の機関が代表する使用者としての住民に対して同盟罷業、怠業その他の争議行為をし、又は地方公共団体の機関の活動能率を低下させる怠業的行為をしてはならない。又、何人も、このような違法な行為を企て、又はその遂行を共謀し、そそのかし、若しくはあおつてはならない。

ストライキや仕事を放棄すること、争議行為などはしてはなりません。公務員は公僕として公に尽くす立場なので、人々に広く混乱をもたらすことは避けなければならず、争議行為は禁止されています。

公務員でない場合は、一定の労働運動は認められますが、子どもを保育する立場でストライキなどを行うことは、保護者に対して多大な不安と混乱を与えることになり、

子どもや保護者から支持されることは難しいでしょう。

⑤営利企業等の従事制限

　　　第38条　職員は、任命権者の許可を受けなければ、商業、工業又は金融業その
　　他営利を目的とする私企業（中略）を営むことを目的とする会社その他の団体の
　　役員その他人事委員会規則（中略）で定める地位を兼ね、若しくは自ら営利企業
　　を営み、又は報酬を得ていかなる事業若しくは事務にも従事してはならない。

　任命権者の許可を得ないで、営利目的の事業などを行い、報酬を得ることは禁止されています。ただし、昨今では特に民間事業所では副業を認める傾向もあります。その場合も、公序良俗に反することや違法性の高い副業は、保育者として不適切でしょう。

　以上の義務に違反した場合には、「職員が次の各号の一に該当する場合においては、これに対し懲戒処分として戒告、減給、停職又は免職の処分をすることができる」（地方公務員法　第29条）とあるように、懲戒処分が科せられます。

（2）秘密保持義務

　すでに第5章3．守秘義務（p.66）で示したように、保育者には秘密保持の義務が課せられています。児童福祉法では、「保育士は、正当な理由がなく、その業務に関して知り得た人の秘密を漏らしてはならない。保育士でなくなつた後においても、同様とする」（第18条の22）と規定されています。

　守秘義務違反については、1年以下の懲役または50万円以下の罰金が科せられる場合があります（地方公務員法　第60条）。守秘義務違反は信用失墜行為でもあり、保育士の倫理綱領にも掲げられているように、保育者にとって重要なことです。常に細心の注意を払い、守らなければならない義務なのです。

（3）罰則

　信用失墜の行為や守秘義務違反については、保育士登録の取り消しまたは保育士の名称使用の停止の罰則があります。

　児童福祉法には、信用失墜や守秘義務違反によって、保育士の「登録を取り消し、又は期間を定めて保育士の名称の使用の停止を命ずることができる」（第18条の19第2項）とあります。さらに、「保育士でない者は、保育士又はこれに紛らわしい名称を使用してはならない」（第18条の23）とあり、これらに違反すると30万円以下の罰金が科せられます（第62条）。

　保育士は、資格を取得したのちに、都道府県に保育士登録をすることで、保育士として働けるようになりますが、禁固刑以上の刑罰を受けた場合は、都道府県が保育士登録を取り消すことになっています。したがって、保育士として働くことはできなくなります。ただし、刑が終了した後、2年間が過ぎれば再登録ができます。

　幼稚園の教諭についても、先に「2．保育者の欠格事由」で述べたように、免許状の効力を失うことがあります。免許状が失効した場合は、速やかに免許状を免許管理

者に返さなければなりません。また、免許管理者は懲戒免職で解雇された者から免許状を取り上げなければならないとされています。具体的には、交通事故や飲酒運転などの道路交通法違反、窃盗や万引き、わいせつ行為、体罰、情報漏えい、金銭に関する横領や贈収賄、ハラスメント行為などを行った場合が挙げられます。

　2014年から2018年度の犯罪による保育士登録取り消しのうち、明らかにされた取り消し理由では、男性保育士は性犯罪、女性保育士は交通死亡事故や園児への暴行、窃盗事件などでした[6]。

　保育者は子どもや保護者との信頼関係が求められます。資格や免許を持って働くということは、保育の現場だけでなく日常生活においても社会人として信望を得られるよう心がけなければなりません。

（4）実習やボランティアと守秘義務

　保育士養成課程における実習や、教職課程における教育実習など、実習生として保育の現場に入る場合も、保育者と同様に守秘義務が課せられます。実習に際して、守秘義務を遵守するという誓約書を提出することが求められます。

　さらに、ボランティアなどで児童福祉施設や保育関係の場で子どもと関わる際にも、知り得た個人情報などを口外したり、SNSなどインターネット上で公表したりすることも厳禁です[7]。

　守秘義務違反については、資格取得の道が絶たれる場合があります。個人情報を安易に扱うことは、保育者としての資質が問われるほど重要なことなのです。例え、まだ学生であったとしても、守秘義務違反をすることは、将来、専門職になる人材としてふさわしくないということであり、社会的な信頼を一気に無くすことにつながるのです。

　保育や幼児教育の専門職を目指して、学生のうちから、あるいは社会人の立場から子育て分野を学ぶ過程で、様々な子どもと関わることは、多くの学びを得るよい機会になります。けれども、専門職に準ずる態度で臨み、信用失墜行為や守秘義務違反には十分留意して行動しなければなりません。

4．保育者の身分保障

（1）保育者の身分保障とスキルアップ

　保育士資格や幼稚園教諭免許を持っていることは、社会一般の人々から見れば、子どもに関する福祉や教育の分野における専門職としての身分を有している立場になります。子どもや保護者からは「先生」と呼ばれる立場ですから、保育者は自分の立場をよくわきまえた行動をすることが、仕事上だけでなく日常生活においても求められるでしょう。また、保育者が高い専門性をもち、社会的にもさらに重要視されるよう

第6章　保育者の制度的位置付け

---

[6]　読売新聞「保育士取り消し『性犯罪』16人　すべて男性　園児に口止めも」読売新聞，2019年6月30日朝刊，p.35
[7]　第5章の事例を参照。

になれば、待遇面でも向上していくことにつながります。

　保育者として、資格や免許を取っておけばいつかは役に立つという考えもあるかも
しれません。けれども、大学や専門学校などの保育者養成校や保育士試験などを通し
て手にした資格・免許を用いて就職し、保育現場でキャリアを積みながら長く働き続
けることが社会的にも求められています。

　都市部では保育士が不足し、保育所を新設しても保育士が確保できずに開所できな
かったり、予定した定員を埋めることができなかったりしています。保育士資格はあ
っても、持っているだけで働いていないという潜在保育士も多く、復職を推進するこ
とが課題となっています。また、結婚や子育てを機に退職したのちに、資格を活かし
て再就職を希望する場合の再教育についても充実させていく必要があります。資格を
持ち、保育の仕事をしたいという気持ちがありながら、期間が空くと復職に抵抗があ
る人も多くいます。一度途切れたキャリアを再びつないでいくことも、保育者の不足
や保育者の質向上には必要なことです。さらに、認定こども園への移行や開設が進め
られる中、保育士と幼稚園教諭両方の資格免許が必要となり、働きながらもう一方の
資格を取りたいという人もいます。

　保育者は、これからの子育て支援に欠かせない人材です。したがって、保育士や教
諭の職務内容について服務規程や義務、身分保障について理解を深め、ライフワーク
としてキャリアを積んでいくことが求められます。専門職として身分を保障されてい
るという視点に立ち、キャリアアップについて制度面から理解しておきましょう。キ
ャリアを積み、子ども分野の専門職としてあり続けることが求められているのです。

（2）教育職員免許とキャリアアップ

　幼稚園教諭免許については、教育職員免許法と教育公務員特例法を基にキャリアに
ついて捉えてみましょう。

①教員の役割と服務内容

　2017年に教育課程コアカリキュラムが「教職課程コアカリキュラムの在り方に関す
る検討会」により出されました。その中で、教職の意義及び役割・職務内容について、
次のような目標が設定されています。

　　　現代社会における教職の重要性の高まりを背景に、教職の意義、教員の役割・
　　資質能力・職務内容等について身に付け、教職への意欲を高め、さらに適性を判
　　断し、進路選択に資する教職の在り方を理解する。

　さらに、教員の役割や職務内容として、以下のことが求められるとされています。

　・教育の動向を踏まえ、今日の教員に求められる役割や資質能力を理解している。
　・教員研修の意義及び制度上の位置付け並びに専門職として適切に職務を遂行する

ため生涯にわたって学び続けることの必要性を理解している。

・教員に課せられる服務上及び身分上の義務及び身分保障を理解している。

幼稚園教諭免許を持って働くということは、果たすべき役割があり、また、そのために専門職として学び続ける義務があります。教諭としての仕事をする上で、服務上の義務があるとともに身分保障 があること、教員としてあり続けるために、絶えず研修などを通して学び続け資質能力の向上に努めることが求められています。

②研修

教育公務員特例法は、公立学校や公立幼稚園の幼稚園教諭、認定こども園の保育教諭について、職務や服務について規定しています。私立の幼稚園等は学校教育法に基づいて設立・運営されており、公立幼稚園とは異なり独自の教育理念や経営方針があります。しかし、教職課程のコアカリキュラムにおいては、公立私立の別なく、「教員として生涯にわたって学び続ける必要性を理解している」と示されていることから、公立幼稚園等と同様に研修が必要とされていると理解すべきでしょう。

教育公務員特例法第21条には、「教育公務員は、その職責を遂行するために、絶えず研究と修養に努めなければならない」とあります。また、第22条には、「教育公務員には、研修を受ける機会が与えられなければならない」とされています。さらに、第23条では、初任者研修について「採用の日から1年間の教諭又は保育教諭の職務の遂行に必要な事項に関する実践的な研修を実施しなければならない」とあります。また、第24条には、中堅教諭等資質向上研修について、「公立の小学校等における教育に関し相当の経験を有し、その教育活動その他の学校運営の円滑かつ効果的な実施において中核的な役割を果たすことが期待される中堅教諭等としての職務を遂行する上で必要な資質の向上を図るために必要な事項に関する研修を実施しなければならない」とあります。

また、2022年５月に「教育公務員特例法及び教育職員免許法の一部を改正する法律」が施行され、普通免許状及び特別免許状の更新制が削除されたことで、新たな研修体制が必要になっています。同法律では、新たに「公立の小学校等の校長及び教員の任命権者等による研修等に関する記録の作成並びに資質の向上に関する指導及び助言等に関する規定を整備」するとしています。

この背景として、近年、社会の変化が早まり、非連続化するとともに、オンライン研修の拡大や教師の研修環境が大きく変化してきたことがあります。教師が主体的に、個別最適な学びや現場経験を重視した学びなどを進めることが必要になっているのです。教師が最新の知識技能を学び続けていくための教員研修計画により、教員としての資質向上を目指すことになります。

したがって、幼稚園教諭免許をもって保育現場に立つ場合においても、主体的に研修の機会をもち、職務を遂行するための資質、能力を高め続けることが求められています。

（3）保育士のキャリアアップ

①保育士とキャリアアップ

全国保育士会倫理綱領には、キャリアアップについて以下のように記載されています。

（専門職としての責務）

8．私たちは、研修や自己研鑽を通して、常に自らの人間性と専門性の向上に努め、専門職としての責務を果たします。

また、保育所保育指針においては、第5章に職員の資質向上として次のように記されています。

保育所は、質の高い保育を展開するため、絶えず、一人一人の職員についての資質向上及び職員全体の専門性の向上を図るよう努めなければならない。

保育職員に求められる専門性とは、子どもの最善の利益を考慮し人権に配慮した保育をすることです。倫理観や人間性、保育所職員の職務および責任の理解と自覚が求められます。そのための必要な知識と技能を身に付けられるよう、努めなければなりません。

また、児童福祉施設の設備及び運営に関する基準には、以下のように規定されています。

（児童福祉施設の職員の知識及び技能の向上等）

第7条の2 児童福祉施設の職員は、常に自己研鑽に励み、法に定めるそれぞれの施設の目的を達成するために必要な知識及び技能の修得、維持及び向上に努めなければならない。

2 児童福祉施設は、職員に対し、その資質の向上のための研修の機会を確保しなければならない。

このように、保育士として保育所や児童福祉施設に就職した後も、常に自己研鑽に努め、研修を受けるなどにより、知識と技能を向上させていくことが求められています。

待機児童が社会的問題となり、保育の量の拡大がされてきましたが、単に保育士の数が増えればよいというわけではありません。一人一人の保育士が質の高い保育を提供することが求められています。したがって、資格取得は資格をとり、就職することがゴールではなく、そこから保育士としてのキャリアを積んでいくための新たなスタートになるのです。

②保育士のキャリアアップ研修

厚生労働省雇用均等・児童家庭局からの通知として、2019年6月、都道府県・指定

都市・中核市に向けて、「保育士等キャリアアップ研修の実施について」という通知が出されています。キャリアアップ研修の必要な背景として、「子どもや子育てを取り巻く環境が変化し、保育所に求められる役割も多様化・複雑化する中で、保育士には、より高度な専門性が求められるようになって」いることがあります。そのため、「日々の保育士としての業務に加え、各種の研修機会の充実によって、その専門性を向上させていくことが重要となって」いるのです。

　キャリアアップ研修は、初任者から管理職員まで、職位や職務の内容を踏まえて体系的に研修計画を作成して行われなければなりません。都道府県または都道府県知事の指定した研修実施機関や指定保育士養成施設などが研修の実施者となり、専門分野別研修、マネジメント研修、保育実践研修を実施し、研修修了証が交付されます。

　保育士が、経験年数に応じてステップアップできる研修の体系が確立され、キャリアを積んでいくことでそれ相応の待遇が保証されることも大切です。キャリアを積むにつれ、働き甲斐のある保育所にしていくことが求められていますし、それがよりよい保育の実現につながるでしょう。キャリアアップ研修は経験年数により実施されています。

　　１）新人保育士（経験年数１〜2年）
　　２）若手保育士（経験年数5年未満）
　　３）中堅保育士（経験年数5年以上10年未満）
　　３）ベテラン保育士（経験年数10年以上）
　　４）主任保育士（一定の経験年数の上に、主任としての専門性がある）
　　５）保育所長（所長としての資質がある）

　また、上記のような階層別の研修以外に、障害児や虐待対応など、専門性に特化した内容の研修も必要でしょう。

　さらに、保育所等が独自で企画し実施する園内の研修も大切です。保育所に外部の専門家を招いて実施する研修会は職員が参加しやすく、所内で共有したいテーマに沿った学びができる機会になります。保育士として、キャリアを積んでいくことは、今後ますます重要になるでしょう。

　より詳細は、本書第13章３．保育者の専門性の向上とキャリア形成の意義pp.183-187を参照して下さい。

資格・免許の重要性

①保育の資格

　保育者養成を行っている多くの養成校では、幼稚園教諭免許と保育士資格が取得できます。資格取得に必要な科目を履修し単位をとって、実習を全うすると卒業と同時に2つの資格が取れます。最近では、幼稚園に勤めるので幼稚園教諭免許をとればよい、とか、保育所に勤めるのだから保育士資格だけでよい、ということではなく、「保育者」と呼ばれて保育・教育の領域で働きたい人は、両方の免許を持っている方が、働きやすいと思われます。また、認定こども園では、本文にもあるようにこの免許と資格の両方を有した「保育教諭」として働くことになります。つまり、子どもの年齢を問わず、0歳から6歳までの子どもの健やかな発達を支えるという学びや保護者の支援等の多岐にわたる学びが必要であると言えます。

②保育士試験

　待機児童が増え、保育士不足が問題となっている昨今では、現場経験はあるけれども資格のない方や保育所以外の児童福祉施設等に勤めている方、あるいは、介護や看護の領域で働いている方等が、保育士試験（一般社団法人全国保育士養成協議会で実施）を受験して、保育士の資格を取得する場合も多くあります。保育を学ぶ必要性と資格の重要性を考え、働きながら学んでいる方も多いということですね。

③専門家としての期待

　「免許」「資格」を持っているということが、その人の知識や技術、姿勢を担保しているとみなされ、専門家として期待されます。専門家であることは、一年目の初任者でも30年のベテランでも変わりません。皆さんが保育の現場に就職し、「専門家」として働き始めた時に「胸を張って現場に立てるかどうか」は養成校での学び方次第です。保育士が不足し、誰でも就職しやすい時代だからこそ、養成校で取得できる資格や免許は厳しく評価されると考えられます。ですから　皆さんは、養成校でしっかり保育・教育について学び、子どもや保護者の味方になって、元気に働く保育者になりましょう。

（宮川萬寿美）

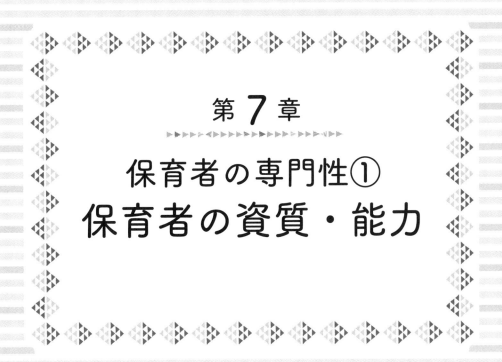

第 **7** 章

保育者の専門性①
保育者の資質・能力

この章で学ぶこと

　この章では、保育者の専門性と資質・能力について、保育現場の具体
的な事例を通して学びます。まず初めに、保育所保育指針で示されてい
る保育者の専門性の定義について確認し、保育者に求められる資質・能
力について考えていきましょう。次に、保育現場の事例を通して、子ど
も理解と保育者の援助で大切なことを学びます。また、子どもの育ちを
同僚や保護者とどのように共有し、支えていくかを考えます。

　これらを踏まえ、自分の特技や長所を保育者の専門性としてどのよう
に生かすことができるのか、ワークを通して自分の強みを考えていきま
しょう。

1．保育者の専門性と資質・能力

（1）保育所保育指針に示された資質・能力

　共働き世帯の増加により、保育所を利用する家庭は年々増えています。それに伴い、保育所では、乳児保育の増加、保育の長時間化、病後児保育の受け入れ等を行うなど、様々なニーズに対応できる専門性がより一層求められるようになりました。こうした背景の中で、保育者は専門性を生かしながら保育を行うことが大切です。保育者の専門性と業務について、保育所保育指針では次のように示されています。

　　　保育所における保育士は、児童福祉法第18条の４の規定を踏まえ、保育所の役割及び機能が適切に発揮されるように、倫理観に裏付けられた専門的知識、技術及び判断をもって、子どもを保育するとともに、子どもの保護者に対する保育に関する指導を行うものであり、その職責を遂行するための専門性の向上に絶えず努めなければならない。

保育所保育指針 第１章 1 (1)保育所の役割 エ

※下線部は筆者による

　保育者は子どもの最善の利益を考慮し、子どもの人権に十分配慮をしながら倫理観に裏付けられた専門的な知識や技術を持ち、日常の様々な場面で瞬時に判断をしていかなければなりません。また、保育の倫理観については、全国保育士会が保育士の責務として「全国保育士会倫理綱領」を提示しています（第５章p.63参照）。これらの倫理観をよく理解し、子どもの育ちを同僚や保護者、地域の人々と連携しながら支えていくことが大切です。また、保育士の専門性として保育所保育指針解説では６項目を提示しています（本書第３章p.24参照）。

　保育者は、これらのことを踏まえ、専門性の向上に努めることが大切です。また、保育のプロとして、資質・能力を高めていくことも大切です。資質とは「生まれつきの性質や才能」、能力とは「物事を成し遂げることのできる力」のことをいいます。

　保育の現場、すなわち子どもが初めて親元を離れて過ごす集団生活の場において、保育者の存在はとても大きなものです。一日の大半を過ごす場所で共に生活をする大人の存在は、子どもの将来の人格形成に大きな影響を与えます。そのため、保育者の人間性や価値観、立ち居振る舞いや人柄等を見ながら、子どもは人との関わりを学びます。保育者が子どもに与える影響は、自分が思っているよりもずっと大きいのです。

（2）幼稚園教諭の専門性と資質能力

　幼稚園教育要領では、幼稚園における幼児教育は生涯にわたる人格形成の基礎を培う重要なものであるとし、保育所や認定こども園と同じように、環境を通して行うこ

とを基本としています。その幼児教育に携わる教師には次のことが求められています。

　　教師は、幼児の主体的な活動が確保されるよう幼児一人一人の行動の理解と予想に基づき、計画的に環境を構成しなければならない。この場合において、教師は、幼児と人やものとの関わりが重要であることを踏まえ、教材を工夫し、物的・空間的環境を構成しなければならない。また、幼児一人一人の活動の場面に応じて、様々な役割を果たし、その活動を豊かにしなければならない。

幼稚園教育要領 第 1 章 第 1 幼稚園教育の基本

　また、2002年に文部科学省が発表をした、「幼稚園教員の資質向上について－自ら学ぶ幼稚園教員のために」の研究報告（幼稚園教員の資質向上に関する調査研究協力者会議）では、幼稚園教諭の専門性と資質能力について、次のように示されています。

　　幼稚園教員は、幼児を理解し、活動の場面に応じた適切な指導を行う力をもつことが重要であり、さらに、家庭との連携を十分に図りつつ教育を展開する力なども求められている。具体的には、幼児を内面から理解し、総合的に指導する力、具体的に保育を構想する力、実践力、得意分野の育成、教員集団の一員としての協働性、特別な教育的配慮を要する幼児に対応する力、小学校や保育所との連携を推進する力、保護者及び地域社会との関係を構築する力、園長など管理職が発揮するリーダーシップ、人権に対する理解などが、教員に求められる専門性として挙げられる。

「幼稚園教員の資質向上について－自ら学ぶ幼稚園教員のために（報告）」2002年
はじめに I 3 幼稚園教員に求められる専門性

　　幼稚園教員は、幼児一人一人の内面を理解し、信頼関係を築きつつ、集団生活の中で発達に必要な経験を幼児自らが獲得していくことができるように環境を構成し、活動の場面に応じた適切な指導を行う力をもつことが重要である。また、家庭との連携を十分に図り、家庭と地域社会との連続性を保ちつつ教育を展開する力なども求められている。その際、幼稚園教育が、小学校以降の生活や学習の基盤の育成につながることに配慮し、幼児期にふさわしい生活を通して、創造的な思考や主体的な生活態度などの基礎を培うことに留意する必要がある。言うまでもなく、これらの教育活動に携わるにあたっては、豊かな人間性を基礎に、使命感や情熱が求められる。以下、幼稚園教員に求められる専門性のうち重要と考えられるものを示し、その資質を向上させるための手がかりとする。

「幼稚園教員の資質向上について－自ら学ぶ幼稚園教員のために（報告）」2002年
I 3 幼稚園教員に求められる専門性 (1) 幼稚園教員としての資質

第7章　保育者の専門性① 保育者の資質・能力

　幼稚園で働く幼稚園教諭は、これらのことを意識しながら保育を計画および実践し、子どもの興味・関心や発達段階に沿って丁寧に保育を行うことが大切です。また、これからの時代の幼稚園教諭に求められる資質能力として、中央教育審議会答申（2015年2月）では、幼稚園教諭に求められる資質能力について、「幼稚園教諭として不易とされる資質能力」、「新たな課題に対応できる力」、「組織的・協働的に諸問題を解決する力」の3つの視点が重要であると示しています。

　以上のことを踏まえ、これから保育者になるみなさんは、養成校で学んだ幼稚園教育についての基礎的な知識や理解、技能を習得すると同時に、その学びを実際の保育場面でどのように生かしていくことができるか、自分なりに工夫をしながら習得していくことが大切です。

　養成校での学びは、単なる資格取得の勉強ではありません。資格を持っていることが重要なのではなく、その資格を保育の中でどのように生かしていくことができるか、学校で学んだことを基盤としながら、自分なりの方法でアレンジしていく力が必要になります。例えば、はさみを使った活動はどのような子どもならできるのか、その時、どのような素材をどのような状態で用意しておくことが大切なのか、一人一人の子どもの発達段階や経験、園の方針やクラスの取り組みなどと重ねながら、実習等を通して自分なりに学びを深めていくことが大切です。

（3）保育者の心構え

　みなさんは、授業等で関わりのある先生だけでなく、他の先生や職員、来客にも目を見て笑顔で挨拶ができますか。書類を渡す時は、相手に見やすいようきれいに整え、丁寧に渡していますか。物を借りた時は、感謝の気持ちを添えて、早めに返却できているでしょうか。このように、日常生活において、相手に対する心配りができることは、保育者の資質・能力として重要です。

　また、立ち居振る舞いや所作が丁寧な人は、相手に好印象を与えます。逆に、それらに欠ける人は、どんなに仕事ができる人でも、自分に関係のないことは気にしない、自分のことしか考えていない人として、相手に不安を与えてしまうかもしれません。信頼関係は、日常のささいなやり取りの積み重ねでできていることを意識して、日々の生活を過ごしていくことが大切です。

　さらに、こうした心配りができる保育者は、子どもの小さな行動や変化に気付くこともできるでしょう。どうすれば相手が喜んでくれるのか、心地よい気持ちになれるのか、相手の立場になって物事を考えることができるからです。その結果として、保護者から気遣いの声をかけられたり、同僚の先輩保育者から気にかけたりしてもらえるようになります。相手に対して誠意をもって接することは、コミュニケーションを円滑にするのです。

2．子ども理解からはじまる保育

（1）子ども理解で大切なこと

　子どもを理解する視点はいくつかありますが、その基盤となるのは、子どもの行動を肯定的に受け止め、応答的に関わることです。大人の価値観で物事を考えるのではなく、まずは目の前の子どものしていることを自分も一緒になって体験し、その子の目線で見えている世界を理解し、共に体験しよう、感じようとする姿勢が大切なのです。

　倉橋惣三は、子どもの心の動きへの共感やそこへの応答を保育者の大切な役割として、著書の中で表現しています。ここでは、『育ての心 』の中にある詩を紹介します。

　　こころもち

　　　子どもは心もちに生きている。その心もちを汲んでくれる人、その心もちに触れてくれる人だけが、子どもにとって、有り難い人、うれしい人である。
　　　子どもの心もちは、極めてかすかに、極めて短い。濃い心もち、久しい心もちは、誰でも見落とさない。かすかにして短き心もちを見落とさない人だけが、子どもと倶にいる人である。
　　　心もちは心もちである。その原因、理由とは別のことである。ましてや、その結果とは切り離されることである。多くの人が、原因や理由をたずねて、子どもの今の心もちを共感してくれない。結果がどうなるかを問うて、今の、此の、心もちを諒察してくれない。殊に先生という人がそうだ。

　　　その子の今の心もちにのみ、今のその子がある。

倉橋惣三『育ての心』（上）フレーベル館，2008年，p.34

　その時のその子の思いを、同じ立場に立って共感的に探っていこうとしても、究極のところ、100％理解することはできません。しかし、子どもの気持ちに共感し、どうすればこの子の思いに近づけるだろうと思い巡らせ、関わるその姿勢を、子どもは必ず見ています。自分のことを思ってくれる保育者のことはちゃんと分かるのです。「先生は自分のことを分かろうとしてくれている」という気持ちになった時、子どもは保育者を信頼し、関係が築かれ始めるのではないでしょうか。

（2）子どもの行動から内面を理解する

　保育は目の前の子ども理解からはじまります。例えば自由遊びの時間、クラスの大半の子どもが集団でおにごっこをしている中、一人だけ園庭の隅に座り、うつむいている子がいたとします。このような子どもの姿を見た時、みなさんならどう思いますか。

一人で遊んでいるのはかわいそうだと思い、友達の輪に入るよう声をかけるでしょうか。それとも、しばらく様子を見守りますか？　もしかしたらその子は、地面にいるアリを夢中で見ていたかもしれません。大人からみると一見、マイナスな要素を含んでいる子どもの行動も、よく観察してみると勘違いだったということがあります。

　私たちは保育の専門家として、できる限り、その子が今、感じていること、求めていること、子ども自身にも分かっていないことを理解し、子どもの姿を多面的に捉えて関わることが大切です。津守眞は、『保育者の地平』の中で、「ある時、私は子どもの行動を表現として見ることを発見した。（中略）それは、答える人があって意味を持つ」[*1]と述べています。子どもの行動には必ず意味があるのです。反抗的な態度をとる子どもにはどうしても叱ってしまうことがあるものです。しかし、その時に気を付けたいのは、保育者の願いに子どもの姿を寄せようとしすぎないことです。目に見える行動だけで判断すると、「自分の言うことを聞かない困った子」というくくりにしてしまうことも多いのです。目に見える行動だけが、その子ではありません。実は、こうした反抗的な態度こそ、保育者に自分の気持ちを分かってもらいたい、仲良くなりたいけれど、どう声をかけたらよいのか分からないというサインなのです。こうした目に見える行動から、その心のうちを考えていくことが保育ではとても大切です。

（3）子どもを理解する時の配慮点

　ある授業で、子どものけんか場面を取り上げたDVDを視聴した時のこと。その映像に出てくる保育者の援助のプロセスを学生が視覚的に理解できるよう、フローチャートを用いて説明したことがありました。すると、そのフローチャートを見た学生たちから、「これ、保育に使える!!」と口々に言う姿が見られました。学生たちは、このフローチャートに書かれた保育者の援助を方法論として捉え、けんかが起きたらこのような手順で解決すればよいのだと理解してしまったのです。けんかに限ったことではありませんが、保育者の援助には必ずこれといった正解があるわけではありません。そのため、保育者が子どもの行動をどのように捉え、理解して関わるかがとても重要です。

　「保育は子ども理解が大切」よく聞く言葉です。保育者や保護者の願いよりも、まずは目の前にいる子どもの気持ちを一番大切に考えること。保育者を目指しているみなさんならもう授業で何度も聞いていると思います。しかし、一言に子ども理解といっても、その理解をするためには、子どもの発達や興味・関心、これまで育ってきた養育環境、クラスの状況、行動理解、内面理解、プロセスの理解など、いま見えている子どもの姿から分析するだけでなく、様々な角度からその子の育ってきた背景を理解し、それを踏まえて援助することが大切です。ここでは、ある乳児クラスの事例を紹介します。

[*1]　津守眞『保育者の地平』ミネルヴァ書房, 1997年, p.180

乳児の遊び（0歳8か月）

午後、保育室でおもちゃを出して遊んだ。他の子どもがままごとや人形で遊ぶ中、Aはおもちゃの入った小さな箱を手に取り、その箱をひっくり返したり、床に叩きつけたりしている。ミカ先生がしばらく様子を見ていると、両手を箱の上に乗せ、叩き始めた。ミカ先生が「こっちもおもちゃがあるよ。これで遊ぶ？」と声をかけても、夢中でその箱を叩き続けている。Aの表情を見ると、とてもいきいきとした様子が見られた。そこでミカ先生が、「トントントン。いい音がするね」と声をかけると、ミカ先生の顔を見ながら笑顔で叩く様子が見られた。

　赤ちゃんにおもちゃ箱を渡すと、おもちゃよりも箱に興味を示すことがあります。箱を触ったり叩いたりすることで、物との出合いを楽しんでいるのです。その時、保育者が「おもしろいね」と優しく声をかけることで、赤ちゃんの心は気持ちを受け止めてもらえた喜びで満たされます。ありのままのその子の行動を受け止め、大人がどう解釈して関わるか。保育ではこのことがとても大切です。特に乳児はまだ言葉の発達が十分ではないため、会話を通してコミュニケーションをとることが難しい時期でもあります。そのため、表情や態度から思いを推測し、大人がどのように意味づけるかがとても重要です。

　乳児から1歳になるまでの1年間は、人間がもっとも著しい成長を遂げる時期です。あおむけになって寝ていた乳児の首がすわり、寝返りを打ち、お座りをし、ずりばいからはいはいになり、つかまり立ちをし、一人で歩けるようになる。これら身体機能の発達に合わせて、どのような環境を用意し、子どもが主体的に遊べるようになるかを考えることがとても重要です。乳児の行動の見方を少し変えるだけで、子どもの遊びの見方が変わることもあるのです。

遊びを探す（3歳児）

　3歳クラスのBが自分の手を双眼鏡のような形にして目に当て、地面を見ながら園庭を歩いている。砂場には同じクラスの子どもがたくさんいたが、Bはその輪に入ろうとしない。新任保育者のユミ先生は、その様子をしばらく見守ることにした。

　しばらくすると、Bは双眼鏡でのぞく真似をしながら、そのまま砂場に向かった。砂場に着くと、先に遊んでいた子どもたちの様子を見ながら、置いてあったプリンカップを手に取って砂をすくい、近くにいたCのバケツに入れた。Cは一瞬、驚いた表情をしたが、Bに「いいよ」と声をかけた。その後、BはCの側に座り、一緒に遊び始めた。

　幼稚園に入園して間もなくのころは、こうした光景をよく見かけます。まだ幼稚園での生活に慣れていない子どもにとって、自由遊びの時間というのは、遊びにおける自分の居場所を探す時間でもあるのです。目の前にいる子どもの行動を表面的に理解すると、一人で園庭で遊んでいるかわいそうな子に見えるかもしれません。しかし、子どもの視線や表情、態度などをよく見ていると、その表現から、何かに夢中になっていたり、困っていたりする様子が見てとれるかもしれません。こうした子どもの行動から内面を理解するためには、背景にある生育環境やクラスの状況、その子の入園からこれまでのプロセス等を踏まえて検討するとよいでしょう。

3．保育者・保護者と子どもの育ちを支える

　保育は保育者が一人で行うことではありません。保育者間の連携や保護者支援、地域の子育て家庭への支援において、関連機関と協力、連携しながら行うことが大切です。また、保育はチームワークが重要です。幅広い資質・能力を身に付けた保育者になるためには、専門性に磨きをかけることと同時に、いろいろなことに目を向けることも大切です。いろいろなことに興味や関心をもち、視野を広げるからこそ、自らの専門性が際立っていくとも言えます。

　子どもの姿を多面的に捉えるためには、保育者間で子どもの姿を共有することが大切です。業務的な内容やルーティンになっている伝達事項等は、当然ながら伝えていると思いますが、一方で、日々の保育で感じた子どもの様子や援助のあり方については、その場で自分なりに対応したことのみで解決したつもりになりがちです。特に1年目の新任保育者は、まだ園の流れや年間の保育を把握しきれていないため、一日の保育をこなすことに精一杯で、子どもの行動の理解を深く考える余裕まではもてないという現状も多いのではないでしょうか。

　筆者はこれまで、新任保育者が長く働き続けられる保育現場とは何かを研究してきました。以前、ある園で約2年間にわたってインタビューをした際、協力をしてくれた数名の新任保育者たちから、新任ならではの戸惑いや葛藤をいろいろと聞いてきました。ここでは、ある保育所に努める2年目の保育士の意識変容について紹介したいと思います。

事例 3 ザリガニを育てるよ（5歳児）

　ある保育園に勤める2年目保育士のユカ先生は、5年目の保育士タクミ先生と2人で5歳児クラスの担任をしています。昨年は1歳児クラスの担任をしていたため、何かと子どものお世話をすることが多く、降園時に迎えにきた保護者との会話に困ることがありませんでした。しかし、2年目になり、5歳児クラスの担当になると、子どもたちは身のまわりのことが何でも自分ででき、送迎時の会話も必要最低限で帰ってしまう保護者が多く、自分は必要とされていないのではないかと思うようになりました。

　ちょうどその時期に、生き物の命を大切にしないというクラスの現状に悩んでいたこともあり、ユカ先生は家の近くの川からザリガニを取ってきて保育室に置き、子どもの反応を見ることにしました。子どもたちは、突然保育室にやってきたザリガニに興味津々。あっと言う間にザリガニを育てたいという話になりました。そこで、ユカ先生が子どもたちに出した条件が一つあります。それは、「自分たちで飼い方を調べることができたらいいですよ」という内容でした。子どもたちは園内のあちこちのクラスを回ってザリガニの図鑑を探し、ザリガニの住処を作るためには水槽や砂利、隠れ家などが必要であることを知り、最終的には園長室の外にある水槽に入っている砂利をどこで手に入れたのか、園長先生に尋ねにいくところまで話が発展しました。

　その後、園長先生とタクミ先生の協力を得て、ユカ先生と数名の子どもはマイクロバスでホームセンターに出かけました。そして、図鑑で見たザリガニの住処を参考にしながら、ザリガニを育てるために必要な材料をそろえたのでした。

　これまでのプロセスをずっと見守っていたタクミ先生が、「先生がザリガニを持ってきてから住処を作るまでのプロセス、とても面白かったね。この様子を得意なイラストと文章で掲示してみるといいよ」と提案してくれました。ユカ先生はすぐに掲示用記録を作成し、その日のうちに廊下に掲示しました（図7-1）。

　すると、お迎えに来た保護者の目にとまり、「今日こんなことをしてきたの？」と子どもに声をかける保護者や、「先生、ザリガニのえさをうちから持ってきますよ」と言ってくれる保護者が次々に増えました。

図7-1　保育士が作成した園内掲示用記録

　この事例に出てくるタクミ先生は5年目の中堅保育者です。これまで何度かインタビューをする中で、いろいろな新任保育者からあこがれの保育者として名前が出た先生でした。タクミ先生の素敵なところは、新任保育者の援助を常に肯定的に捉えてアドバイスをしていることです。「○○先生は立ち振る舞いがきれいだね」「○○先生の言葉かけで子どもがとても楽しそうな表情をしているね」など、援助をすることが子どもにとってどのようによいのか、具体的に話をしてくれるので、新任保育者も励みになるようでした。

　また、このクラスの保育者は日頃から子どもの話を立ち話などでよくしているそうで、こうした日々の何気ない会話などから、新任保育者の気持ちをくみ取ってくれたのだと想像できます。今回の事例でも、タクミ先生は、「ザリガニの活動をしていない子どもたちのことはぼくに任せて。ユカ先生は出かけてきていいよ」と言ってくれたそうです。

　子どもたちの主体性を尊重したいと思った時、何でもクラス全体で取り組む必要はありません。その活動に興味をもっている子どもだけが、その時、興味のあることを経験できればよいことなのです。

　子どもの育ちを保育者間で共有すると、子どもの姿を多面的に見ることができます。また、その共有には、対話を重視した園内研修がおすすめです。そこでは、経験年数に関係なく発言する権利が平等にあるとして、例えば、保育の映像を使用して語り合う、語り合ったことをふせんに貼ってカテゴリー分けをしてみる、ドキュメンテーションを作成するなど、様々な工夫をするとよいでしょう。

　また、園での子どもの育ちを保護者に伝える際、送迎時の会話だけではどうしても必要なことを優先的に話したり、結果だけを報告したりすることになりがちです。しかし、こうして子どもの学びをプロセスを踏まえ、視覚的に伝えることで、保護者に園での子どもの育ちを伝えることができます。

事例 4　保育者間の対話の重要性

　ある時、1歳児クラスを担当している新任保育者のミカ先生が、「今日はちょっと悔しいことがあったんです！」と言うので話を聞いてみると、ベテランの先生から指摘された内容に納得がいかなかったというのです。

　着替えの時間、ミカ先生がDに靴下を履かせているところを、通りかかったベテランの先生が見て、「もう自分で履けるよね」と言いました。一見、Dに声をかけているように思えるその言葉は、実はミカ先生に向けて間接的に言ったのではないかと、ミカ先生は思いました。

　他の先生の声かけに深い意味はなかったと思われますが、保育場面の結果だけを見て、その保育者の援助が適切であったかどうかを判断してしまうことは多々あります。

　実は、ミカ先生の援助にはしっかりとした意図がありました。すでに自分で靴下が履けるDの姿はミカ先生もよく理解しており、日頃はDが自分で履きたいという気持ちになれるような援助をしているとのこと。しかしこの日は、登園時に母親と離れることを珍しくぐずったため、登園前に何かあったことを察したミカ先生は、「今日は1日甘えさせてあげよう」と思ったというのです。日頃はもうできるようになっている姿を分かっていたからこそ、毎日の保育を見ていたわけではない他の先生に、プロセスも聞かずに結果だけを見て保育を判断されてしまったことを、ミカ先生は悔しいと思ったのでした。

　保育は日々、判断の連続です。保育者がじっくりと思い巡らせて援助をしたくても、たくさんの子どもを目の前にすると、一人一人とじっくり関わる余裕がなくなることも現実です。このように、日々の保育であったことを保育者間で共有できる場が必要だといえます。

4．感性豊かな保育者になるために

　子どもは遊びを作り出す天才です。「○○をこうしたり、ああしたり…」と、試行錯誤しながらいろいろな遊び方を思いつきます。そのたびに、大人ではとても思いつかないような柔軟なアイデアに驚きます。しかし、こうした発想や創造力を実現するためには、子どもが求めている素材や道具のほか、子どもの力だけでは思いつかないような遊びを実現したい時にちょっとしたヒントを与えてくれる保育者の存在が必要なのです。子どもが始めた小さなことに目をとめる力というのは、保育者自身のアンテナが「おもしろそう！」「なぜ？」といった知的好奇心につながらなければ読み取ることが難しいのです。だからこそ保育者は、子どもの遊びの面白さに気付けるよう、様々な経験をすることが大切です。子どもが求めている環境を用意することが保育者の仕事になりますが、その環境を用意するためには、子どもの楽しんでいることを感じ取る力が必要です。つまり、どのような感性をもった保育者がどのようなことに面白さを感じるのか、何を大切にして環境を作り出し、子どもと関わるか、保育者の感性が保育環境作りに影響しているのです。そしてそれは結果として、子どもの理解と援助につながっていきます。

　「感性豊かな保育者になりましょう」よく耳にする言葉です。純粋な子どもは、感性の赴くままに日々をめいっぱい生きています。その感性にひっかかっているものが何か、子どもの思いに気付くためには、保育者自身も感性が豊かである必要があります。

　先日、香川県にある豊島美術館に行ってきました。緑豊かな森を抜け、ようやくた

どり着いた丸くて大きなドーム型の室内には、どこまでも広がる真っ白な壁とサークル状に穴があいた天井があり、ところどころの床からぽつりぽつりと出てくる水滴の音と外に吹く風の音だけが響いていました。ここが美術館??と衝撃を受けました。ここは入口で、どこか美術館に通じる入口でもあるのかと探してみましたが、見つからず…。他の鑑賞者と同じように、しばらくその場に座り、目をつぶってみました。すると、不思議なことにいつもは感じなかった風の音や水滴の音が心地よく聞こえてくるのです。日常の中でいかに電子音に触れているかが分かった出来事でした。電子音にかき消されて聞こえなくなっていた自然の音に耳を澄ませ、新しい美術鑑賞の形を味わいながら30分程度その場で豊かな時間を過ごしました。もしも私が保育者だったら、きっとこの体験をもとに、作品展では目に見えない自然物を生かした活動を取り入れることでしょう。予想通り、安心できる場所での感性の磨き方もありますが、このように想像も付かなかった出来事に触れた時、アイデアというのは生まれてくるものです。

　他にも、緑のたくさんある場所に出かけて新鮮な空気を吸いながらリラックスした気持ちになる、広い海で波の音を聞きながら心を落ち着ける、様々な形の美術に触れる、オーケストラの演奏会を聴きに行くなど、保育という形にこだわることなく多様なジャンルの芸術に触れ、心動かされる経験をすることが大切です。一見、保育とは関係のないことをしていても、こうした経験が全て自分の感性を形成する要素となり、その体験を通して心動かされた出来事がその人の経験となり、ものの見方や考え方につながります。また、それは結果として子どもが過ごす保育環境に反映されていくのです。

　保育環境の構成や子どもの援助は、知識や技術の習得だけではできません。「この時期の子どもたちはこんなことができるだろうから、この活動をやってみよう！」と、子どもの実態や季節に合わせた保育展開をしていくことは大切です。しかし、こうした活動一つをとってみても、その活動がどうすれば面白くなるのか、素敵な環境になるのか、それを考える保育者がどのような感性をもっているかで、用意する素材や道具や環境の雰囲気作りは変わってきます。保育は、見栄えのする大きなことをすればよいというわけではありません。毎日の生活の中で、見落としてしまいそうな小さなことを感動できる心をもち、子どもの発見に一緒に喜ぶことのできる保育者であってほしいと思います。

5．自分の強みを専門性に生かす

　保育者となる人には、子どもや保育の専門家として理解しておいてほしい専門性があります。それはこの章を含め、様々な章で述べられている通りです。また、その専門性を基盤としながら、自分の強みを生かした保育を展開していくことも大切です。得意なことや長所を自覚し、それを保育に生かすことで、保育者の生き生きとした姿

が子どもにとって魅力的に見えることでしょう。

　ある保育所に勤めるＳ先生は、保育士２年目になり、仕事をしていく上での焦りを感じていました。著者がＳ先生と会話をすると、「まわりの先生方と比べると全然できていないので…」という話を聞くことが多くありました。また、その時の表情は少し元気のないように見えることもありました。

　ある時、著者がＳ先生の保育を見学する機会がありました。自由遊びの時間にＳ先生が現れると、数名の子どもたちが椅子と折り紙を持って先生のまわりに集まってきました。Ｓ先生は子どもたちに小さな声で優しく声をかけながら、クリスマスツリーの折り方を教えていました。一見、何気ない光景のように見えますが、保育者が一言も声をかけることなく、子どもがまわりに集まってくるという姿に驚きました。

　後日、園内研修でこの日の映像を視聴したところ、先輩の保育士が、「Ｓ先生は折り紙が得意だったのね。子どもたちが主体的に先生のところに集まってくる姿を見て、素晴らしいと思いました」とほめてくださったことをきっかけに、Ｓ先生は自分の行動を肯定的に受け止めることができるようになっていきました。それからＳ先生は、以前から得意だった折り紙を保育室に飾ったり、子どもたちと一緒に折ったりする機会を増やし、言葉以外でのコミュニケーションで子どもとの関わりを深めることを自分の強みにしていったのでした。

　保育は一人ではできません。それぞれの保育者の強みを生かし、組織の中で自分にはどのようなことができるのか、強みを生かして専門性を高めていきましょう。

ワーク

1.保育をする上での、あなたの強みは何ですか。

　　　　　　　　　　　　　　　　　　　　　　　　　　　　　　
　　　　　　　　　　　　　　　　　　　　　　　　　　　　　　
　　　　　　　　　　　　　　　　　　　　　　　　　　　　　　
　　　　　　　　　　　　　　　　　　　　　　　　　　　　　　

2．あなたの強みを生かしながら、保育者としての能力を高めるにはどのような
　　ことが必要でしょうか。

　　　　　　　　　　　　　　　　　　　　　　　　　　　　　　
　　　　　　　　　　　　　　　　　　　　　　　　　　　　　　
　　　　　　　　　　　　　　　　　　　　　　　　　　　　　　
　　　　　　　　　　　　　　　　　　　　　　　　　　　　　　

第7章　保育者の専門性①　保育者の資質・能力

保育者の資質と能力
先生も「あそび」から学ぶ!!

①子どもが好きも「資質」の一つ

　資質とは「生まれつきの性質や才能」、能力とは「物事を成し遂げることができること」と文中にありました。これを読まれている方たちは保育者や養成校の学生、あるいは本屋さんで、たまたま手に取った方たちかもしれませんが、このような機会があるということは、もう「資質」はあることになります。それは、「子どもが好き」だからです。それが「生まれつきの性質や才能」です。しかし、「好き」だけでは、どうしてもうまくいかないことや、困っている子どもたちに手を差し伸べてあげられないことがあります。「資質」だけで難しいと感じるのが「能力」なのかもしれませんね。

　そこで大切になってくるのが「相手に対して誠意をもって接する」ということです。「子どもが好き」だからこそ、子どもに対して誠意をもって接していくと、おのずと「能力」はついていきます。倉橋惣三の「こころもち」の詩が紹介されていました。「子どもは心もちに生きている。その心もちを汲んでくれる人、その心もちに触れてくれる人だけが、子どもにとって、有り難い人、うれしい人である」と、その一節にありました。子どもたちは、すべての言葉を知りません。上手に伝えようとたくさんのことから言葉を吸収している途中なのです。以前、加藤繁美先生が「子どもたちの心の中にある、まだ語られていないけれども、語ろうとしている言葉に寄り添うことが大切だと」話していました。子どもたちに誠意をもって接していくと、おのずとその「語られてはいないけれど、語ろうとしている言葉」が聴けるようになっていきます。それが、大切な「能力」なのかもしれませんね。そしてそんな言葉から、子どもたちの生活が有意義なものになっていくことがたくさんあるのかもしれませんね。

②おおいに遊ぼう!!

　私は、7章-4の文中にある「子どもの力だけでは思いつかないような遊びを実現したい時にちょっとしたヒントを与えてくれる保育者の存在」に着目しました。子どもたちと共に過ごす存在として、たくさんのヒントをもっていたいですよね。では、その「ヒント」をもっている人になるにはどうすればいいかと考えると、私は、たくさん遊ぶ（経験する）ということだと思っています。学校でたくさん学ぶことはもちろん（これも大切）、学校帰りや休日には、是非たくさんの場所に足を運んでみてください。動物園、水族館、美術館、ショッピング、レストラン、居酒屋…どんな場所でも1度体験したことや本物を見たことがある人は、それが「体験」や「経験」として身についていきます。それが多ければ多いほどあそびの「ヒント」が蓄えられると私は思っています。

　その「体験」や「経験」からたくさんのことを学び、感性豊かな保育者を目指していきましょうね。ですから大いに遊びましょう！　でも、学習も忘れないでくださいね。

（土井敬喜）

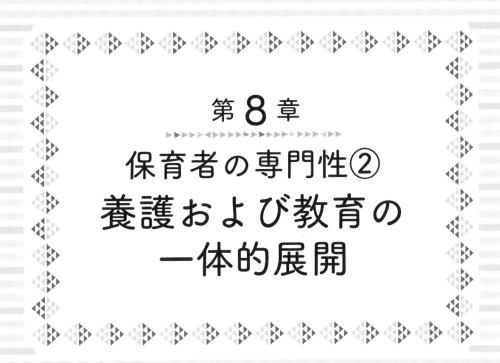

第 8 章

保育者の専門性②
養護および教育の
一体的展開

この章で学ぶこと

　　幼稚園教諭免許や保育士資格は国家資格であり、その免許・資格を有する保育者は、それにふさわしい専門性を備えていなければなりません。

　　乳幼児の保育に携わる保育者は「養護」と「教育」について、また「養護と教育を一体的に行う」ことについて理解していることが必要です。また、幼稚園教育要領、保育所保育指針、幼保連携型認定こども園教育・保育要領に示された保育の方向性や、幼児期の終わりまでに育ってほしい姿について認識していることも大切です。本章では、これらを深く捉えることを目標として学習を進めていきます。

　　充実した保育内容を展開することのできる保育者としての土台を確かなものにしていきましょう。

1. 養護と教育の一体的展開とは

保育所保育指針の「第1章　総則」には、保育所の役割として、保育所保育の目的とそれを達成するための以下のような記述があります。

　　保育所は、その目的を達成するために、保育に関する専門性を有する職員が、家庭との緊密な連携の下に、子どもの状況や発達過程を踏まえ、保育所における環境を通して、<u>養護及び教育を一体的に行うことを特性としている。</u>

保育所保育指針 第1章 1 (1)保育所の役割 イ

※下線部は筆者による

　養護および教育を一体的に行うことが保育所保育の特性であるということですが、養護および教育を一体的に行う主体はいうまでもなく保育者でしょう。ここでは保育者が養護および教育を一体的に展開することはどういう営みなのかを理解するために、保育における「養護」と「教育」という言葉について調べ、さらに「一体的」という言葉の意味を探ります。

（1）養護とは

　現行の保育所保育指針（2017年改定）は、旧保育所保育指針（2008年改定）よりも養護の重要性を強調し、「養護の理念」や「養護に関わるねらい及び内容」が、保育所保育指針の核といえる総則に位置付きました。それは、養護が「保育所保育の基盤であり、保育所保育指針全体にとって重要なものである」[1]という理由からです。「養護の理念」について、保育所保育指針には「保育における養護とは、子どもの生命の保持及び情緒の安定を図るために保育士等が行う援助や関わり」と記されています。そして、養護の2つの柱である「生命の保持」と「情緒の安定」のねらいを以下のように記しています。

　　ア　生命の保持
　　（ア）ねらい
　　①　一人一人の子どもが、快適に生活できるようにする。
　　②　一人一人の子どもが、健康で安全に過ごせるようにする。
　　③　一人一人の子どもの生理的欲求が、十分に満たされるようにする。
　　④　一人一人の子どもの健康増進が、積極的に図られるようにする。

　　イ　情緒の安定
　　（ア）ねらい

＊1　汐見稔幸「〈保育所保育指針〉の解説と改定のポイント」ミネルヴァ書房編集部（編）『幼稚園教育要領・保育所保育指針・幼保連携型認定こども園教育・保育要領解説とポイント』ミネルヴァ書房，2018年，p.52

① 一人一人の子どもが、安定感をもって過ごせるようにする。

② 一人一人の子どもが、自分の気持ちを安心して表すことができるようにする。

③ 一人一人の子どもが、周囲から主体として受け止められ、主体として育ち、自分を肯定する気持ちが育まれていくようにする。

④ 一人一人の子どもがくつろいで共に過ごし、心身の疲れが癒されるようにする。

保育所保育指針 第1章 2 (2) 養護に関わるねらい及び内容

子どもが園で生理的要求が満たされ、事故やけがから守られ、健康で安全に生活することができるように、また、子ども自身の思いが保育者を中心とする様々な大人に受け止められ、安心し、自分の力を発揮しながら様々な活動に安定して取り組むことができるように行う援助や関わりを養護といいます。保育所は子どもの健全な心身の発達を図ることを目的とする場ですが、このような保育者の養護行為を通して、子どもは健全に発達に向かうことができるといえるでしょう。

近年、社会においては「子どもの貧困」が問題になり、子どもの生活において「愛情の貧困」「体験の貧困」「言葉の貧困」問題が起こっています。親の経済的な貧困のためにこれらの貧困問題を抱えている子どもがいる一方、経済的に豊かであっても親の愛情を十分受けて本当に守られている実感をもたない子どももいます[*2]。それはなぜでしょうか。

子どもは大人の存在なしには生命の維持さえできない肉体的に頼りない存在として生まれてきます。そのため、子どもの健全な成長のためには、基本的な生理的欲求を満たし、健康で安全な生活を保障する大人の養護の働きが欠かせません。それだけではなく、子どもは、心理的な側面においても頼りない存在であるために、大人から十分守られている、自分の存在が受け入れられていると感じられる経験が成長において不可欠です。つまり、大人に頼るしかない子どもの弱さを受け入れる大人の存在によって、子どもは健全に成長することができるということです。近年の子どもを取り巻く貧困問題はただ経済的な貧困だけではなく、このような大人の不在を意味するものでしょう。

このことから、保育者の養護の働きは、ただ子どもが安全な生活を営むために関わったり、快適に生活するための環境を用意したりするだけではないといえます。自分に頼るしかない子どもの存在を愛おしく思い、子どものありのままを受け止める保育者の養護の働きを通して、子どもは存在感や自己肯定感をもって成長し、自分に自信をもって様々な活動に取り組むことができるのです。

（2）教育とは

保育者を目指して養成校に入学した学生は、子どもの発達や心理など専門的知識を学び、保育技術を身に付けるために様々な教育を受けます。ここで「教育」という言

第8章 保育者の専門性② 養護および教育の一体的展開

---

*2 汐見稔幸『さあ、子どもたちの「未来」を話しませんか』小学館, 2017年, p.62

葉を使いましたが、保育における「教育」という語は、みなさんが受けている教育と同じ意味でしょうか。考えてみましょう。

ワーク

あなたが保育所の乳児（0歳児）クラスの担任なら、乳児に何を教えたいですか？

_____

_____

_____

　乳児に対しては、今みなさんが学んでいるように、知識を教えると答えた人はいないでしょう。養成校の学生にこの質問をすると、「お腹が満たされてうれしい、おむつを替えてもらって気持ちいいなどを感じてもらいたい」「身近な人と触れ合う心地よさを伝えたい」「乳児を取り巻いているいろいろな環境に触れさせたい」などの答えが出てきます。乳児への教育は、基本的な生活習慣やまわりの人、物について何かを直接教えることではなさそうだと考えていることが分かります。

　一般的に教育は、教える側が教える内容を決めて、学ぶ側にそれを伝達する意図的な働きかけという意味合いで、小学校以上の場で行われているものを指すといえるでしょう。一方、乳幼児期における教育は、より広義の意味をもって使われているといえます。幼稚園教育要領では、幼児期の教育について「生涯にわたる人格形成の基礎を培う重要なもの」と記しています。このような考えは保育所でも変わりません。保育所保育指針では、保育所が「子どもが生涯にわたる人間形成にとって極めて重要な時期に、その生活時間の大半を過ごす場」であるため、「第2章　保育の内容」のはじめに「『教育』とは、子どもが健やかに成長し、その活動がより豊かに展開されるための発達の援助である」と記しています。すなわち、乳幼児期の教育は、子どもの生涯にわたる人格形成の基礎や人間形成にとって極めて重要なことを培うために保育者が行う働きかけということができます。

　それでは、生涯にわたる人格形成の基礎や人間形成にとって極めて重要なことを培う乳幼児期の教育とは一体何でしょうか。『保育用語辞典』[3]では、「従来、教育というと知的な学習にかたよる傾向があったが、本来は存在感、自己肯定感、社会的有能性や自分の世界を切り開いていこうとする有能性など、広範にわたる機能」と定義付けています。自分に対する存在感や自己肯定感、有能性などは教える側がその内容を直接教えて獲得させられるものではありませんが、一方で、大人の存在なしに獲得できるものでもありません。子どもがこの世に生まれて「わたしは愛されている」「生ま

＊3　森上史朗・柏女霊峰（編）『保育用語辞典』第8版 ミネルヴァ書房，2015年

れてきてよかった」「ここは自分の場所だ」「やってみればできるはず」など、存在感や自己肯定感、有能性などは大人による広い意味の教育によって得られるものなのです。

　アメリカの精神分析家、発達心理学者であるエリクソンは、人間の生涯を8つの発達段階に区分し、人間が人間らしく健全に生活するためには各年齢段階の発達課題があるといいました[4]（表8-1）。

表8-1　心理・社会的危機

		1	2	3	4	5	6	7	8
老年期	VIII								統合 対 絶望、嫌悪 **英知**
成人期	VII							生殖性 対 停滞 **世話**	
前成人期	VI						親密 対 孤立 **愛**		
青年期	V					同一性 対 同一性混乱 **忠誠**			
学童期	IV				勤勉性 対 劣等感 **適格**				
遊戯期	III			自主性 対 罪悪感 **目的**					
幼児期初期	II		自律性 対 恥、疑惑 **意志**						
乳児期	I	基本的信頼 対 基本的不信 **希望**							

E. H.エリクソン／村瀬孝雄・近藤邦夫（訳）『ライフサイクル，その完結』みすず書房，1989年，p.73，図式2
Erikson, E. H. (1982). The life cycle completed: A review. New York: W. W. Norton & Company Inc.

　その中で乳幼児期の発達課題として、他人や自分に対する基本的信頼感、自律性、自主性の獲得を提示しています。乳児期は「お腹がすいた、困った。でも、泣くとちゃんと誰かが来てくれる」という、人に対する期待をもち、基本的信頼感を獲得していくことが大事であるということです。そして、特定の大人との基本的信頼感を獲得した子どもは、その信頼感の下で自己を主張し、自分を受け入れてもらう経験を経ながら、自分の感情をコントロールできるようになり、さらに、自分を取り巻いている様々な環境と「これをやってみよう」「大丈夫」「私はできる」と自信をもって関わること

＊4　石井正子・松尾直博（編著）『教育心理学』樹村房，2004年

ができるようになります。

　保育の場に限らず、人格形成の基礎となるこのような存在感や自己肯定感、自主性等を育む乳幼児期の教育は、大人の具体的な行為を通して行われます。しかし前述したように、これらは大人がその内容を直接、子どもに与えたり教えたりすることはできません。「自分は他でもない自分である」という存在の確かさは、特定の大人からの持続的・反復的な養護の働きを通した信頼関係の下に形成されるものであり、自己肯定感や自主性の獲得も同様です。

　つまり、乳幼児期における「教育」とは、知識や技能などを教え込むものではなく、身近な大人との信頼関係を通して子どもの人間形成の基礎を培うことが、養護と一体化して行われるものであるということです。

　続いて、「養護と教育を一体的に行う」とはどういうことか、詳しくみていくことにしましょう。

（3）養護と教育を一体的に行うとは

　養護および教育を一体的に行う保育所保育の特性は、保育所保育指針が策定された当初（1965年）から示されたものですが、2008年の保育所保育指針の改定によって、初めて養護が教育と並ぶ領域として示されました。しかし、養護と教育が領域として切り分けられたことで、養護は「保育園の3歳未満の子どもへの対応」という誤解を受けることになります。なぜなら、教育の5領域は幼稚園教育要領の保育の内容と同様ですが、養護の領域は保育所保育指針にのみ記されたからです。それで、養護および教育を一体的に行うことが「3歳未満児と3歳以上児を同じ保育園で一体として保育していること」「3歳未満は養護で、3歳以上が教育」という誤解が生じたのです[5]。

　しかし、保育者の養護の働きは3歳未満児のみに必要な内容ではありません。3歳未満の子どもでも3歳以上の子どもでも、健康や安全に対する配慮に変わりはないし、どの年齢においても子どもは信頼感や安心感を基盤とする情緒の安定がなければ主体性や自発性を発揮することができません。にもかかわらず、幼稚園で行うのは教育、保育所で行うのは養護的機能を多く含む保育という誤解も依然としてあります。

　ここで改めて捉えるべきことは、生涯にわたる人格形成の基礎である信頼感や自己肯定感などは、幼稚園であれ、保育所であれ、認定こども園であれ、子どもの最善の利益に配慮しながら子どもの思いを受け止める保育者の養護的関わりを通して育まれていくものだということです。乳幼児期の教育は養護と一体的に行われるものであり、そのような保育者の働きを通して子どもは成長に向かうことができることをしっかり認識しておきましょう。

　乳幼児期の教育が保育者の養護の働きと一体的に行われるということについて、「一体的」という言葉の意味を考えてみるともう少し理解が進むと思います。「一体」と近い言葉に「合体」という言葉がありますが、そのあり方は異なるものです。卵をイメージしてみると分かりやすいかもしれません。卵焼きの場合は黄身と白身が「一体」

＊5　鯨岡峻『保育・主体として育てる営み』ミネルヴァ書房，2010年，p.65

となったものですが、目玉焼きは黄身と白身の「合体」といえます。「養護と教育を一体的に」というのも、卵焼きのように何が養護で何が教育かはっきり区分できなく、保育者の働きの中で一つになって行われることと考えることができるでしょう。子どもと関わる日々の保育実践の中で保育者は、「今は養護の時間で、次は教育の時間」と養護と教育を区別することはしません。また「この子には、いま養護が必要で、あの子には教育が必要」と考えて行動することもありません。保育の中では、ただ子ども一人一人の成長を願い、いま・ここで求められる子どもの思いに身体をもって応える、養護でもあり教育でもある保育者の態度がおのずと現れるのみです。心身ともに頼りない存在として生まれた子どもは、このような養護でもあり教育でもある一体化した保育者の具体的な働きを通して人格形成の基礎を培い、一人の人間として成長していけるのです。

（4）乳児（3歳未満児）への教育的な関わり

最後に、3歳未満児に対する保育者の教育的な関わりについて考えてみましょう。

3歳未満児は、保育の現場においては「乳児保育」の対象とされています。一般的に、3歳以上児を対象とするクラスを幼児クラスと呼び、0、1、2歳児クラスを乳児クラスといいます。ここでは保育の現場に従って、3歳未満児を乳児保育と捉えることにします。

保育の場における乳児の生活を思い浮かべてみると、食事や睡眠、排泄や清潔の時間が多く、当然保育者の働きの中でもその生活の援助に当たる時間が多いことが分かります。また、幼児期に比べて乳児期の子どもはまだ免疫力が弱く疾病や感染症にかかりやすいため、生命の保持のための保育者の援助や配慮の働きが重要です。それゆえ、乳児保育の実践は養護が中心と誤解されやすいのですが、食事、睡眠、排泄、清潔など乳児の生活を援助する保育者の働きの中には、基本的信頼感や存在感、自己肯定感等を育む教育の働きが一体的に行われています。

例えば、「お腹がすいた」「うんち出た」と乳児が泣き出すと、保育者は抱き上げてお腹を満たしてあげたり、おむつを替えたりしながらあやす関わりを繰り返し行います。このような保育者の働きは、養護の領域における「生命の保持」と「情緒の安定」と捉えられます。しかし、このような保育者の働きを通して、乳児の中に他者や自分に対する基本的信頼感が育っていきます。要するに、子どもを育てる営みにおいて、子どもの要求を受け入れて応える保育者の「養護」的働きが、子どもの心に育まれる基本的信頼感につながる「教育」の働きを含んでいるということです。これこそ、乳児期の保育に見られる「養護」の働きと「教育」の働きが真に一体的に展開する実践だということができるでしょう。

また、保育者がおむつを替えてあげたり、トイレに付き添ったりする際にも、乳児にとって大切な教育が多く行われています。生まれて間もない乳児は濡れたおむつを替えてもらうことで、快（気持ち良い）と不快（濡れると嫌だな）という身体的な感

覚の違いを学びます。言葉が話せない乳児であっても清潔に保つことの心地よさを感じ取っていくのです。そして、おむつが濡れた、気持ち悪いと泣いたら誰かが来てくれて、おむつを替えてくれて気持ちよくなったということを乳児が繰り返し経験することで、その子は人に対する信頼感を獲得していくのです。観察結果によると、おむつが濡れたことを泣いて知らせるようになるのは、実は、濡れた時におむつを替えてもらうことを繰り返し経験してからだというのは興味深いことです。おむつが濡れてもあまり替えてもらえないならば、清潔であることの気持ちよさを十分に味わわず、不快な状態に慣れてしまい、快と不快の感覚の差をあまり分からないまま育ち、濡れても泣かないし、ひいては困った時に大人の援助を求めることの少ないままにもなりかねません。

　さらに、乳児のおむつを替える時に保育者は「おむつ替えようね」「あーすっきりしたね、気持ちよかったね」と、声をかけながら行います。それを通して乳児は人に話しかけられる気持ちよさを体験します。また、丁寧に付き合ってもらうことで、自分は大事にされているという自分に対する存在感や人の優しさを感じます。おむつを替えてあげる保育者の働きだけでも、人間になるための最も大切な感情が乳児に育まれていくのです。

　このように、保育者が身をもって行う養護の働きを通して、乳児には様々な感情が育まれます。そして、それが「人の一生涯にわたる心身の健康や幸福の基盤を形成することに深く関与するとすれば、実のところその実践は、紛れもなく『教育』そのものといえる」[*6]のです。3歳未満児における教育的な関わりの多くは、保育者の養護の働きの中でおのずと行われることを自覚し、乳児の生活に丁寧に関わる保育者を目指していきたいものです。

＊6　遠藤利彦「乳幼児期の保育と教育は表裏一体のものとして在る」保育通信，732，公益社団法人全国私立保育園連盟，2016年，p.8

3歳未満児の生活と遊び

①0歳児「よいしょ、よいしょ」階段のぼりに挑戦！

　ハイハイが上手になってきた子どもたちは、今度園内の階段に挑戦！　先生と保育室を出て階段の前に到着したら階段を見上げ、片手を階段の上に置きます。「〇〇ちゃん、のぼるの？頑張って！」「よいしょ、よいしょ」という先生のかけ声に子どもたちは、足と腕に力を入れながら階段を少しずつのぼり始めます。階段の真中くらいにのぼった時、お兄さんクラスのお母さんが上からおりてきて知らない顔にびっくり。子どもたちは傍にいる先生に不安そうな顔を向けます。先生は「だいじょうぶ、だいじょうぶ、〇〇ちゃんのお母さんよ」とやさしく声をかけながらお兄さんクラスの保護者と挨拶を交わします。それを見た子どもたちは安心した顔でまた階段のぼりにチャレンジ。安心できる先生がそばにいて、どんどん世界が広がっていきます。

②1歳児「わたし、力持ちだよ」

　午前中のおやつの時間。先生と何人かの子どもたちが調理室の前で牛乳をもらいました。牛乳とコップをワゴンに乗せてクラスに出発しようとする時、T夫が牛乳を指さしながら「Tが、Tが」と言いだしました。それを見た先生が「T君、持ってくれるの？」と聞いて牛乳をT夫に渡します。冷たい牛乳で少しびっくりしたT夫ですが、しっかり牛乳を持って歩きます。「T君、力持ちだね」という先生の言葉に嬉しくなったT夫は、クラスの前で待っていたお友達に自慢げに牛乳を見せました。

③2歳児「楽しいマット遊び」

　今日はみんなホールでマット遊び。子どもたちはマットにのぼったり、飛びおりたり少し高めの大型マットの上を歩いてみたりしています。その中でも特に好きなのはお友達の遊びの真似です。友達がマットにのぼると自分もマットにのぼって、マットの上で体が揺れることを楽しんでいると、自分もそのマットに立って、揺れるマットで互いの顔を見て笑い合います。友達が「あ～」と声を出してマットから飛び降りると、そのまま真似っこする子どもたち。友達と一緒に遊びながら同じことをする楽しさが伝わります。

（金允貞）

2．幼児教育で育てたい資質・能力、就学までに育つことが期待される子どもの姿

（1）すべての教育・保育施設が目指す保育内容の共通性

　幼稚園、保育所、認定こども園では、地域の特性を踏まえ、保護者からの要望を受け止めながら保育計画を立てていますが、その基本は、それぞれ幼稚園教育要領、保育所保育指針、幼保連携型認定こども園教育・保育要領（以下、要領・指針）に基づいています。その上で各園が創意工夫して豊かな保育活動を展開しています。

　幼稚園、保育所、認定こども園は、それぞれ設立の目的や、根拠となる法律が異なる教育・保育施設ですが、そこで生活している子どもは、0歳から6歳までの乳幼児です。幼稚園は、3歳から小学校就学前までの幼児、保育所および認定こども園は0歳から就学前までの子どもが生活しています。

　幼稚園は、学校教育法第26条において「幼稚園に入園することのできる者は、満3歳から、小学校就学の始期に達するまでの幼児とする」とされています。学校の一種なので学年制を基本としています。現在は、満3歳になった年少クラスの1学年下の幼児を、子育て支援の一環として受け入れる活動を行っている幼稚園もあります。

　保育所は、産休明けから小学校就学前までの子どもで「保育を必要とする」と認定された子どもを受け入れる児童福祉施設です。現在は、0・1・2歳児のみ、あるいは3歳以上のみの園など、多様な展開がなされています。

　認定こども園は、幼稚園と保育所の特性を合わせもった施設として展開しており、幼保連携型のほかに、幼稚園型、保育所型、地方裁量型があります。

　それぞれの場所は、そこにいる子どもの年齢の幅や保育時間の違いがありますが、乳幼児期に体験できるとよいこと、また、このようなことを大切にしながら日々の保育を計画するという基本的な考え方を共通にもっています。特に、2018（平成30）年より実施されている現行の要領・指針では、保育内容の整合性が図られ、共通の内容を目指していることを明確に示しています。

　専門性をもった保育者として、どの教育・保育施設であっても、それぞれの社会的役割を捉えた上で、子どもを育てることについての目指す方向性は共通であるということをしっかり認識できていることが大切です。それぞれの施設の役割の違いから、保育内容や教育方法が異なっているのではないかという誤解をしている保護者に対しては、しっかりと共通性を説明できるようにならなければいけません。また、内容の共通性を認識し、幼稚園、保育所、認定こども園が豊かな保育内容を創造するために、互いに連携・協力していくことも求められています。

保育・教育施設	保育所	認定こども園	幼稚園
保育内容に関する記述 （各第2章）	保育所保育指針	幼保連携型認定こども園 教育・保育要領	幼稚園教育要領
乳児	←──── 共通内容 ────→		
1歳以上3歳未満児	←──── 共通内容 ────→		
3歳以上児	←────────── 共通内容 ──────────→		

著者作成

図8-1　保育内容に関する要領・指針の記述の共通性

（2）育みたい資質・能力

　21世紀になり、社会の変化のスピードがますます激しくなり、将来の予想が難しい時代になったといわれています。このような時代に子どもが生まれ、育つ過程では、どのようなことを大切にして生活がつくられていくことが必要でしょうか。

　これまで、日本の教育の柱として「生きる力」ということがキーワードとして挙げられていました。旧幼稚園教育要領等では、「生きる力の基礎となる」心情・意欲・態度の観点から保育内容のねらいが示されていました。この生きる力を育むことは、現在も基本的なこととして変わらずにあります。それに加えて、現行の要領・指針においては、「幼児期に育みたい資質・能力」（3つの柱）と「幼児期の終わりまでに育ってほしい姿」（10の姿）が示されました。これは、幼稚園、保育所、認定こども園が共有すべき事項とされています。そして、この育みたい資質・能力は、幼児期の教育のみならず、小学校、中学校、高等学校へと続く学校教育全体の理念として示されています。

　幼稚園、保育所、認定こども園の内容の共通性や連携が「横のつながり」と捉えられるのに対し、小・中・高とのつながりは、「縦のつながり」と捉えることができます。乳幼児の教育・保育は、小学校就学がゴールではありません。その後にも続いていることを見通すことが必要です。根っことなる幼児期の教育で子どもは何を学ぶのか、そこで学んだことがその後どう展開していくのかという大きな見通しをもちながら、現在をどのように展開したらよいかを考えることが、専門性をもった保育者の大事な役割といえるでしょう。

第8章　保育者の専門性②　養護および教育の一体的展開

| | 知識・技能 | 思考力・判断力・表現力等 | 学びに向かう力・人間性等 |

※下に示す資質・能力は例示であり、遊びを通しての総合的な指導を通じて育成される。

知識・技能の基礎
（遊びや生活の中で、豊かな体験を通じて、
何を感じたり、何に気付いたり、
何が分かったり、何ができるようになるのか）

思考力・判断力・表現力等の基礎
（遊びや生活の中で、気付いたこと、
できるようになったことなども使いながら、
どう考えたり、試したり、工夫したり、表現したりするか）

〈環境を通して行う教育〉

幼児教育

・基本的な生活習慣や生活に必要な技能の獲得
・身体感覚の育成
・規則性、法則性、関連性等の発見
・様々な気付き、発見の喜び
・日常生活に必要な言葉の理解
・身体的技能の基礎や芸術表現のための
　基礎的な技能の基礎の獲得　等

**遊びを通しての
総合的な指導**

・試行錯誤、工夫
・予想、予測、比較、分類、確認
・他の幼児の考えなどに触れ、新しい
　考えを生み出す喜びや楽しさ
・言葉による表現、伝え合い
・振り返り、次への見通し
・自分なりの表現　・表現する喜び　等

・思いやり　・安定した情緒　・自信
・相手の気持ちの受容　・好奇心、探究心
・葛藤、自分への向き合い、折り合い
・話合い、目的の共有、協力
・色・形・音等の美しさや面白さに対する感覚
・自然現象や社会現象への関心　等

※三つの円の中で例示され
る資質・能力は、五つの領
域の「ねらい及び内容」及
び「幼児期の終わりまで
に育ってほしい姿」から、
主なものを取り出し、便宜
的に分けたものである。

学びに向かう力・人間性等
（心情、意欲、態度が育つ中で、いかによりよい生活を営むか）

図8-2　幼児期において育みたい資質・能力の整理

中央教育審議会 初等中等教育分科会 教育課程部会 幼児教育部会
「幼児教育部会における審議の取りまとめ」文部科学省，2016年，p.12
http://www.mext.go.jp/b_menu/shingi/chukyo/chukyo3/057/sonota/__icsFiles/afieldfile/2016/09/12/1377007_01_4.pdf
（2023/11/17）

　幼児期に育みたい資質・能力とは、教育・保育で、子どもに何を育てようとしているのかということです。また、育みたい資質・能力は、幼・小・中・高を通して一貫して捉えている方向性ですから、その連続性を認識するとともに、それぞれの段階における独自性についても理解しておくことが大切です。具体的にはどのようなことでしょうか。

　幼児期に育みたい資質・能力については、次のように整理され、これを一体的に育むように努めることとしています。

（1）　豊かな体験を通じて、感じたり、気付いたり、分かったり、できるようになったりする「知識及び技能の基礎」

（2）　気付いたことや、できるようになったことなどを使い、考えたり、試したり、工夫したり、表現したりする「思考力、判断力、表現力等の基礎」

（3）　心情、意欲、態度が育つ中で、よりよい生活を営もうとする「学びに向かう力、人間性等」

　ここには「知識及び技能の基礎」「思考力、判断力、表現力等の基礎」「学びに向かう力，人間性等」とあり、義務教育およびその後の教育の基礎を培うものとして、幼児期には、その後につながる基礎的な経験が期待されていることが分かります。このことについて、幼稚園教育要領解説では次のように述べています。

　　　「知識及び技能の基礎」とは、具体的には、豊かな体験を通じて、幼児が自ら感じたり、気付いたり、分かったり、できるようになったりすること、「思考力、判断力、表現力等の基礎」とは、具体的には、気付いたことや、できるようになったことなどを使い、考えたり、試したり、工夫したり、表現したりすること、「学びに向かう力、人間性等」とは、具体的には、心情、意欲、態度が育つ中で、よりよい生活を営もうとすることである。

幼稚園教育要領解説, フレーベル館, 2018年, p.50

　これらのことを、各園の環境を通して行う教育・保育により、幼児の興味や関心等を踏まえながら日々の活動を通して育まれていくようにします。発達段階に応じて基本的生活習慣が確立されていくことが基礎となりながら、保育活動を通して遊びや生活の中にある物事の関連性や法則性に気付き、試行錯誤しながら体験や思考力を深めていくこと、また、そこでの判断力や表現力が培われることが、期待されていることです。幼児期は、その後の生活の根っこを育てていく段階だということができるでしょう。

　知識および技能の「基礎」とは、何かを知っていることではなく、その知識や技能を獲得する上での「態度や気付きの大切さ」のことです。子どもが自ら試行錯誤しながら新しい知識や技能を獲得しようとしている時に、先回りして教えないことが大切です。しかしそれは、いつまでも子どもに任せておくことではなく、子どもの現在の力を保育者の専門性により見極めることによって、支えられるものでもあることを十分に認識しておくことが必要です。

　乳幼児期の教育・保育は環境を通して行うことを基本としており、小学校以降の教育とはその方法が異なります。保育所、幼稚園、認定こども園は、子どもを取り巻く全ての環境（人、物、自然、空間、きまり等、あらゆるもの）が教材という考え方です。それらは意味をもって存在していますが、それらが意味あるものになるのは、子どもがそこ（それ）に主体的に関わる時です。子どもが興味や関心をもち、主体的に関わり、自分なりに工夫したり、考えたりして自分のものにしていくプロセスを尊重することが大切です。

（3）幼児期の終わりまでに育ってほしい姿

　幼児期の終わりまでに育ってほしい姿は、「小学校との接続」において、幼稚園、保育所等の修了のころの子どもの姿と、小学校入学のころの子どもの姿を、小学校教諭

と保育者が共通理解することができるように具体的に表したものです。これは、こういう力が付いてほしいと考える姿です。子どもに育つことが期待される姿であり、保育者が「育てる」ことを目標にする姿ではありません。子どもを一定の型にはめようとしているのではないことをよく理解しておくことが重要です。

　これまでも、幼稚園、保育所等の年長児は、年長組であることの自覚をもって生活しており、自分のことは自分でする努力、他者を思いやる力、年少者へ配慮する姿などが捉えられているにもかかわらず、小学校に入学した当初は、何もできないかのごとく「お世話される」立場になっている場面があり、子どもが戸惑うとの指摘がされる例もありました。幼保小連携を進めていくためにも、幼稚園、保育所等修了のころの子どもの姿がどのようであるかを保育者からきちんと小学校に伝えられることが必要です[*7]。

　育みたい資質・能力と、幼児期の終わりまでに育ってほしい姿は、保育内容5領域を総合的に展開しながら育まれていくものです。遊びを通しての総合的な指導こそ、保育者の専門性の要ということができるでしょう。

　以下、幼児期の終わりまでに育ってほしい姿を引用します。

　（1）　健康な心と体
　　幼稚園生活の中で、充実感をもって自分のやりたいことに向かって心と体を十分に働かせ、見通しをもって行動し、自ら健康で安全な生活をつくり出すようになる。
　（2）　自立心
　　身近な環境に主体的に関わり様々な活動を楽しむ中で、しなければならないことを自覚し、自分の力で行うために考えたり、工夫したりしながら、諦めずにやり遂げることで達成感を味わい、自信をもって行動するようになる。
　（3）　協同性
　　友達と関わる中で、互いの思いや考えなどを共有し、共通の目的の実現に向けて、考えたり、工夫したり、協力したりし、充実感をもってやり遂げるようになる。
　（4）　道徳性・規範意識の芽生え
　　友達と様々な体験を重ねる中で、してよいことや悪いことが分かり、自分の行動を振り返ったり、友達の気持ちに共感したりし、相手の立場に立って行動するようになる。また、きまりを守る必要性が分かり、自分の気持ちを調整し、友達と折り合いを付けながら、きまりをつくったり、守ったりするようになる。
　（5）　社会生活との関わり
　　家族を大切にしようとする気持ちをもつとともに、地域の身近な人と触れ合う中で、人との様々な関わり方に気付き、相手の気持ちを考えて関わり、自分が役に立つ喜びを感じ、地域に親しみをもつようになる。また、幼稚園内外の様々な

---

*7　幼稚園、保育所、認定こども園から小学校への送付が義務付けられている指導要録、保育要録については、第10章参照。

環境に関わる中で、遊びや生活に必要な情報を取り入れ、情報に基づき判断したり、情報を伝え合ったり、活用したりするなど、情報を役立てながら活動するようになるとともに、公共の施設を大切に利用するなどして、社会とのつながりなどを意識するようになる。

(6) 思考力の芽生え

　身近な事象に積極的に関わる中で、物の性質や仕組みなどを感じ取ったり、気付いたりし、考えたり、予想したり、工夫したりするなど、多様な関わりを楽しむようになる。また、友達の様々な考えに触れる中で、自分と異なる考えがあることに気付き、自ら判断したり、考え直したりするなど、新しい考えを生み出す喜びを味わいながら、自分の考えをよりよいものにするようになる。

(7) 自然との関わり・生命尊重

　自然に触れて感動する体験を通して、自然の変化などを感じ取り、好奇心や探究心をもって考え言葉などで表現しながら、身近な事象への関心が高まるとともに、自然への愛情や畏敬の念をもつようになる。また、身近な動植物に心を動かされる中で、生命の不思議さや尊さに気付き、身近な動植物への接し方を考え、命あるものとしていたわり、大切にする気持ちをもって関わるようになる。

(8) 数量や図形、標識や文字などへの関心・感覚

　遊びや生活の中で、数量や図形、標識や文字などに親しむ体験を重ねたり、標識や文字の役割に気付いたりし、自らの必要感に基づきこれらを活用し、興味や関心、感覚をもつようになる。

(9) 言葉による伝え合い

　先生や友達と心を通わせる中で、絵本や物語などに親しみながら、豊かな言葉や表現を身に付け、経験したことや考えたことなどを言葉で伝えたり、相手の話を注意して聞いたりし、言葉による伝え合いを楽しむようになる。

(10) 豊かな感性と表現

　心を動かす出来事などに触れ感性を働かせる中で、様々な素材の特徴や表現の仕方などに気付き、感じたことや考えたことを自分で表現したり、友達同士で表現する過程を楽しんだりし、表現する喜びを味わい、意欲をもつようになる。

養護と教育、10の姿の関係って？みんな違ってそれでいい！

①「両方ある」が、土台になる

よく保育所は「養護」、幼稚園は「教育」なんてことを話している人がいますが、私はどちらも同じだと思っています。子どもは同じですからね。そのように考えると、8章で示されている「一体的展開」はとても大切なことだと思います。保育者は「養護」と「教育」の両面を育んでいきたいですね。ここでは「養護」は、「存在感」や「自己肯定感」をもつ自己の「ありのまま」が大切だとあります。自分を受け入れてくれる、自分が自分のありのままの姿でいられる親、友達の存在ってとてもありがたいですよね。「教育」は、社会的有能感が大切だとあります。これは、「やればできる」という感覚のことです。少し難しいことに挑戦したり、失敗し考えてまた取り組むことで成功体験を繰り返したりすることで「できた！」を体験していきます。その「できた！」の体験を繰り返すことで、それが経験となり次第に視野を広げ様々なことに挑戦していくようになっていきます。どちらか一方ではなくて、「ありのまま」の自分を受け入れてくれる人がいるから挑戦しようという気持ちになり、その「できた！」を共有する人がいるから、また「あれができたから、これもやってみよう」という気持ちがもてるようになるのではないかと思います。だからこそ、「養護」と「教育」は一体的に展開していきたいですね。

②10個のスコープ

8章文中にありましたが、「幼児期までに育ってほしい10の姿」は、子どもに育つことが期待される姿であり、保育者が「育てる」ということを目標にする姿ではありません。そして、決して全部を平均的に育てなければならないということでもありません。

子どもたちは様々な生活を通して「10の姿」を学んでいます。例えば、その生活を10個のスコープでのぞき込んで、その「10の姿」が見られるかどうかを保育者が探してみるということが、大切なのではないかと考えます。もし、何度ものぞいてみたけれど、その経験がなければ環境を設定してみてもいいと思います。

子どもの生活の中には、必ずと言っていいほど、「10の姿」が見られます。私たちは、曇っていない、よく見えるスコープを常にもっていなければいけませんね。そしてその「10の姿」を覗いたときに見えた凸凹が個性になるのかもしれません。

金子みすゞさんの「私と小鳥と鈴と」の中に「みんなちがってみんないい」とありますが、10の姿で一様に育てようとするのではなく、10の姿をスコープで覗いて、その子どもの「個性」を見つけて、一緒に寄り添い生活していくことが、「養護」と「教育」を一体的に考えることではないでしょうか。

（土井敬喜）

第9章

保育者の専門性③
保育の質の向上

この章で学ぶこと

　この章では、「保育の質の向上」について学びます。そもそも「保育の質」とは、何を指して議論されているのでしょうか？　保育実践をどのような指標で測り、質が高いとするのか、保育者にどのような事柄・行動が求められているのかを検討していきます。「こうあるべきだ」「〜に向かっていこう」という議論とともに、現実に起こりうることも捉え、今できることを考えるという議論も必要だと思います。保育をよりよくしていくために、どのような視点をもてばよいのか、考えていきましょう。

1. 保育の質とは

（1）「保育の質が担保されない」

　子ども・子育て支援法の改正を受けて、2019年10月より３～５歳児の保育料の無償化（幼児教育の無償化）が始まり、「すべての３～５歳児、住民税非課税世帯の０～２歳児の幼児教育・保育を無償化」「指導監督基準を満たしていない認可外施設やベビーシッターなども５年間は無償化の対象」「自治体は条例で、無償化の対象とする認可外施設等の範囲を限定できる」等の制度が定められました[*1]。

　本法が成立するまでには様々な議論があり、幼児教育の無償化の前に、待機児童の解消、保育士の確保、保育士の待遇改善なども話題になりました。

　法案が審議される前後の新聞記事には、反対意見として「保育の質が担保されない」という表現が見られました[*2]。ある調査でも、現職の幼稚園教諭・保育士等の67.1％が無償化に反対意見をもっていると示され、「業務負担の増加」「保育の質の低下」「待機児童の増加」等の問題が指摘されました[*3]。

（2）保育の質を考える

　では、先の新聞記事に出てきた「保育の質」とは、具体的にどのような事柄を指しているのでしょうか。考えてみましょう。

ワーク

1. あなたの考える「保育の質」を書き出してみましょう。

2.「保育の質」とは何か話し合い、他の人の意見をまとめましょう。

「保育の質」とは、安全な保育が行われるかどうか、子どもが安心して過ごせるか、保護者が安心して預けられるかということです。これは保育の基本として、最低限の

＊1　内閣府・文部科学省・厚生労働省「幼児教育の無償化に関する協議の場 幹事会 第２回　資料１　幼児教育の無償化について」内閣府，2019年　https://www8.cao.go.jp/shoushi/shinseido/meeting/free_ed/kanji_2/pdf/sl.pdf（2023/11/17）
＊2　朝日新聞「認可外保育施設の無償化範囲、条例での制定を検討」朝日新聞デジタル，2018年
　　　https://www.asahi.com/articles/ASLD43CQ6LD4UCLV001.html（2023/11/17）
＊3　ウェルクス「保育士・幼稚園教諭の67.1％が無償化に反対／無償化に合わせ『更なる保育士の確保』と『保育の質の担保』も必要？」ウェルクス，2018年　https://passtell.jp/pressrelease/20181109/22135/（2023/11/17）

保障を求めたものです。いまさら「安全かどうか」を議論することは、非常に残念なことです。が、基準を満たさない保育者の配置や不適切な保育が行われている園があることも現実です[*4]。

　さて、保育の質と聞いた時に、皆さんは、子どもが生き生きと伸び伸びと暮らし遊ぶ姿、保育者が丁寧で応答的に関わる様子、豊かな体験ができる環境などを思い浮かべることができたでしょうか。子どもの降園後、今日の保育を職員室で語り合う保育者たちや、記録を書きながら今日の保育を振り返る保育者の姿なども想像しましたか。子どもが散歩に出かけて、畑で大根の花を見つけたり、消防署で救急車を見て喜んだり、地域の方に会うと元気に挨拶をしたり等、園外での子どもと保育者の姿もイメージできたでしょうか。

　このように、保育の質を考える時には、実際の子どもや保育者の姿を思い描き、子ども理解や保育内容、園の環境、保育の計画と評価等を手がかりにします。また、保育の質という時は、子ども中心に考えることが基本です。また、質の高い保育とは、子どもの安全がより守られ、子どもの育ちがより促されることを示しています[*5]。保育の「プロセスの質」と捉えることができます。

　一方で、保育者個人や園の保育に関しての取り組みの質を考えるだけではなく、その保育活動を支える行政や地域の支援の在り方、国の保育に対する考え方なども、保育の質の向上に深く関わっているといえます。長時間におよぶ保育時間や、保育士の待遇、保護者の働き方、子どもの育ちを支える予算などが同時に語られていく必要があるでしょう。このような事柄も保育の「構造の質」に大きく関連します[*6]。

2. 要領・指針と実践例からみる保育の質

（1）要領・指針に示された事項

　幼稚園は幼稚園教育要領に従って、保育所は保育所保育指針に従って、認定こども園は幼保連携型認定こども園教育・保育要領に従って保育・教育が行われています。ですから、その中身をよく熟知し、保育を行うに当たって行わなければならない事項を確認して、保育実践をする必要があります。

> **ワーク**
>
> 　要領・指針の目次を読み上げ、どのような事柄が求められているのか、確認しましょう。特に総則の部分は基本的な事柄ですから、手掛かりになる言葉（キーワード）を見付けながら読みましょう。

第9章　保育者の専門性③　保育の質の向上

---

*4　例えば東京都福祉保健局では、「改善勧告に従わない認可外保育施設について」という報道発表資料を公開しています。「これまでの報道発表」東京都　http://www.metro.tokyo.jp/tosei/hodohappyo/press/index.html（2020/01/07）
*5　矢藤誠慈郎『保育の質を高めるチームづくり』わかば社，2017年，p.33
*6　本書p.128 表9-1参照。

幼稚園教育要領

前文

第1章　総則

　第1　幼稚園教育の基本

　第2　幼稚園教育において育みたい資質・能力及び「幼児期の終わりまでに育ってほしい姿」

　第3　教育課程の役割と編成等

　第4　指導計画の作成と幼児理解に基づいた評価

　第5　特別な配慮を必要とする幼児への指導

　第6　幼稚園運営上の留意事項

　第7　教育課程に係る教育時間終了後等に行う教育活動など

第2章　ねらい及び内容

　健康

　人間関係

　環境

　言葉

　表現

第3章　教育課程に係る教育時間の終了後等に行う教育活動などの留意事項

保育所保育指針

第1章　総則

　1 保育所保育に関する基本原則

　2 養護に関する基本的事項

　3 保育の計画及び評価

　4 幼児教育を行う施設として共有すべき事項

第2章　保育の内容

　1 乳児保育に関わるねらい及び内容

　2 1歳以上3歳未満児の保育に関わるねらい及び内容

　3 3歳以上児の保育に関するねらい及び内容

　4 保育の実施に関して留意すべき事項

第3章　健康及び安全

　1 子どもの健康支援

　2 食育の推進

　3 環境及び衛生管理並びに安全管理

　4 災害への備え

第4章　子育て支援

　1 保育所における子育て支援に関する基本的事項

　2 保育所を利用している保護者に対する子育て支援

　3 地域の保護者等に対する子育て支援

第5章　職員の資質向上

　1 職員の資質向上に関する基本的事項

　2 施設長の責務

　3 職員の研修等

　4 研修の実施体制等

幼保連携型認定こども園教育・保育要領

第1章　総則

　第1　幼保連携型認定こども園における教育及び保育の基本及び目標等

　第2　教育及び保育の内容並びに子育ての支援等に関する全体的な計画等

　第3　幼保連携型認定こども園として特に配慮すべき事項

第2章　ねらい及び内容並びに配慮事項

　第1　乳児期の園児の保育に関するねらい及び内容

　第2　満1歳以上満3歳未満の園児の保育に関するねらい及び内容

　第3　満3歳以上の園児の教育及び保育に関するねらい及び内容

　第4　教育及び保育の実施に関する配慮事項

第3章　健康及び安全

　第1　健康支援

　第2　食育の推進

　第3　環境及び衛生管理並びに安全管理

　第4　災害への備え

第4章　子育ての支援

　第1　子育ての支援全般に関わる事項

　第2　幼保連携型認定こども園の園児の保護者に対する子育ての支援

　第3　地域における子育て家庭の保護者等に対する支援

（2）保育実践と保育の質

（1）の要領・指針の事項を参照しながら、以下の保育の実践例の事例を読んで、保育の質に関して考えていきましょう。

事例 1　保育の計画

　K幼稚園のA先生は、久しぶりに5歳児クラスの担任となり、とてもはりきっています。子どもたちが楽しい体験ができるように、地域のボランティアさんに手品を見せてもらおう、天気がよい日にはできるかぎり散歩に行く体力をつけよう、作品展は盛大に行って展示もにぎやかな方がよいかな、などと考えています。4月にはさっそく近所の公園にお花見に出かけ、桜をスケッチさせることにしました。

　保育の実践は子どもの発達を踏まえ、子どもの興味・関心に沿って保育を「計画」し「評価」することが求められています。保育者の意図や思いも重要ですが、子どもという主体が保育の活動の元です。提供された活動の中でも、子どもが主体的に関わり活動そのものが活発に展開していくということもありえますが、5歳児の生活と遊びを考えたときには、「見せてもらう」「させる」というような姿勢は質が高い保育とは言えません。教育課程や保育の全体的な計画に基づき、子どもの実態から具体的に保育を構成していくことが求められています[7]。

事例 2　子ども理解・一人一人

　K保育園のOちゃんは、白いご飯が苦手です。3歳児クラスになり、茶碗が大きくなったので、なかなか食が進みません。B先生は「食べられるだけ食べてみようか。このくらいかな」と声をかけましたが、C先生は「Oちゃん、がんばって食べようね。もう大きいクラスになったんだからね」と言っています。

---

[7]　幼稚園教育要領　第1章「第3 教育課程の役割と編成等」「第4 指導計画の作成と幼児理解に基づいた評価」を参照。

　子どもをよく理解し、一人一人が大事にされていくことが保育の基本です。子どもの大まかな発達を理解し、個人差や子どものその時の気持ちの在りようを認めて関わっていく必要性があります。この事例のような場面では、

　　乳幼児期は周囲への依存を基盤にしつつ自立に向かうものであることを考慮して、周囲との信頼関係に支えられた生活の中で、園児一人一人が安心感と信頼感をもっていろいろな活動に取り組む体験を十分に積み重ねられる。

幼保連携型認定こども園教育・保育要領 第1章 第1
1 幼保連携型認定こども園における教育及び保育の基本　(1)

と考え、無理強いしないことが大切だと思われます。保育者の○○してほしいという気持ちからではなく、目の前の子どもの気持ちを読み取って、子どもが自ら取り組めるような環境を整えていくことが求められています。

　一方、この事例では保育者間では、課題的な声かけをする保育者と共感的な声かけをする保育者のチームワークが取られ、活動場面で、子どもに対する関わりの機能が効果的に発揮されていると考えられます。

事例3　園内研修

　K幼稚園では、保育者同士が学び合えるように園内研修を計画しました。クラスの子どもの様子を情報交換する、外部で受けた研修についてミニレクチャーを行う、行事に関するプロジェクトチームを立ち上げる、などの研修とともに、お茶など飲みながら自由に日頃の保育を語る時間も確保したいね、と園長と主任が相談中です。

　保育現場では、保育の質を担保し保育の専門性を発揮していくために、保育者集団としての協働性・同僚性が必要です。仲良し集団である必要はなく、それぞれの役割に応じて保育者同士がチームとして機能していくことが求められます。「質の高い保育を展開するため、絶えず、一人一人の職員についての資質向上及び職員全体の専門性の向上を図るよう努めなければならない」(保育所保育指針　第5章　職員の資質向上)ため、体系的な研修計画を作成しなければなりません。学び合う場を作り出して、園全体の保育の質を高めます。

　一方で、保育士の就労時間を考えると話し合いの時間を確保することが難しいこと、また、和やかな雰囲気で様々な内容を話すための配慮など、園全体の勤務体制の見直

し等も必要でしょう。保育や子どもについて語り合う時間を、短かくとも意識して確保していく工夫が各国でされています。

事例4　災害への備え

A幼稚園では、災害への備えとして、園に水、食料などを備蓄しています。食料については、アレルギーがある子どもに対応できるようにアレルギー食も備蓄しました。災害時は誰がどのように対応できるか予想できないと困るので、役割分担はしていますが、食料については誰でも分かるように印を付けて、取り扱いについて研修をしました。

保育所保育指針　第3章　健康及び安全に、2017年改定で新たに「4　災害への備え」が加えられ、各園でも施設の安全設備の確保等に取り組んでいくことになりました。

また保育所保育指針の第4章には子育て支援に関して書かれています。

事例5　今日は休みのはずなのに

朝、2歳児クラスのマナが登園してきた。マナの父親は消防士で、今日は休みだと昨日話していたので、担任はマナも休みかと思っていた。父親は用事があるらしく、おやつが終わったころ迎えに来るということだった。担任は「では、15時ごろですね」と言ったものの、心の中では「休みの時は家で、子どもと一緒に過ごしてほしいな」と思った。

保育を必要とする子どもを園で預かる際に「必要とする」という文言を考えると、家で誰かが世話をできるなら、その方が子どもにとってよいのではないかと考えてしまうかもしれません。しかし、家庭の事情や保護者の勤務体制等により、家にいても世話できない場合もあり、一概に保護者が休みだから子どもも休みにとは言えません。

また、例えば、5歳児の年長クラスで協働的な遊びを展開して行事に向けて取り組んでいる場合などは、子どもの継続した活動が望まれるため、保護者が休みだから子どもも休みとなると、活動が連続しなくなります。

個別の状況に配慮しつつ、保護者の多様な保育の需要に応じて、保護者と相互理解を図るよう努めます[8]。

第9章　保育者の専門性③　保育の質の向上

＊8　保育所保育指針　第4章　子育て支援を参照。

3. 保育の質の向上

（1）保育の質の向上を検討する視点

保育の質については、様々な場所で議論されています。保育の専門家の集まりである学会でも、「保育の質を問う」「保育の新と真」などがテーマとしてあげられて討論され、保育実践の場でも日々保育の質の向上・充実に取り組まれています。特に幼稚園教育要領、保育所保育指針、幼保連携型認定こども園教育・保育要領が2017年に改訂（定）され、2018年度から施行されている中で、改めて「保育の質の向上」への関心が高まり、かつ現実的な展開が試行錯誤されてきました。

そのような動きの中、「保育所等における保育の質の確保、向上に関する検討会」から中間的な論点の整理が報告されました[*9]。

（検討の背景と目的）

○保育所等における保育は、養護と教育を一体的に行うことをその特性とし、生涯にわたる人格形成の基礎を培うものであり、子どもの豊かで健やかな育ちを支え促す保育の機会を保障するためには、各地域における保育ニーズを踏まえ保育所等を整備するとともに、保育の質を確保・向上させていくことが重要である。

○保育の質は、社会的な価値づけ等に依拠するとともに、保育現場・地域・国の多層的な取組が相互に連動し、多様な要素が関わって成り立つものとして、大別すると主に「内容」「環境」「人材」の3つの観点から捉えることが考えられる。

○保育の質の確保・向上に向けて、国においては保育の「内容」面で基本的事項を示す保育所保育指針を始め、各種の基準やガイドライン等が整備されており、また、子ども・子育て新制度に係る「質の向上」メニューを始めとした保育士等の処遇や配置の改善、保育士等のキャリアアップに係る研修などが実施されている。

※下線部は筆者による

ここでは、保育内容の質、保育環境の質、保育人材の質をあげています。つまり、保育の質の検討に当たっては、「子どもの健やかな成長と発達が保障されるよう『子ども』を中心に考えることが最も基本」[*10]なのです。

「保育の質の確保・向上を図る前提として、子どもを一人の人間として尊重するという子ども観に基づき、『子どもにとってどうか』という、子どもを中心に捉えた視点を

＊9　保育所等における保育の質の確保・向上に関する検討会「中間的な論点の整理（本文）」厚生労働省，2018年，p.1　https://www.mhlw.go.jp/content/000516810.pdf （2023/11/17）
＊10　前掲注9　p.3「1．今後の検討に当たっての『基本的な視点』」
＊11　前掲注9　p.3「主な意見」

関係者全員が共通して持つことが重要」,「保育の充実や改善には子どもの声をきくことも必要」[11]と意見も載せられていることなどから、保育現場では、子どもの思いや願いを受け止め、つまり子どもの内面を理解し、子ども一人一人に対応して丁寧で細やかな援助や関わりが重要であるということが分かります。

　その後「保育所等における保育の質の確保、向上に関する検討会 の議論のとりまとめ」[12]において、「保育所等における保育の質は、子どもの経験の豊かさと、それを支える保育士等による保育の実践や人的・物的環境からその国の文化・社会的背景、歴史的経緯に至るまで、多層的で多様な要素により成り立つものであり、以下の点を念頭において捉えることが重要と考えられる」との記述が見られました。具体的には次のような内容です。

- ・常に「子どもにとってどうか」という視点を中心とすること
- ・一定の基準や指標に照らして現状を確認し、必要な改善を図り、全ての現場において保障されるべき質と、実際の子どもの姿や保育実践の過程について対話を重ねながら意味や可能性を問い、追求していく質の両面があること
- ・「その時、その場」の状況とともに、日・月・年など様々な時間の流れや現場の内外における多様な関係の中で捉えること
- ・現場、運営主体、地域、国の保育の質に関わる様々な仕組み・取り組みのありようを個々に見るだけでなく、相互の関連などを含めて全体的に見ること

（2）保育の質の向上のために——同僚性を発揮する——

　保育の質の確保・向上において最も重要な基盤は、幼稚園教育要領、保育所保育指針、幼保連携型認定こども園教育・保育要領に基づいた保育実践に、日常的に取り組むことです。

　保育現場は様々な職種の人が集い、専門性を発揮して子どもの育ちを支え、地域の家庭の生活を援助する場です。事例３の園内研修の説明にあるように、仲良しでなくてもよく、目的を共有し、それぞれの立場からの意見や思いを出し合い、実際の保育に生かしていきます。その時には、園長だから等の職位や経験年数等によらず、今ここで一緒に考え活動している「同僚」として尊重されながら、意見を述べることができる、そういう集団になることが、保育の質を高めます。トップダウンで物事が決まったり、指導する—されるという二者的な関係が強かったりすると、同僚性は発揮されず、風通しの良い集団にはなりません。

　少数意見であっても話し合いの材料となることや小さなつぶやきも拾っていけるようなそういう話し合いの場を作りましょう。

　大豆生田は 保育の質向上については「日常的な振り返りや語り合い」が重要であり、つまりそれは言い換えれば「日々の記録や語り」が重要であると述べています[13]。つまり、日常の保育の中で、ただ単に「○○ちゃんが〜していた」という出来事を語る

第9章　保育者の専門性③　保育の質の向上

＊12 厚生労働省「保育所等における保育の質確保・向上に関する検討会　議論のとりまとめ」2020年，p.17
＊13 大豆生田啓友「総論　わが国における保育の質の確保・向上の方向性を考える」発達，158，ミネルヴァ書房，2019年，p.53

のではなく、出来事の意味を語るということであり、保育者の感じたことを言語化することであり、さらにはそこから次の保育が語られる、次の場面での子どもの姿が語られるということです。こうした繰り返しの対話が、園の保育を楽しく、豊かなものにし、お互いへの理解にもつながるでしょう。これこそが保育の質向上の基礎になると考えられます。このような保育者同士が語り合う土壌を育むためには、園のリーダーシップの在り方、保育記録の工夫なども関連します[14]。

4. 保育の質を捉えるその他の視点

（1）Starting Strong Ⅱ

　保育の質については、世界的にも関心の高い事案となっていますが、「社会や文化の価値により、求められるものが異なるため、単純に定義を述べることは難しい」と言われています。2006年のOECD[15]の幼児教育・保育に関する報告書「Starting Strong Ⅱ」では、「誰にとっての質か（子どもか保護者か保育者か）によって異なる意味をもつであろうし、どのレベルの話か（構造・組織レベルかプロセスレベルかプログラムレベルか）によっても異なる定義がなされるであろう」[16]としていますが、保育の質として次のように分類しています。

表9-1　保育の質の分類

質の側面	内容	具体的な説明・例
志向性の質 (orientation quality)	政府や自治体が示す方向性	法律、規制、政策等
構造の質 (structural quality)	物的・人的環境の全体的な構造	物的環境（園舎や園庭、遊具や素材・教材等）人的環境（保育者の養成と研修、保育者と子どもの人数比率、クラスサイズ、労働環境等）
教育の概念と実践 (educational concept and practice)	ナショナル・カリキュラム等で示される教育（保育）の概念や実践	日本では、幼稚園教育要領、保育所保育指針、幼保連携型認定こども園教育・保育要領に示される保育のねらいや内容にあたる
相互作用あるいはプロセスの質 (interaction or process quality)	保育者と子どもたち、子どもたち同士、保育者同士の関係性（相互作用）	子どもたちの育ちをもたらす、安心感や教育的意図等を含み込む、保育者や子どもたちの関係性

*14　園内の保育者チームについては第11章、保育記録の工夫については第10章参照。
*15　Organisation for Economic Co-operation and Development（経済協力開発機構）の略称。保育の分野でも様々な調査発表を行っている。
*16　I. シラージ・D. キングストン・E. メルウィッシュ／秋田喜代美・淀川裕美（訳）『「保育プロセスの質」評価スケール』明石書房，2016年，p.84

実施運営の質 (operational quality)	現場のニーズへの対応、質の向上、効果的なチーム形成等のための運営	園やクラスレベルの保育計画、職員の専門性向上のための研修参加の機会、実践の観察・評価・省察の時間確保、柔軟な保育時間等
子どもの成果の質あるいはパフォーマンスの基準 (child-outcome quality or performance standards)	現在の、そして未来の子どもたちの幸せ (well-being) につながる成果	何をもって成果 (outcome) とするかは、各々の価値観等によって異なる

OECD 2006 Starting Strong II: Early childhood education and care. OECD Publishing. pp.127-128
の記述を基に作成。「教育の概念と実践」の具体的な説明・例の欄のみ、淀川・秋田が加筆。

I. シラージ・D. キングストン・E. メルウィッシュ（著）／秋田喜代美・淀川裕美（訳）『「保育プロセスの質」評価スケール』明石書店，2016年，p.85，表1

また、「Starting Strong Ⅲ」では、保育・幼児教育の質を高める上で効果的といわれている5つの方策を紹介しており、「保育の質を高めるためには具体的な手立てが必要ですが、ここでは、評価、カリキュラム、専門性、連携・協働、研究が鍵」（下線は著者）だとしています[*17]。

またNICHD[*18]の「保育の質研究」では、質を「構造の質」と「プロセスの質」に大きく分けています[*19]。構造の質とは、物的な観点であり、園舎や設備、保育者の配置基準、クラスサイズなどで制度や予算が関連してくるようなものです。「プロセスの質」とは、保育内容に関することや保育の方針、また子どもの遊びや子ども同士の関わり、つまり保育実践の質といえます。

（2）こどもまんなか社会

2023年4月子ども家庭庁が誕生し、こども基本法が施行されました。こどもまんなか社会時代という言葉で象徴されるように「心身の発達の過程にあるすべてのこどもの人権と権利を保障する法律」です。こども基本法の目的は「日本国憲法および児童の権利に関する条約にのっとり、次代の社会を担う全てのこどもが、生涯にわたる人格形成の基礎を築き、自立した個人としてひとしく健やかに成長することができ、こどもの心身の状況、置かれている環境等にかかわらず、その権利の養護が図られ、将来にわたって幸福な生活を送ることができる社会の実現を目指して、こども施策総合的に推進すること」です。

今後この法律を背景として、こどもまんなか社会の実現に向けて、様々な施策や指針・ガイドラインが検討されていくことになるでしょう。「こどもを一人の人間（市民）として捉え、その声が聴かれる事」[*20]が保育の基本になる事、そこから保育の質向上が始まるという事が改めて問われています。

---

*17　前掲注5　pp.31-32

*18　アメリカ国立小児保健人間発達研究所（National Institutes of Child Health and Human Development）

*19　日本子ども学会（編）菅原ますみ・松本聡子（訳）『保育の質と子どもの発達 アメリカ国立小児保健・人間発達研究所の長期追跡研究から』赤ちゃんとママ社，2009年，pp.21-29

*20　大豆生田啓友「総論「こどもまんなか社会」時代の保育・子育て支援を探る——「幼児期までのこどもの育ちに係る基本的な指針」（仮称）の検討論点を踏まえて」『発達』，175，ミネルヴァ書房，2023年，p.11

5. 自己評価の重要性

　前述したように保育が保育を語り合う園の風土は、保育の自己評価に関連していきます。2020年３月の厚生労働省「保育所における自己評価ガイドライン(2020年改訂版)」では、改訂の主目的を「こうしたこと（保育所保育指針の改定）を受けて、今般、保育の各現場における保育内容等の評価に関する取組が、より保育の改善や組織としての機能強化に実効性あるものとなることに資するよう」[21]としています。このガイドラインを活用し、自己評価の取組を進め、保育の改善・充実を図るとともに、一人一人の保育士等の資質・専門性や職員間の協働性をより高めていくことが求められているわけです。

　保育所で行われる評価には次のようなものがあります。

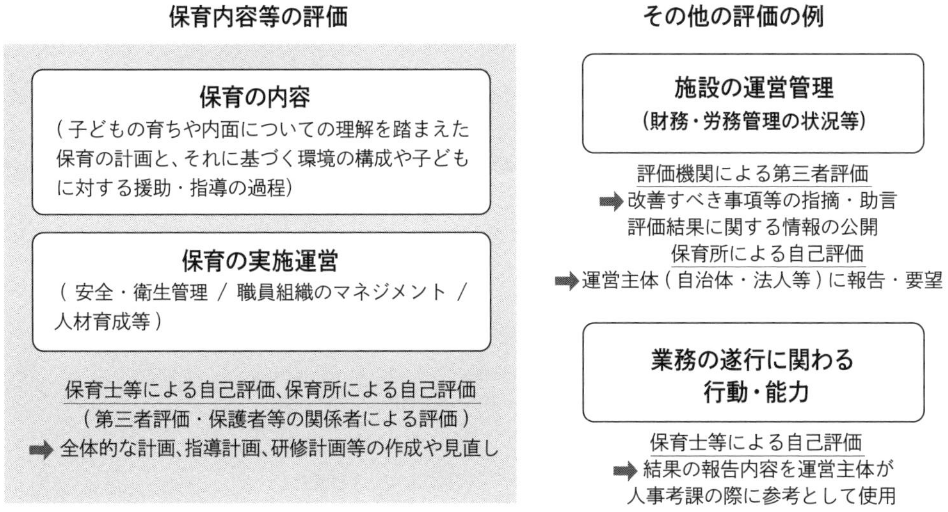

保育内容等の評価

保育の内容
（子どもの育ちや内面についての理解を踏まえた保育の計画と、それに基づく環境の構成や子どもに対する援助・指導の過程）

保育の実施運営
（安全・衛生管理 / 職員組織のマネジメント / 人材育成等）

保育士等による自己評価、保育所による自己評価
（第三者評価・保護者等の関係者による評価）
➡ 全体的な計画、指導計画、研修計画等の作成や見直し

その他の評価の例

施設の運営管理
（財務・労務管理の状況等）

評価機関による第三者評価
➡ 改善すべき事項等の指摘・助言
評価結果に関する情報の公開
保育所による自己評価
➡ 運営主体（自治体・法人等）に報告・要望

業務の遂行に関わる
行動・能力

保育士等による自己評価
➡ 結果の報告内容を運営主体が
人事考課の際に参考として使用

図9-1　保育所で行われる様々な評価

厚生労働省「保育所における自己評価ガイドライン(2020年改訂版)」2020年, p.2
https://www.mhlw.go.jp/content/11907000/000631124.pdf（2023/10/25）

　また、保育内容等の評価の全体像は次の図に示されています。

「保育士等による自己評価」「保育所（組織）による自己評価」そして、「多様な視点を取り入れ活用する取組」と具体的な内容が書かれています。一人一人の保育士が自分の保育を自覚し自己評価する時には、相互に評価し合うということになりますので、個別とは言っても保育集団の自己評価になります。その時に語り合う同僚性が育まれ、

＊21　厚生労働省子ども家庭局保育課長 矢田貝泰之「はじめに」『保育所における自己評価ガイドライン(2020年改訂版)』厚生労働省, 2020年
https://www.mhlw.go.jp/content/11907000/000631124.pdf（2023/10/25）

保育士等による自己評価

保育所(組織)による自己評価

多様な視点を取り入れ
活用する取組

取組全体の充実と保育の質の向上

- 子どもの理解に基づく保育の計画や実践の振り返り（日々や週の振り返り、月・期・年単位の振り返り）
- 職員相互の対話を通じた学び合い、子どもの姿や保育の捉え直し
- 保護者との対話、情報共有
- 目指す方向性の明確化と保育の改善・充実に向けた検討

専門性及び保育の質の向上のための課題の明確化
保育所全体の保育の内容に関する認識

- 保育士等の自己評価を踏まえた組織としての評価
- 実情に即した観点や項目の設定
- 全般的な評価と重点的な評価
- 自己評価の実施体制の整備
- 保護者や地域住民の意見の把握
- 改善の目標や方策の検討と取組の成果の検証
- 結果の取りまとめと公表

全職員による共通理解の下での保育の質向上の取組

- 第三者評価の活用
- 関係者（保護者等）の評価への関与
- 公開保有の機会等の活用

より多角的な視点から捉えた現状や課題の把握
ともによりよい保育に向け取り組む関係の形成

図9-2　保育内容等の評価の全体像

厚生労働省「保育所における自己評価ガイドライン（2020年改訂版）」2020年, p.8
https://www.mhlw.go.jp/content/11907000/000631124.pdf （2023/10/25）

チームで保育することの良さが浮かび上がってくるでしょう。また、組織での自己評価では、職種の特色を生かしながら、役割に応じて評価しつつ、職員全員が共通理解して、だれもが運営に携わっているという当事者意識が醸成されます。

　また、どの評価の内容にも、「保護者」「地域」という言葉が入っていますね。職員と子どもの閉じた活動では、園の保育の広がりや深まりは望めません。第3者の存在が保育の質をつねに検討していくきっかけになります。例えば、いわゆる運動会等への保護者の考えや地域の要望等は保育の質の検討に大きな意味をもってきます。スポーツデイにして、ご近所さんも参加できるのか、とか、普段してることを保護者も一緒に行おう、など、かけっこやリレーはどのようにやるの、そもそもどこでいつやるのか、やらない選択もあるよね、など、一つのテーマでたくさんの「質」が検討できます。

　また、評価はすればよい、というものではなく、評価の先に「よりよい保育を目指す」ことが求められます。改善・充実に向けた自己評価でありたいものです。

　このテキストでは第10章に、具体的な保育実践を基に、実際にはどのような評価を行うのか、が書かれています。熟読してください。

132

伴走者と保育を語る楽しみ

①質の向上を目指して

　保育の質の向上を目指すといっても、すぐには難しいですね。皆さんが保育者になったときにすることは、まずは質の担保です。「担保」とは、保育士の人数確保だとか、保育環境だともいわれていますが、私は保育の土台になるものだと考えています。教育実習に行ったことのある方には分かりますね。私もそうでしたが、先輩保育者が、何気なく行っていることが、実は難しかったですよね。子どもたちの生活が落ち着き、主体的に取り組めるようにしていくことが、まずは質の向上の一歩だと私は感じています。質の「向上」を目指すために、質の「担保」は必要不可欠です。

②楽しんでいると質は向上する?!

　子どもたちと一緒に過ごす毎日って本当に楽しいです。毎日、たくさんの発見があり、ハプニングもあります。そんな日々を「楽しむ」とは、子どもの声を聴くということです。子どもたちは本当にたくさんのことに出会い、たくさんの「つぶやき」をします。その「つぶやき」が、「楽しみ」と「あそび」のスタートなのです。子どもたちの「つぶやき」に、とことん向き合い一緒に探求していく姿を想像しただけでも楽しそうではないですか？　保育者は、ただ遊んでいるだけではないのですが、こうやって子どもたちと過ごしていくと、質は向上するのではないかと考えています。

③話すことを楽しもう！

　子どもたちと一緒に楽しむために、必要なものはなんでしょうか。私は、保育を語り合う仲間がいるということだと思います。楽しい時間を共有する仲間がいるとうれしいことは皆さん知っていますね。保育現場も同様です。

　「今日〇〇ちゃんが…」と、保育者同士で、こんな事やあんな事を話していると楽しくなりますし、何より話している間に、子どもたちと次の日に遊ぶ環境構成や保育の仕方が急に閃いたり、アドバイスを受けたりすることもあります。保育の質の向上のために、子どもたちとの時間を話すことを楽しんでください。

④職員室だって保育室！

　皆さんが養成校の学生や、まだ経験の浅い先生たちだとしたら、皆さんが経験を積んだ時にお願いがあります。それは、先に述べた②の「聞き役」になるということです。皆さんが、保育を語ることの楽しさを知ってきたように、次に育とうとしている保育者の話を、じっくり楽しそうに聞いていてあげてください。話すことは楽しく、次の学びにつながる良い機会となっていきます。認められると、人はまた話したくなります。このような保育の循環ができることが保育の質が向上していくものだと思っています。保育室では、子どもたちの言葉に耳を傾け、認め寄り添い、子どもたちが自発的に生活できるように過ごしていきますよね。職員室の先生たちも一緒です。「教える」だけではなく、耳を傾け認め、時にはそっと押してあげる。そんな伴走者（先輩）になっていてほしいのです。

（土井敬喜）

第10章

保育者の専門性④
計画に基づく保育の
実践と省察・評価

この章で学ぶこと

　この章では、保育における計画、省察・評価、記録を扱います。保育にこの３つがなぜ欠かせないのかというと、保育が子どもの「生活」と「遊び」を通して行うものだからです。生活や遊びは、誰もが行うことができると考えられがちですが、計画がなければ、保育の内容が保育者個人の経験に偏ったり、子ども任せで内容が乏しいものになったりしてしまう恐れがあります。乳幼児期にふさわしい生活や子どもの成長を促す遊びは、計画があって初めて可能になるのです。そして保育は、「省察」され、適切な「評価」が行われることでよりよいものになっていきます。その際に重要な役割を果たすのが「記録」です。計画作成、省察・評価、記録に関する基本的な考え方や重要なポイントについて理解しましょう。

1. 計画に基づく保育の実践と省察・評価

(1) 計画を立てる（Plan）—— 保育の計画

　保育者は、その場の思いつきや、自分の思いだけで保育を行っているのではありません。子どもが心身ともに健やかに育ち、生活のことを自らできるように、周囲の世界に興味をもち、様々なことを学び成長できるように、入園から卒園まで、さらにはその先の生活や学びまでも見通しつつ、子ども一人一人の発達や特性に応じて、日々計画的に保育を行っています。適切な計画を立てることは子どもの発達や遊びに関する知識や、子どもや子どもの生活、子どもを取り巻く環境への理解、社会への関心など高い専門性がなければできません。

　では、その計画はどのように立てられるのでしょうか。まず、計画には、長期的か短期的か、組織的か個別的か、内容の違いなどでいくつかの種類があります。施設ごとにみてみましょう。

　幼稚園の最も基本的な教育活動の計画が「教育課程」です。入園から修了までの長期的な視野で作成され、各学年について教育の目的、目標が達成されるよう、「ねらい」[*1]や「内容」[*2]が示されています。

　この教育課程に示された「ねらい」や「内容」を、その年々の子どもや園の状況に合わせて具体的に示したものが「指導計画」です。指導計画には年間計画や期案、月案などの長期計画と、週日案、日案といった短期計画があります。実際には、長期計画は学年ごと、短期の指導計画はクラスごとに作成されることが一般的です。また最も保育者に身近な計画が週日案、日案です。日案は行事等の際に詳しく作成し、日々の保育については週日案が用いられることが多いようです。これは保育所、幼保連携型認定こども園にも共通するものです。担任やクラスの主担当になると自らが中心となってクラスの指導計画を作成することになります。

　そのほか、園全体で特に保健、衛生、安全に関しての管理、行事、活動、指導などについて計画した学校保健計画・学校安全計画や、食育計画、教育課程に係る教育時間の終了後に行う教育活動の計画（いわゆる預かり保育等の計画）、子育て支援計画などを作成します。さらにそれらをまとめて一体的に示した全体的な計画を作成することとなっています。

　保育所では、各保育所の保育の方針や目標に基づき、保育の内容（保育所保育指針における「ねらい」および「内容」）が総合的に展開されるように、保育所保育の全体像を包括的に示した「全体的な計画」が、基本となる計画です。2017（平成29）年に告示された保育所保育指針以前は「保育課程」と呼ばれていたものです。これに基づいて、指導計画、保健計画、食育計画等を作成します。

　幼保連携型認定こども園では、幼稚園の教育課程、保育所の全体的な計画にあたる

---

*1　「ねらい」は、要領・指針において、「育みたい資質・能力を幼児の生活する姿から捉えたもの」です。
*2　「内容」は、ねらいを達成するために保育者が指導したり適切に行う事項および子どもが経験する事項です。

のが「教育及び保育の内容並びに子育て支援等に関する全体的な計画」です。これに基づき、指導計画が作成されます。

　これらの計画を立てるに当たっては、考慮すべき事柄がいくつかあります。

①法令および要領・指針

　適切な保育を行っていくために法令を遵守することは重要です。法令には、園が社会で果たす役割や目的、達成すべき目標が定められています[*3]。また、幼稚園教育要領、保育所保育指針、幼保連携型認定こども園教育・保育要領（以下、要領・指針）には、園が法令で定められた目的・目標を達成するために必要な教育・保育のあり方や内容、方法等についての基準が示されています。

　2017年に告示された要領・指針では、幼児教育を行う施設として（特に3歳児以上において）育みたい資質・能力を明確化し、それをさらに具体的な子どもの姿（「幼児期の終わりまでに育ってほしい姿」）として10の姿を示しました（本書第8章pp.113-115参照）。園ではここで示された目指す子ども像を考慮し、それぞれの教育・保育の計画を立てていく必要があります。

②園の実態

　園にはそれぞれ、建学の精神や教育・保育理念など理想とする保育や教育、それを通して社会的に果たしたい役割や独自の目的があります。計画はそれらを実現するようなものであるはずです。また、園の園舎や園庭、立地、設備、教材、子どもの保育者の数など教育・保育を行うための物的・人的な環境はどうでしょうか。予算はどのように配分されているでしょうか。計画を立てる際には、そうした前提となる園の条件や資源も考慮する必要があります。

③地域の実態

　園がある地域はどのような地域でしょうか。駅や商店街のある地域、住宅街が多くある地域、自然豊かな地域、文化遺産などがある歴史ある地域、外国籍の子どもが多い地域、どのような地域に園があるのか、どのような地域の子どもが在籍しているのかで、計画は変わります。例えば、人口が少ない地域では、自宅から離れたところに幼稚園や保育所、学校がある場合が多く、車移動が主となってしまうため、運動習慣を身に付けることが子どもの課題となっていることがあります。園ではそうした子どもを取り巻く地域の生活環境を考慮した計画が求められます。

　また、地域の資源や文化を生かして特色ある教育・保育を行っている園は多くあります。園の日常の教育・保育や行事の中で、地域の人々と関わりながら、子どもが自分の住む地域のよさに触れていく機会が作られています。

④社会の変化

　近年は、特に変化の激しい社会といわれています。グローバル化がますます進行し、スマートフォンの普及、ビッグデータや人工知能（AI）の活用などによる技術革新も進んでいます。国内にいても海外とつながる仕事や、言語が異なる人とのコミュニケ

第10章　保育者の専門性④　計画に基づく保育の実践と省察・評価

＊3　それぞれの目標は、幼稚園は学校教育法　第22条、保育所は児童福祉法　第39条、認定こども園は就学前の子どもに関する教育、保育等の総合的な提供の推進に関する法律（別称：認定こども園法）　第2条第7項を参照。

ーションがより一層必要とされることや、AIの活用で仕事の内容や仕方が大きく変わることが予想されています。さらに社会の変化は加速しており、予測できることばかりではないでしょう。予測不可能なことが増える中で、変化を前向きに受け止め、社会や人生をより豊かなものにしていくためには、幼児期にどのような経験が必要でしょうか、どのような力を子どもは身に付けていけばよいのでしょうか。

また、働き方だけでなく、生活スタイル全体や家族のあり方も変化しています。教育・保育の原点は生活であり家庭です。園はその変化にどのように対応していけばよいのでしょうか。一方で、伝統的な遊びや季節の行事など、変わらず伝えていきたい日本の文化もあります。新しい変化とこれまで大切にされてきた文化の両方に目を向けて、子どもが育つ社会の現状、さらにはその将来を見通しつつ、今現在の計画を考えていかなければなりません。

⑤子どもの実態

目の前の子どもの様子を抜きに、計画を立てることはできません。どのような教育・保育を展開するのかは、現在までの子どもの発達の過程、生活経験、興味・関心から導き出されます。一人一人の子どもの生活のリズム、心身・言葉の発達の状況、子ども同士の関係、好きな遊びや興味のあることはどうでしょうか。幼稚園教育要領においても、子どもの意識や興味の連続性のある活動が相互に関連して幼稚園生活の自然な流れの中に組み込まれるようにすることとされています[*4]。例えば、幼児期の後半には特定のテーマの中で長期にわたって継続するような遊びが行われることもあり、それをプロジェクトとして計画に位置付けていくことも考えられます。子どもの活動の展開に即して保育を計画していくためにも、適切で深い理解に子ども理解に基づいて計画を立てることが求められます。

また、保育所保育指針では、指導計画の作成について3歳未満児と3歳以上児で異なる留意点を示しています。3歳未満児では、一人一人の子どもの成育歴、心身の発達、活動の実態に即して「個別的な計画」を作成する、3歳以上児では、「子ども相互の関係や協同的な活動」が促されるように配慮する、というものです。このように子どもの発達段階によって、計画の立て方は異なります。

保育所、認定こども園の場合には、一日の生活リズムや在園時間が異なる子どもが共に過ごすという点に留意が必要です。長時間にわたる保育では、生活リズムや心身の状態を十分に配慮した保育の内容や方法、職員の協力体制、家庭との連携を計画に位置付けることとされています。

（2）実践する（Do）──保育の展開と環境の再構成

計画を立てたら、それに基づいて保育を行っていきます。その際、大切なことは、計画通りに活動を進めるということではなく、「ねらい」が達成されるように保育を行っていくことです。保育の中心は「遊び」と「生活」です。それは基本的に子どもが自然に自分から行っていくことであり、保育者に手順通りにやらされるものではあり

[*4] 幼稚園教育要領 第1章 第4 3 指導計画の作成上の留意事項

ません。特定の活動を設定して行う際には、そのプロセスを柔軟に考える必要があります。子どもが、保育者の想定しなかった反応を見せてくれたり、思いもよらない行動をとったりすることはしばしばあります。計画にとらわれ過ぎず、子どもの想いを受け止め、寄り添うことで、より豊かな学びや育ちにつながります。ゴールへの道筋は一つではありません。計画に子どもを合わせるのではなく、子どもに合わせて計画を見直していくという姿勢が重要です。実践を行いながら、計画した環境構成を、子どもの実態に合わせて変えていくことを「環境の再構成」といいます。

（3）振り返り、評価する（Check）── 保育の省察・評価

①保育の省察

　保育においては、日々の実践を子どもの学びや育ちとの関係で振り返り、その反省を生かして次の計画を立てるということが繰り返されています。自らの保育を振り返り、言語化し、その意味を捉え直すことを「省察」といいます。よりよい保育を展開するために、反省的（省察的）実践家として実践を省察することは欠かせません。反省的（省察的）実践家とは、ドナルド・ショーンが示した専門家モデルで、教師など「現場で実践する専門家」の専門性は、「不確かで独自の状況のなかで，驚きや困惑を経験しながら目の前の現象を省察し，現象をとらえる際の理解＝自分の行動の中に暗黙のままになっている理解について省察を重ねる」という、実践の中の「知と省察」それ自体にあるとしました[5]。

　省察は、さらに「評価」につなげていく必要があります。

②保育所の自己評価

　保育所では、業務の質についての自己評価の実施義務と定期的な外部評価の努力義務が法令に定められています（児童福祉施設の設備及び運営に関する基準　第36条の２）。これに基づき、保育所保育指針では、「保育士等の自己評価」と「保育所の自己評価の実施」を定めています。保育所における評価の進め方は図10-1の通りです。保育士の自己評価を踏まえ、保育所による自己評価が行われます。短期的な評価を積み重ねつつ、一定の期間で長期的な評価を行っていきます。

---

*5　ショーン，D. A.／柳沢昌一・三輪建二（監訳）『省察的実践とは何か──プロフェッショナルの行為と思考』鳳書房，2007年

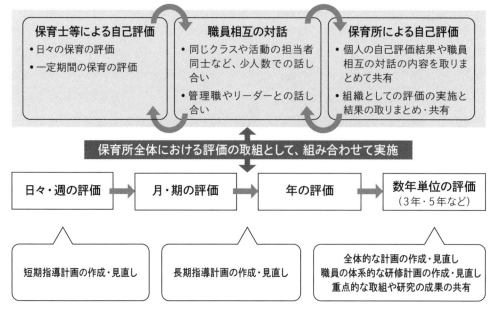

図10-1　保育所にける取り組みの進め方（イメージ）

厚生労働省「保育所における自己評価ガイドライン（2020年改訂版）」2020年，p.29より引用
https://www.mhlw.go.jp/content/11907000/000631124.pdf（2023/10/11）

　保育士等の自己評価は、指導計画のねらいや内容と、実際に保育を行う中で見られた子どもの姿を照らし合わせ、子どもの経験がどのような育ちにつながるものであったかを捉え直すことによって、環境の構成や子どもへの援助について改善点を見出し、次の計画のねらいや内容を設定するために必要な情報を得るために行います[*6]。これは、保育士が個別に行うだけではなく、保育を行っている様子を保育士が互いに見合ったり、子どもの行動の見方や自分の保育について話し合ったりするなど、保育士間で行うことが重要であるとされています。この検討の過程を通じて、目指すべき方向性やその具体的な手立てとともに、日頃の保育において自分あるいは自分たちの大切にしていることや課題となっていることが改めて明確化されていきます。このように評価に関する職員間の対話や協議を通して、保育所の組織全体で共有することで、保育所の自己評価にもつなげていくことが重要です。

　保育所の自己評価は、保育の計画の展開や保育士等の自己評価を踏まえ、当該保育所の保育の内容等について、自ら評価を行うもので、施設長や主任保育士等のリーダーシップの下に、話し合いを通して組織的・継続的に行われます。一年のうちで保育活動の区切りとなる適切な時期を選び実施されますが、日頃から保育の実践や運営に関する情報や資料を継続的に収集し、職員間で共有しておくことが重要です。評価の結果として目標の達成状況、課題の明確化、課題解決に向けた改善方策などを整理し、

＊6　厚生労働省「保育所保育指針解説」フレーベル館，2018年，pp.53-54

次の計画や評価項目の設定などに生かしていきます。

③幼稚園の自己評価

　幼稚園における評価には、園の運営状況を評価する「学校評価」（学校教育法第42条、第28条）と、幼稚園教育要領に示されている「幼児理解に基づく評価」があります。

　学校評価は、各園の教育活動や運営について、自ら設定した目標の達成状況や達成に向けた取り組みの適切さ等について評価し、園全体の組織的・継続的な改善を図ることや、保護者など学校関係者等による評価の実施や評価結果の公表説明により、適切に説明責任を果たし、保護者、地域住民等から理解と参画を図ることなどを目的としています[7]。

　学校評価はさらに、実施義務のある自己評価（学校教育法施行規則　第66条）と実施が努力義務とされている学校関係者評価（同　第67条）に分かれます。自己評価は、園長のリーダーシップの下で全教職員が参加し、設定した目標や具体的計画等に照らして、その達成状況や達成に向けた取り組みの適切さ等について評価を行うものです。学校関係者評価は、保護者、地域住民などにより構成された委員会等が、その学校の教育活動の観察や意見交換等を通じて、自己評価の結果について評価することを基本として行うものです。

④幼児理解に基づく評価

　幼児理解に基づく評価は、指導の過程を振り返りながら，幼児がどのような姿を見せていたか、どのように変容しているか、そのような姿が生み出されてきた状況はどのようなものであったかといった点から幼児の理解を進め、幼児一人一人のよさや可能性、特徴的な姿や伸びつつあるものなどを把握することにより、教師の指導が適切であったかを振り返り、指導の改善に生かすものです。その際、幼児との比較や一定の基準に対する達成度についての評定によって捉えるものではないことに留意しなければなりません[8]。これは保育所における保育士等の自己評価と共通するところが多くあります。幼稚園か保育所かにかかわらず保育の計画と実践を振り返る視点としては表10-1のようなものが挙げられます。

表10-1　保育の計画と実践を振り返る視点（例）

【日々の保育と一体的に行う振り返りの視点（例）】
・安全の管理や健康状態への配慮などは、十分に行えていたか（保育中に気になったことはないか）
・一日の流れや子どもの遊び・生活の連続性に配慮した保育となっていたか
・指導計画において設定した保育のねらいや内容は、子どもたちの実情に即していたか

＊7　文部科学省「幼稚園における学校評価ガイドライン〔平成23年改訂〕」2011年
　　　https://warp.da.ndl.go.jp/info:ndljp/pid/11125733/www.mext.go.jp/b_menu/houdou/23/11/__icsFiles/afieldfile/2011/11/15/1313246_02_2.pdf（2023/11/17）
＊8　文部科学省「幼稚園教育要領解説」フレーベル館，2018年，p.121

・環境の構成は適切であったか（空間の確保、物の位置・配置・数・扱いの複雑さの程度、時間の調整など）

・保育士等の関わり方は、適切であったか（援助、言葉のかけ方、行動、タイミング、職員間の連携など）

・状況に応じて、柔軟な対応や保育の展開ができていたか（計画作成時の予想と実際のずれ、子どもの発想・気づき・思いの捉えや受けとめなど）

【一定期間の保育の振り返りの視点（例）】

・生活のリズムが安定し、子どもが見通しを持って保育所の生活を主体的に過ごせているか

・周囲の環境になじみ、自分から環境に関わる姿が見られるか

・遊びや食事などのグループは、適切な構成となっているか（人数、子どもの組み合わせなど）

・集団の全体的な状況は、一人一人にとって安心感や楽しさを味わえるものとなっているか

・家庭とのコミュニケーションを十分にとり、子どもの育ちや保育についての理解を保護者と共有しているか

・行事やその準備は、無理なく子どもの実態や思いに即したものとなっているか

・季節や気候の変化に応じて、保育所内外の様々な環境を十分に保育に生かすことができているか

厚生労働省「保育所における自己評価ガイドライン（2020年改訂版）」2020年，p.16より引用
https://www.mhlw.go.jp/content/11907000/000631124.pdf（2023/10/11）

　このように、保育の質の向上のために欠かせない省察・評価ですが、それを行う際に重要な役割を果たすのが保育の「記録」です。これについては本章の「2. 保育の記録」で扱います。

（4）改善する（Action）——計画の修正

　省察や評価を行った後は、改善に向けた取り組みを行います。改善は様々な次元で行われます。教育課程や保育の全体的な計画、年間計画などは、度々変えるようなことはせず、年度ごとに一年の振り返りを生かして修正していくことになるでしょう。

　一方で、週日案、日案など短期の計画は、その週や日の保育や子どもの様子を踏ま

えて次の計画を修正していきます。そもそもの計画を修正する場合もあれば、先に「(2)実践する」で述べたように、保育実践の中で、保育者が保育内容や子どもへの声かけや関わりを変えることもあります。同じように見える一日でも、日々子どもの様子は違っています。そうした子どもの変化に応じて、保育は柔軟に行わなければなりません。

　保育の改善は、省察や評価とともに組織的に行われるものです。日々の取り組みを省察し、得た気づきを保育所全体の保育の在り方や計画に生かしていくことが、保育の改善すなわち保育の質の向上にとって重要です。

（5）PDCAサイクルに基づく保育の質の向上──カリキュラム・マネジメント

　ここまで述べてきた計画から改善までの一連の流れをPDCAサイクルといいます。PDCAサイクルは、日ごとの振り返りを明日の保育計画に生かしたり、週ごとに計画を見直したりという短期的なサイクルと、期ごとや年度ごとの長期的なサイクルがあります。このPDCAサイクルを中心に、組織的・計画的に保育・教育の質の向上を図ることを「カリキュラム・マネジメント」[*9]といいます。

　PDCAサイクルに加えて、カリキュラム・マネジメントの柱として重要とされているのが、「目的・目標」です。つまり、カリキュラムが道筋とすると、ゴールです。法令に定められた目的・目標、要領・指針に示された「幼児期の終わりまでに育ってほしい姿」、園の目指す子ども像、などがそれに当たります。計画、振り返りや評価、改善もゴールに照らしてどうかという視点で考えていく必要があります。

　マネジメントは、人・モノ・カネ・時間・情報などの資源を管理・活用して目的・目標を達成することです。カリキュラム・マネジメントの重要な役割の一つも資源を活用することです。地域の方や保護者との連携、地域の自然・文化財の活用、効果的な予算配分など、園における子どもの豊かな生活や学びを実現するカリキュラムを実施していくために必要な条件整備です。

　このように、カリキュラム・マネジメントを意識的に行っていくことで保育の質の向上が図られると考えられています。これは園長や管理職などのリーダーだけが行うものではありません。教職員全体で取り組んでこそ可能になるものです。

〈参考文献〉
磯部裕子『教育課程の理論─保育におけるカリキュラム・デザイン』萌文書林，2003年
宮川萬寿美（編著）『保育の計画と評価（第2版）』萌文書林，2019年

＊9　幼稚園教育要領　第1章　第3　1　教育課程の役割

第10章　保育者の専門性④　計画に基づく保育の実践と省察・評価

2. 保育の記録

　保育の現場では、保育日誌、個人記録をはじめ、保護者に向けた園だよりや園内研修のためのエピソード記録など、書くという行為が多く、また日常的に行われています。保育は、計画を立て、それに沿って環境構成を行い、実践し、その反省や評価から新たな計画を作成するという繰り返しの中にあります。新人の保育者から「書く仕事が多いので驚いた」という声をよく聞きますが、なぜ保育者にとって記録という作業が重要なのでしょうか。

　保育者にとって、子どもと一日を過ごし、一人一人と関わりをもつことは重要な仕事の一つです。子どもの心が安定し、安全に活動を行うことができたか、子どもの発達を踏まえ、それに適した保育内容であったか、子どものやる気を引き出す環境を設定し、充実した保育を実践することができたか、保育者同士で協力し連携をとることができたか等、自分自身を振り返ることは、次の日の保育を考えるうえで重要なことです。そして、振り返るだけではなく、それを記録しておくことが、子どものため、自分自身のために必要なことだと理解してください。

　残念ながら、私たちの記憶は時間が経過すると曖昧になり、記録をしていないと覚えておくことが困難になります。日々の忙しさに流されてしまい、気が付くと何も覚えていなかったということでは、専門性をもった保育者とはいえません。

　初めは記録を取ることに負担を感じたり、分からないことに不安を感じたりすることもあるでしょう。その時は、一人で悩まずに先輩保育者に相談することも必要です。先輩も同じ悩みをもって新人時代を過ごしていたはずです。質問をしたり、アドバイスをもらったりすることで、自分自身の成長につなげていきましょう。

　保育者にとって、子どもと過ごす時間は、活発に動いている「動」の時間です。子どもが降園し、保育者だけになった時、机に向かい一日を振り返る「静」の時間をもつ習慣を身に付けるようにしましょう。

（1）保育日誌

　保育日誌には、様々な様式があります。園ごとや市区町村ごとに異なりますので、自分の勤める園の様式に合わせて記録するようにしましょう。また、記号を決めたり、色分けしたり、自分自身で工夫しながら記入すると読みやすい日誌になります。保育日誌でよく使われるのは以下の通りになります。ここでは4つの様式を取り上げます。

①時系列型

　登園から降園までの一日の流れに沿って記入する様式です。日付、天気、出欠席を記入し、一日一枚を仕上げます。子どもの活動や保育者が行った援助を時間と共に記入できるので、新人保育者には書きやすい様式でしょう。反省や評価を記録し、その日の保育の振り返りも行うようにします。

②週日案型

　短期の指導計画である週案と日誌が一枚の同じ枠組みの中に記録できる様式です。週の計画が分かりやすく、子どもの活動の流れが捉えやすいことが利点です。その日の反省を踏まえ、計画に修正を加えていくようにしましょう。週単位の記録になるため、記入する部分が狭い場合もありますが、用紙を大きくするなどの工夫で改善することができます。

③個人記録型

　一人一人の子どもが、その日をどのように過ごしていたか記録します。個人の成長が捉えやすいので、子どもの年齢が低い場合や、入園・進級当初に適した記録といえます。毎日、全ての子どもの記録をとることは難しく空欄もできてしまいますが、その日に記録できなかった子どもは、翌日関わるように心がけましょう。

④環境構成図型

　子どもが遊んでいる一場面を切り取って環境図にした記録です。同じ遊びが継続している場合や、遊び中心に保育が行われている場合に適しています。どの場所で、どのような遊びが行われているか一目で分かるような記録です。遊びが短時間の間にいろいろと変わる場合には、記録しにくいことがあります。

（2）いろいろな保育記録

　園によって種類の違いはありますが、保育者は次のような多種多様な記録を書く仕事だと理解しましょう。

　　自分自身の保育を振り返る記録…保育日誌など
　　他の保育者と情報共有するための記録…食物アレルギー、ヒヤリハット（けが・
　　　事故記録）など
　　保護者に向けた記録…園だより、ブログ、連絡帳など

　ここでは、保育者や保護者と共有するための記録について取り上げます。

①ドキュメンテーション

　その日の子どもの遊びや活動の一場面を写真に撮り、コメントを記入した記録です。写真による記録なので、その場面を視覚的に捉えることができます。写真を撮った意図やねらい、その場面に対する保育者の思いを記入します。また、この記録を壁面に掲示することや、ブログに載せることで他の保育者と情報共有したり、保護者に向けて活動の意図やねらいを伝えたりすることができます。ドキュメンテーション記録を1週間後、1か月後に並べてみることによって、活動がどのように展開されたかを理解することができるでしょう。

ドキュメンタリー記録

12月13日 🎅フェスタに次の日に玄関に掲示

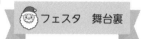

昨日はお忙しい中、懇談会・🎅フェスタにおいていただき、ありがとうございました。子ども達の楽しい歌やリズム、劇あそびはいかがでしたか？
出番前の準備の様子を見て下さい。緊張とわくわくが同居。年齢による違いもありますね。

🎅フェスタ　舞台裏

5歳児のネコさん、待機中。
洋服もかわいいでしょ。

舞台のそでで、で出番待ち。
オオカミは橋の下でスタンバイ。先生が最後のお話中。真剣な表情で聞いています。

劇の前の歌の準備中。衣装は自分で作り、ひとりひとり違うので、「これかなあ」あわてない、あわてない!!　小さな声で歌も歌いながら、出番を待ちです。

2歳児さんのリハーサル。子やぎになって舞台の上で、位置確認。まだどきどきしていません。当日、オオカが出てきても泣かないようにね。本当は先生だよ。

②ポートフォリオ

　ドキュメンテーションが、クラスでの活動、子ども同士での遊び、子どもと保育者との関わりを取り上げた記録であるのに対し、ポートフォリオは、対象となる子どもの1年間の記録です。その子どもの活動の記録写真や、描いた絵、作品なども取り入れることがあります。1年経った時に、対象の子どもがどのような経験をしてきたか視覚的に分かる記録になります。写真や絵などの記録を見返すことによって1年間の発達の過程が捉えられるので、保護者と共に子どもの成長を喜ぶことができます。

ポートフォリオ（日々の記録を兼ねた個人記録の例）

1歳児　森岡優真くん　12月

12月の日程（お知らせを貼る）

　今月のねらい
　　体をたくさん動かそう
　　季節の行事を楽しもう

　　4 日　身長・体重測定
　　11日　🎅フェスティバル
　　　　　懇談会
　　16日　お誕生会（ゆりちゃん）
　　24日　クリスマス給食
　　29日〜　冬休み

はりきって、体重計にのりました。

24日のメニュー
（給食のお知らせを貼り付ける）
イチゴさんは　ポテトグラタン　⇒　おかわりしたよ
　　　　　　　チキンライス　⇒　完食
　　　　　　　むしどりのサラダ（ブロッコリー）
　　　　　　　　⇒　ブロッコリー大好き
　　　　　　　　　　手づかみで食べました
　　　　　　　ばなな　⇒　自分でむきます

【階段大好き】
「散歩に行くよ」と声をかけると帽子を自分で持ってきて、出かける気満々。玄関にむかい、自分の靴を持ってきます。
歩くのが楽しく、小学校の階段をのぼったり、おりたり。最近は友達と手を繋いで歩こうという姿もあります。じっと見て、葉っぱや小石、どんぐりと色々拾い、ポケットに詰め込んでいます。

【11日　🎅フェスティバル】
イチゴ組は赤い帽子をかぶり、ジングルベル。舞台に立ってご機嫌です。サンタさんからは、手作りの楽器を貰います。さっそく、振って喜びます。左右持ち換え、力強い!!

【作ったよ】
ツリーの雪は、手形。
リボンの色は自分で選び、金です。

③エピソード記録

　保育者の心に残る一場面を取り上げて記録を作成します。「背景」「エピソード」「考察」

を記入することで、その場面を見ていない人にも、出来事を分かりやすく伝えることができます。保育者は、子どもの心の動きや、子どもとの関わりを記入することで、表面的な場面だけではなく、子どもの内面の理解を深めることができます。また、園内研修等で話し合いを行うことで保育の振り返りになり、保育者間での意識を高めることにつながるでしょう。

（3）幼稚園幼児指導要録、保育所児童保育要録、幼保連携型認定こども園園児指導要録

　幼稚園幼児指導要録[10]（表10-2）は「学校教育法施行規則」で、保育所児童保育要録[11]は「保育所保育指針」で、幼保連携型認定こども園園児指導要録[12]は「就学前の子どもに関する教育、保育等の総合的な提供の推進に関する法律施行令」において、作成と小学校への送付が義務付けられています。子どもに対する指導の継続性を図るために、在籍している期間全体の記録を作成します。なお、要録の園での保存期間は次の通りです。

> **幼稚園幼児指導要録**…「指導に関する記録」は5年、「学籍に関する記録」は20年
> **保育所児童保育要録**…小学校を卒業するまでの間
> **幼保連携型認定こども園園児指導要録**…小学校を卒業するまでの間、「学籍に関する記録」は20年

　記録に当たって配慮することは、子どもの1年間の具体的な発達と、その子らしい姿を捉えることが重要です。子ども一人一人がもっている特性や生活経験は違います。他の子どもと比較することなく、その子の良さや可能性を見つけて記録するように心がけましょう。

　入園・進級の時期には、新しい子どもとの出会いがあります。1年間の成長を記録するには、日々の記録の積み重ねが必要であることを忘れないようにしましょう。毎日の記録を「点」として考えます。「点」と「点」をつないでいくと、ある時、それが大きく上昇していることに気が付くでしょう。子どもは、何かの出来事や、大きな行事を経験した時に成長します。そして、子どもの姿を見て成長に気付いた時、保育者としての喜びを感じることができるでしょう。

　「指導に関する記録」の「学年の重点」は、教育課程や年間計画などの中から、同学年の子ども全体に、重点として目指してきたものを記入します。一方、「個人の重点」は、

＊10　文部科学省「幼稚園及び特別支援学校幼稚部における指導要録の改善について（通知）」文部科学省，2018年
　　　https://www.mext.go.jp/a_menu/shotou/youchien/__icsFiles/afieldfile/2018/04/02/1403169_01.pdf
　　　（2023/11/17）
＊11　厚生労働省「保育所児童保育要録　別紙資料1（様式の参考例）」厚生労働省，2018年
　　　https://www.mhlw.go.jp/file/06-Seisakujouhou-11900000-Koyoukintoujidoukateikyoku/0000202912.pdf
　　　（2023/11/17）
＊12　内閣府「幼保連携型認定こども園園児指導要録の改善及び認定こども園こども要録の作成等に関する留意事項等について（通知）　別添」内閣府，2018年
　　　https://www8.cao.go.jp/shoushi/kodomoen/pdf/h300330/youroku_youshiki.pdf（2023/11/17）
　　　幼保連携型認定こども園以外の認定こども園においては、「認定こども園こども要録」を作成する。なお、幼稚園型認定こども園においては「幼稚園幼児指導要録」を作成することが、また、保育所型認定こども園においては「保育所児童保育要録」を作成することが可能である。

それぞれ、その子に合ったものを担任が考えて記入します。成長のスピードは一人一人違うことを理解しなければなりません。日々記録している日誌や、個人記録を見ながら、子どもの変化や特徴を捉えていきましょう。記録を見直すことで、自分自身の保育や子どもへの関わり方を振り返ることもできます。

また、「指導に関する記録」は、「幼児期の終わりまでに育ってほしい姿」にある10の姿を活用し、小学校との接続を意識しつつ、その子の中に育った資質や能力を捉え、指導の過程を具体的に記入するようにします。ここで注意しなければならないのは「幼児期の終わりまでに育ってほしい姿」であって、到達すべき項目ではないことを理解しましょう。

また、要録の他に、保育所では、学籍に関する記録、健康に関する記録、在籍している全期間の指導に関する記録、児童票（児童台帳）などがあります。

これらの記録については、園内で記入することを前提とし、園外に持ち出すことのないようにしましょう。紛失したり、外部の人に書いた内容を漏らしたりしないなど、取扱いに十分気を付けなければなりません。保育者として、子どもの未来を支えているという自覚をもつようにしましょう。

ワーク

　実習中に出会った先生を思い出し、子どもへの対応の仕方で印象に残っている場面を書き出してみましょう。

_____

_____

_____

_____

〈参考文献〉
宮川萬寿美（編著）『保育の計画と評価（第2版）』萌文書林，2019年
神蔵幸子・宮川萬寿美（編著）『生活事例からはじめる 保育内容 総論』青踏社，2015年
河邉貴子・田代幸代（編著）『目指せ、保育記録の達人！』フレーベル館，2016年
文部科学省『幼児理解に基づいた評価』チャイルド本社，2019年
請川滋大・高橋健介・相馬靖明（編著）『保育におけるドキュメンテーションの活用』ななみ書房，2016年
鯨岡峻『子どもの心の育ちをエピソードで描く』ミネルヴァ書房，2013年

表10-2　幼稚園幼児指導要録の様式の参考例

幼稚園幼児指導要録（学籍に関する記録）

年度 区分	平成　　年	平成　　年度	平成　　年度	平成　　年度
学　　級				
整理番号				

幼　児	ふりがな 氏　名		性　別	
	生年月日	平成　　年　　月　　日		
	現住所			

保護者	ふりがな 氏　名	
	現住所	

入　　園	平成　　年　　月　　日	入園前の 状　況	
転入園	平成　　年　　月　　日		
転・退園	平成　　年　　月　　日	進学先等	
修　　了	平成　　年　　月　　日		

幼稚園名 及び所在地	

年度及び入園（転入園）	平成　　年度	平成　　年度	平成　　年度	平成　　年度
進級時の幼児の年齢	歳　　か月	歳　　か月	歳　　か月	歳　　か月
園　長 氏名　印				
学級担任者 氏名　印				

幼稚園幼児指導要録（指導に関する記録）

ふりがな 氏名		指導の重点等	平成　　年度 (学年の重点)	平成　　年度 (学年の重点)	平成　　年度 (学年の重点)
平成　　年　　月　　日生					
性別			(個人の重点)	(個人の重点)	(個人の重点)
ねらい （発達を捉える視点）					
健康	明るく伸び伸びと行動し、充実感を味わう。	指導上参考となる事項			
	自分の体を十分に動かし、進んで運動しようとする。				
	健康、安全な生活に必要な習慣や態度を身に付け、見通しをもって行動する。				
人間関係	幼稚園生活を楽しみ、自分の力で行動することの充実感を味わう。				
	身近な人と親しみ、関わりを深め、工夫したり、協力したりして一緒に活動する楽しさを味わい、愛情や信頼感をもつ。				
	社会生活における望ましい習慣や態度を身に付ける。				
環境	身近な環境に親しみ、自然と触れ合う中で様々な事象に興味や関心をもつ。				
	身近な環境に自分から関わり、発見を楽しんだり、考えたりし、それを生活に取り入れようとする。				
	身近な事象を見たり、考えたり、扱ったりする中で、物の性質や数量、文字などに対する感覚を豊かにする。				
言葉	自分の気持ちを言葉で表現する楽しさを味わう。				
	人の言葉や話などをよく聞き、自分の経験したことや考えたことを話し、伝え合う喜びを味わう。				
	日常生活に必要な言葉が分かるようになるとともに、絵本や物語などに親しみ、先生や友達と心を通わせる。				
表現	いろいろなものの美しさなどに対する豊かな感性をもつ。				
	感じたことや考えたことを自分なりに表現して楽しむ。				
	生活の中でイメージを豊かにし、様々な表現を楽しむ。				

出欠状況		年度	年度	年度	備考		
	教育日数						
	出席日数						

学年の重点：年度当初に、教育課程に基づき長期の見通しとして設定したものを記入
個人の重点：1年間を振り返って、当該幼児の指導について特に重視してきた点を記入
指導上参考となる事項：
(1) 次の事項について記入すること。
　①1年間の指導の過程と幼児の発達の姿について以下の事項を踏まえ記入すること。
　　・幼稚園教育要領　第2章「ねらい及び内容」に示された各領域のねらいを視点として、当該幼児の発達の実情から向上が著しいと思われるもの。その際、他の幼児との比較や一定の基準に対する達成度についての評定によって捉えるものではないことに留意すること。
　　・幼稚園生活を通して全体的、総合的に捉えた幼児の発達の姿。
　②次の年度の指導に必要と考えられる配慮事項等について記入すること。
(2) 幼児の健康の状況等指導上特に留意する必要がある場合等について記入すること。
備考：教育課程に係る教育時間の終了後等に行う教育活動を行っている場合には、必要に応じて当該教育活動を通した幼児の発達の姿を記入すること。

幼稚園幼児指導要録（最終学年の指導に関する記録）

<table>
<tr><td colspan="2">ふりがな</td><td colspan="2" rowspan="2"></td></tr>
<tr><td colspan="2">氏名</td></tr>
<tr><td colspan="4">平成　　年　　月　　日生</td></tr>
<tr><td colspan="2">性別</td><td colspan="2"></td></tr>
</table>

平成　　年度
指導の重点等
（学年の重点）
（個人の重点）

ねらい（発達を捉える視点）

健康	明るく伸び伸びと行動し、充実感を味わう。
	自分の体を十分に動かし、進んで運動しようとする。
	健康、安全な生活に必要な習慣や態度を身に付け、見通しをもって行動する。
人間関係	幼稚園生活を楽しみ、自分の力で行動することの充実感を味わう。
	身近な人と親しみ、関わりを深め、工夫したり、協力したりして一緒に活動する楽しさを味わい、愛情や信頼感をもつ。
	社会生活における望ましい習慣や態度を身に付ける。
環境	身近な環境に親しみ、自然と触れ合う中で様々な事象に興味や関心をもつ。
	身近な環境に自分から関わり、発見を楽しんだり、考えたりし、それを生活に取り入れようとする。
	身近な事象を見たり、考えたり、扱ったりする中で、物の性質や数量、文字などに対する感覚を豊かにする。
言葉	自分の気持ちを言葉で表現する楽しさを味わう。
	人の言葉や話などをよく聞き、自分の経験したことや考えたことを話し、伝え合う喜びを味わう。
	日常生活に必要な言葉が分かるようになるとともに、絵本や物語などに親しみ、先生や友達と心を通わせる。
表現	いろいろなものの美しさなどに対する豊かな感性をもつ。
	感じたことや考えたことを自分なりに表現して楽しむ。
	生活の中でイメージを豊かにし、様々な表現を楽しむ。

（中央列：指導上参考となる事項）

出欠状況		年度	備考
	教育日数		
	出席日数		

幼児期の終わりまでに育ってほしい姿

「幼児期の終わりまでに育ってほしい姿」は、幼稚園教育要領 第2章に示すねらい及び内容に基づいて、各幼稚園で、幼児期にふさわしい遊びや生活を積み重ねることにより、幼稚園教育において育みたい資質・能力が育まれている幼児の具体的な姿であり、特に5歳児後半に見られるようになる姿である。「幼児期の終わりまでに育ってほしい姿」は、とりわけ幼児の自発的な活動としての遊びを通して、一人一人の発達の特性に応じて、これらの姿が育っていくものであり、全ての幼児に同じように見られるものではないことに留意すること。

健康な心と体	幼稚園生活の中で、充実感をもって自分のやりたいことに向かって心と体を十分に働かせ、見通しをもって行動し、自ら健康で安全な生活をつくり出すようになる。
自立心	身近な環境に主体的に関わり様々な活動を楽しむ中で、しなければならないことを自覚し、自分の力で行うために考えたり、工夫したりしながら、諦めずにやり遂げることで達成感を味わい、自信をもって行動するようになる。
協同性	友達と関わる中で、互いの思いや考えなどを共有し、共通の目的の実現に向けて、考えたり、工夫したり、協力したりし、充実感をもってやり遂げるようになる。
道徳性・規範意識の芽生え	友達と様々な体験を重ねる中で、してよいことや悪いことが分かり、自分の行動を振り返ったり、友達の気持ちに共感したりし、相手の立場に立って行動するようになる。また、きまりを守る必要性が分かり、自分の気持ちを調整し、友達と折り合いを付けながら、きまりをつくったり、守ったりするようになる。
社会生活との関わり	家族を大切にしようとする気持ちをもつとともに、地域の身近な人と触れ合う中で、人との様々な関わり方に気付き、相手の気持ちを考えて関わり、自分が役に立つ喜びを感じ、地域に親しみをもつようになる。また、幼稚園内外の様々な環境に関わる中で、遊びや生活に必要な情報を取り入れ、情報に基づき判断したり、情報を伝え合ったり、活用したりするなど、情報を役立てながら活動するようになるとともに、公共の施設を大切に利用するなどして、社会とのつながりなどを意識するようになる。
思考力の芽生え	身近な事象に積極的に関わる中で、物の性質や仕組みなどを感じ取ったり、気付いたりし、考えたり、予想したり、工夫したりするなど、多様な関わりを楽しむようになる。また、友達の様々な考えに触れる中で、自分と異なる考えがあることに気付き、自ら判断したり、考え直したりするなど、新しい考えを生み出す喜びを味わいながら、自分の考えをよりよいものにするようになる。
自然との関わり・生命尊重	自然に触れて感動する体験を通して、自然の変化などを感じ取り、好奇心や探究心をもって考え言葉などで表現しながら、身近な事象への関心が高まるとともに、自然への愛情や畏敬の念をもつようになる。また、身近な動植物に心を動かされる中で、生命の不思議さや尊さに気付き、身近な動植物への接し方を考え、命あるものとしていたわり、大切にする気持ちをもって関わるようになる。
数量や図形、標識や文字などへの関心・感覚	遊びや生活の中で、数量や図形、標識や文字などに親しむ体験を重ねたり、標識や文字の役割に気付いたりし、自らの必要感に基づきこれらを活用し、興味や関心、感覚をもつようになる。
言葉による伝え合い	先生や友達と心を通わせる中で、絵本や物語などに親しみながら、豊かな言葉や表現を身に付け、経験したことや考えたことなどを言葉で伝えたり、相手の話を注意して聞いたりし、言葉による伝え合いを楽しむようになる。
豊かな感性と表現	心を動かす出来事などに触れ感性を働かせる中で、様々な素材の特徴や表現の仕方などに気付き、感じたことや考えたことを自分で表現したり、友達同士で表現する過程を楽しんだりし、表現する喜びを味わい、意欲をもつようになる。

学年の重点：年度当初に、教育課程に基づき長期の見通しとして設定したものを記入
個人の重点：1年間を振り返って、当該幼児の指導について特に重視してきた点を記入
指導上参考となる事項：
(1) 次の事項について記入すること。
　①1年間の指導の過程と幼児の発達の姿について以下の事項を踏まえ記入すること。
　　・幼稚園教育要領 第2章「ねらい及び内容」に示された各領域のねらいを視点として、当該幼児の発達の実情から向上が著しいと思われるもの。その際、他の幼児との比較や一定の基準に対する達成度についての評定によって捉えるものではないことに留意すること。
　　・幼稚園生活を通して全体的、総合的に捉えた幼児の発達の姿。
　②次の年度の指導に必要と考えられる配慮事項等について記入すること。
　③最終年度の記入に当たっては、特に小学校等における児童の指導に生かされるよう、幼稚園教育要領 第1章 総則に示された「幼児期の終わりまでに育ってほしい姿」を活用して幼児に育まれている資質・能力を捉え、指導の過程と育ちつつある姿を分かりやすく記入するように留意すること。また、「幼児期の終わりまでに育ってほしい姿」が到達すべき目標ではないことに留意し、項目別に幼児の育ちつつある姿を記入するのではなく、全体的、総合的に捉えて記入すること。
(2) 幼児の健康の状況等指導上特に留意する必要がある場合等について記入すること。
備考：教育課程に係る教育時間の終了後等に行う教育活動を行っている場合には、必要に応じて当該教育活動を通した幼児の発達の姿を記入すること。

第10章　保育者の専門性④　計画に基づく保育の実践と省察・評価

園の願いが…国の願いが… 私たちの願い!?

① "ねらい"って何?

　私たちが日頃、必死になって書いている日誌や指導計画には必ずといっていいほど "ねらい" を書く欄があります。実習日誌や部分実習指導案にもねらいを書く欄がありますよね。では…「ねらいって何を書くんだろう?」ってそんなことを思ったことはありませんか?

　私は「ねらいの欄には "あなたの願い" を書くんだよ。でもね、その前にね…」と伝えています。でもね、もポイントです。②以降にその理由を話しますね。

　まず、ねらいには子どもたちへの自分の願いを書くように園長として伝えています。自分の目の前にいる子どもに「○○が好きになってほしい」「△△が苦手な気持ちをのりこえてほしい」等…そういったあなたの願いを込めることがいわば第一スタートです。

②幼稚園にも "ねらい" があるんです。

　第二スタートを切ろうと思います。でもね、の正体です。それは、あなたの願いの他に幼稚園にも願いがあるということなんです。幼稚園にだって、幼稚園にいる子どもたちに対する願いをもっているんです。幼稚園の願いが書いてあるもの…それが "教育課程"[1] です。あなたの保育者としての願いももちろん大切ですが、あなたが勤める幼稚園の願いもしっかりと学んだ上で目の前の子どもに関わってほしいと私は考えています。ちょっと待ってくださいね。まだ他にも子どもたちに願いを込めようとしている人?がいるんです。それは…。

③国にも "ねらい" があるんです!

　第三スタートです。実は国にも願いがあるんです。国にだって、その国に住む子どもたちに願いを込めているんです。日本においてその願いが書かれているものが幼稚園教育要領[2]になります。繰り返しのようになりますが…国の願いもしっかりと学んだ上で目の前の子どもに関わってほしいと、やはり園長として私は自分の園にいる全教職員に伝えています。

　このテキストを読んでいるみなさんも、自分の願いの他に、園(あなたが働いている)の願い、国の願いがあるってことを知っておいてくださいね。園の教育課程や幼稚園教育要領を熟読しておくことをおすすめします。特に今のうちにできることとして、幼稚園教育要領や保育所保育指針等をよく読んでおくといいですね。ちょっとハードルが上がっちゃったかな?

（野津裕子）

＊1　保育所だと… "全体的な計画" に園の願いが書いてあるって聞いてます。
＊2　保育所だと…保育所保育指針ですね。幼保連携型認定こども園教育・保育要領もそうですよね。

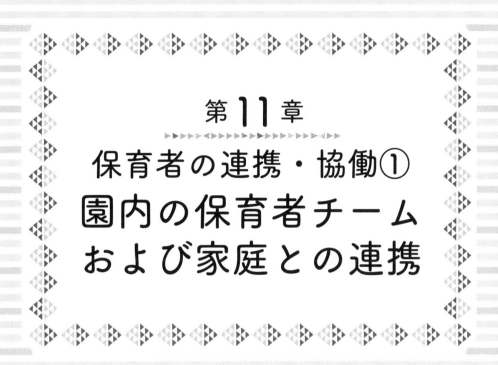

第11章
保育者の連携・協働①
園内の保育者チーム および家庭との連携

この章で学ぶこと

　前半では、保育者の上司にあたる園長（所長）や主任保育士（教頭）、また、事務職員など園で働く職員の役割を知り、保育者同士や、上司、その他の職員と連携・協働しながら保育をしていくことを学びます。

　後半では、保育者と家庭の連携について、実際に保護者への支援をどのように行っているのかという視点で解説しています。

　保育者として、他の教職員や家庭とどう関わり、どのような役割を果たしていくかを考えていきましょう。

1．園内の保育者チーム

　保育所、幼稚園、認定こども園等では、保育者を含めた多くの教職員が働いています。そして、全ての教職員が、広義における保育者[*1]として、そこにいる子どもたちと様々な活動を共にします。例えば、園バスの運転手がその業務を終えた後、子どもたちと一緒に畑を耕したり、一緒に給食を食べたりすることがあります。こういった場面は、園においてはそう珍しくありません。つまり、子どもにとっては、自分のまわりにいる全ての人が先生であり、共に園生活を過ごす仲間なのです。これこそ、園の全ての教職員が保育者チーム[*2]の一員であるということを意味します。園の運営においては狭義における保育者[*3]だけにとどまらず、そこで働く全教職員が互いに手を取り合って協力し合いながら、子どもと共に生活していくことが求められます。

　それでは、園で働く教職員それぞれの役割をおさえた上で、どのように連携をしていくかみていきましょう。

（1）園長の役割

　幼稚園および認定こども園では、「園長は、園務をつかさどり、所属職員を監督する」[*4]とされており、その役割は多岐に渡ります[*5]。

　保育所の長は、一般的に保育所が保育園と呼ばれることから、園長と呼ばれることが多いですが、所長と呼ばれることもあります。また、保育所保育指針においては施設長と表記されています。法令上の必置の定めはありませんが、設置した場合の加算の定めがあります[*6]。

①リーダーシップ

　園長は施設の代表者として、園全体の指揮・監督を行います。リーダーとしてどの場面においても、園全体の責任を負う存在であるともいえます。近年においては、何らかの事件・事故に遭遇した場合におけるマスコミ対応を代表者[*7]と協力して行うことまで求められます。

　また、保育所・認定こども園であれば全体的な計画、幼稚園であれば教育課程を編成する際にはPDCAサイクルに則り、そのカリキュラム・マネジメントを行うことも求められています[*8]。

②情報公開

　例えば幼稚園であれば、自園の保育・教育方針、教育課程について教職員はもちろ

＊1　本書第1章2.保育者とは何かp.5参照。
＊2　園によっては「ティーム」とも表記します。
＊3　本書第1章2.保育者とは何かp.6参照。
＊4　学校教育法　第27条第4項、および就学前の子どもに関する教育、保育等の総合的な提供の推進に関する法律（別称：認定こども園法）第14条第3項。
＊5　詳細は第13章「4.園長としてのリーダーシップ」参照。
＊6　「『児童福祉法による保育所運営費国庫負担金について』通知の施行について」（昭和51年4月16日　厚生省発児第59号の5）
＊7　公立であれば国・地方公共団体、私立であれば理事会とその代表である理事長のことを指します。私立においては代表者と園長が同一であることも多いです。
＊8　本書第10章1.計画に基づく保育の実践と省察・評価p.134参照。

んのこと、保護者や近隣地域の方々へ様々な機会・媒体[*9]を通して説明し理解を求める役割を担います。

③保育への参加

　保育に参加することも園務をつかさどる上で大切な役割の一つです。保育現場の空気を肌で感じ、その善し悪しをしっかりと見つめ直します。時にそれらを全教職員に伝え、よい点はよりよい保育実践へ向かうよう、悪い点はその改善へとつながるよう指揮していきます。

④全教職員の監督

　園全体の人事を担います。新規採用から退職の相談、それらの手続き等、これも実に多岐にわたります。

　教職員が日頃働いている様子から、それぞれの気付き、悩み、不安等を感じ取り、早いうちに相談に乗ることが求められます。

（2）教職員の中での保育者の役割

　幼稚園では「教諭は、幼児の保育をつかさどる」、認定こども園では「保育教諭は、園児の教育及び保育をつかさどる」[*10]とされ、その具体的な役割はそれぞれ幼稚園教育要領、幼保連携型認定こども園教育・保育要領に示されています。保育士は、保育所の役割や機能を発揮し、保護者に対する指導を行うことなどが、保育所保育指針に示されています[*11]。いずれも園長同様、その役割は多岐に渡ります。

①子どもの保育

　クラス担任（担任ではないが配置されている場合も含む）として、自身のクラスの子どもの保育を担当することはもちろんですが、自身のクラス以外の子どもの保育も担当します。他の保育者と連携しつつ保育に当たることも大切です。これを「チーム保育」と呼びます。詳細については後述します。

②環境構成（環境の整備）

　園内外の清掃を行いながら、「ああすればよかった」「こうすれば、ああはならなかった」等、日々の保育に思いをはせ、その省察[*12]を繰り返すのは、保育者にとって大切な時間です。また、ブランコやすべり台等の遊具の破損に気付く、危機管理の目をもつことも大切です。

　クラス室内の環境を整えることも大切です。具体的にいうと、日めくりカレンダーを今日の日付にしたり、今日行う保育の準備（前日に準備が済んでいる場合はその再確認）をしたり、室内の換気を行ったり、冷暖房を適切にコントロールしたりする等です。その他、危機管理上必要な整備として、避難誘導にも使用する放送設備のケーブルがしっかりつながっているか確認する、危険な物や壊れている物があれば適切に処理する等があります。

---

*9　機会としては、日頃のお迎え等で園へ足を運んできた際の立ち話の中や、保護者会等。媒体としては、園内外の掲示物（保育の様子を写真等を用いて切り取ったもの）や、インターネットのツール（ウェブサイト、ブログ、SNS）等です。

*10　学校教育法　第27条第9項、認定こども園法　第14条第10項。

*11　保育所保育指針 第1章 1（1）保育所の役割 エ

*12　本書第10章 1.計画に基づく保育の実践と省察・評価 p.137参照。保育者の日々の省察が、園での保育を支えています。

保育の終了後は、次の日の保育の準備を行います。さらに、時期によっては（3月ごろ）次年度の準備をすることも環境整備に含まれます。

③書類の作成

指導計画や日誌、要録[13]等を作成することも大切な保育者の役割の一つです。ここでも、作成しながら日々の保育に思いをはせ、その省察を繰り返すことになります。これは書類を作成することによって生じる付加価値であるともいえます。

④会議への参加

教職員全員による会議、学年ごとに行われる会議、行事の担当者同士で行う会議[14]等々、園においては様々な会議が行われます。自分が関わる会議には全て出席することになります。どの会議においても保育のプロとして、たとえ1年目の保育者であったとしても、その立場からの意思表明をすることが求められます。他の保育者が異なる意見を述べた際も、それを尊重し受け入れる態度が同時に求められます。

⑤研修への参加

園内外において行われる研修への参加こそ、保育をつかさどるために、保育者にとって大切な勉強の機会となります。どの研修においても積極的な態度で臨むことが求められます。園外研修、園内研修については第13章で触れます。

（3）教頭（主任保育士）の役割

教頭は、園長（副園長を置く幼稚園にあっては、園長および副園長）を助け、園務を整理し、必要に応じ子どもの教育および保育をつかさどる[15]職務を担当します。つまり、教頭には、子どもの保育を担当しつつ、園長の手助けをする、その時々で臨機応変に仕事をこなすことのできるスキルが求められます。そのため、その園での勤務経験、保育経験が豊富な人材が教頭となり得ます。園長の立場と保育者の立場、その両方を理解し、それぞれの職務を遂行する人、それが教頭であるといえます。また、園長不在時には園長の業務を代行する場合もあります。

保育所における主任保育士は、法令上の必置の定めはありませんが、保育所の園長と同様、設置した場合の加算の定めがあり、ある程度の経験年数や年齢の保育士が「施設長のサポートを行うとともに、保育士間の業務調整や、新人保育士や、その他の保育士に対してさまざまな指導を行う、保育士たちのリーダー的存在」[16]とされています。園によって呼び方は様々ですが、「主任」と呼ばれることが多いです。

（4）事務職員等の役割

保育者が子どもの保育をつかさどる間、職員室では、事務職員が日々の様々な事務作業に追われています[17]。園によってその職務内容は実に多様ですが、例を挙げれば、保育料の徴収に関するPC作業、園のホームページやSNSの管理、保護者へのメール一斉送信、保護者等からの電話応対、給食の手配[18]、保育の準備や後片付けの手伝い、

＊13　本書第10章2.保育の記録p.145参照。
＊14　筆者の勤めていた幼稚園では、それぞれ職員会、学年会、担当者会議と呼ばれていました。
＊15　学校教育法第27条第6項、認定こども園法第14条第6項。
＊16　社会福祉法人日本保育協会「主任保育士の実態とあり方に関する調査研究報告書」社会福祉法人日本保育協会, 2010年, pp.8-9　https://www.nippo.or.jp/research/2010.html（2023/11/17）
＊17　園長やそれに準ずる者（副園長、主任等）が行っている場合もあります。

行事の準備の「前準備」等々、きりがないほどです。

　実は、保育者が保育中の時は、事務職員等が保育を支えるための時間を過ごしています。例えば、保育者が行事の準備をする前の準備を行うこと（入園式の準備のために、園児や保護者が座るいすを出しやすいようにしておく、あるいは並べておく等）で、保育者がスムーズに準備に入れるようにしておきます。

　なお、事務職員等が前準備をしてくれたことに、保育者は気付き、感謝することも、園内のチーム関係をより円滑にするために大切です。

　その他、表11-1のような職種があります。

表11-1　必置職員とその他の職員

施設	必置職員		根拠法令
	その他の職員		
幼稚園	園長、教頭または副園長、教諭 主幹教諭、指導教諭、教諭 学校医、学校歯科医、学校薬剤師		学校教育法 幼稚園設置基準 学校保健安全法
	主幹教諭、指導教諭、養護教諭、栄養教諭、事務職員、養護助教諭、その他必要な職員		
保育所	保育士、嘱託医、調理員＊ ＊調理業務を委託する場合は必置ではない		児童福祉施設の設備及び運営に関する基準
	施設長、主任保育士、看護師、事務員		
認定こども園	園長、保育教諭		就学前の子どもに関する教育、保育等の総合的な提供の推進に関する法律
	副園長、教頭、主幹保育教諭、指導保育教諭、主幹養護教諭、養護教諭、主幹栄養教諭、栄養教諭、事務職員、養護助教諭その他必要な職員		

　副園長…園長を助け、命を受けて園務をつかさどります。

　主幹教諭（主幹保育教諭）…園長、（副園長、）教頭を助け、命を受けて園務の一部を整理し、ならびに子どもの教育および保育をつかさどります。

　指導教諭（指導保育教諭）…子どもの教育および保育をつかさどり、ならびに教諭その他の職員に対して、保育の改善および充実のために必要な指導および助言を行います。

　主幹養護教諭…認定こども園において、園長を助け、命を受けて園務の一部を整理し、および満3歳以上児の養護をつかさどります。

　養護教諭…子どもの養護をつかさどります。

　主幹栄養教諭…認定こども園において、園長を助け、命を受けて園務の一部を整理し、ならびに満3歳以上児の栄養の指導および管理をつかさどります。

＊18　筆者の勤めていた幼稚園では、業者に給食を委託しており、その日登園して給食を食べる子どもの数に応じた給食注文をしていました。

栄養教諭…子どもの栄養の指導および管理をつかさどります。

その他必要な職員…園バスの運転手、昔遊びを教えてくれるシルバー人材などを指します。

嘱託医…園から健康診断などを依頼する医師で、園医とも呼びます。

（5）チーム保育

　幼稚園教諭の役割の一つに「（子どもにとっての）憧れを形成するモデル」があります。保育者が園で見せる姿の全てが、子どもにとってのモデルになります。また、保育者個人だけでなく、保育者同士（あるいは全教職員、園全体）が協力して日々の保育実践を行う姿を、子どもたちはモデルとして学んでいるということができます。こういったことからも、園でチーム保育を行う意義があります。

　チーム保育は、園にいる全ての人が協力しながら日々の保育を支えていくことを意味しています。そこに職種の壁は存在しないともいえるでしょう。

　なお、参考としてチーム保育の定義をここに記しておきます[19]。

　　　一クラスを複数の保育者で保育する方法。担任が中心となりながら、一人ひとりの幼児を園全体の教職員が連携を取り合って指導していくのが本来のチーム保育であろう。

2．家庭との連携・保護者支援

　幼稚園、保育所、認定こども園等は、「全ての子どもの健やかな育ちを実現する」場です。子どもは家庭で育って園に通ってくるわけですから、生活の連続性を考えれば当然、子どもと共に生活している家庭との連携が欠かせません。

　現在では、家庭の状況は様々です。大人が皆働いている家庭（皆忙しい）、一人親の家庭（一人で何役もこなしている）、兄弟と年の離れている家庭（子どもが接する文化の幅が広い）等、生活の背景がそれぞれにあります。

　家庭との連携をする際は、いつどのような連携をしていくのか、保育者の押しつけにならないか等を考える必要があります。

（1）園と家庭との連携

　家庭との連携について、幼稚園教育要領には下記のように示されています。

　　　家庭との連携に当たっては、保護者との情報交換の機会を設けたり、保護者と幼児との活動の機会を設けたりなどすることを通じて、保護者の幼児期の教育に関する理解が深まるよう配慮するものとする。

幼稚園教育要領 第1章 第6 幼稚園運営上の注意　※下線部は筆者による

＊19　谷田貝公昭（責任編集）『新版・保育用語辞典』一藝社，2016年，pp.283-284

　これらの機会とは、例えば、保護者参観、行事への参加、研修会等です。保護者の子ども理解、幼児の生活、幼児教育等への理解が深まるような保育活動の計画・実践が望まれています。

　例えば、A園の保護者参観では、「幼稚園に行こう」と名付け、「1週間のいつでもよいので見に来てください」というような計画をして、普段通りの日常の保育の様子や、子どもの遊んでいる姿を見てもらい、園の保育の方針や保育方法、子ども理解を深めてもらう機会としています。ただ「見に来てください」だけではなく、保育のねらいを示し[20]、子どもの変化などを伝えると同時に、アンケート等を通じて感想をもらい、さらにフィードバックする等、双方向的に語り合えるような工夫が必要です[21]。

　連携のツールとして、園だより、クラスだより、連絡帳、あるいは最近ではSNSなどを通じ、子どもの遊びの変化やクラス全体の成長、個々の子どもの育ちなどを伝えます。写真があるとより分かりやすく、臨場感をもって子どもの活動が伝わります。

　また、行事への参加を通じて、子ども1年間の成長を感じ取ってもらいましょう。保育者と保護者が子どもの成長を一緒に喜ぶということが、連携のスタートです。その際、保護者にも行事での役割を担ってもらうと、より園の保育に関心をもってもらえます。

事例1

園の夏祭りをみんなで楽しむ

　A園では、7月の半ばに納涼大会「お祭り、わっしょい!!」を計画しました。前半は子どもたちのおみこし山車(だし)、竹太鼓を楽しみ、中盤は保護者や地域の人も交えて盆踊り、そして後半は保護者が中心となる屋台を行うという3部制です。

　日頃の子ども活動の延長としても重要な行事なので、遠足で動物園に行った際の興味・関心を生かし、5歳児が「ヒョウのおみこし」、4歳児が「ライオンの山車」を製作しました。担任はあまり口を出さず、子どもたちの話し合いでセリフや役割を決めて取り組んでいます。

　保護者も一緒に行事を作っていこうということで、竹太鼓の竹を一緒に取りに行ってもらったり、太鼓の助っ人を探してもらったり、大人も楽しみにする行事になりそうです。祖父母の年代にも参加してもらおうと、盆踊りに北島三郎の『まつり』も練習しているので、子どもから「家でやったら、ジイジが笑っていた」という報告もありました。

---

[20]　そもそも、保育には「ねらい」があることを、保護者に伝える必要があります。
[21]　ICTを活用すると便利です（本書第14章 3．ICTの活用 p.199参照）。

　この事例のように、行事に参加する保護者が「役員だから仕方がない」というような消極的な姿勢にならないよう、保護者が自ら楽しみながら行事に参加し、園の保育を面白がり、わくわくし、地域にもそのわくわく感が広がるような連携をとりたいものです。日頃の保育の中身が保護者に伝わっており、ぜひ参加したいと思うような保育内容にすると、保護者が園のサポーターとして活躍してくださるでしょう。保護者が園のファンになるような保育をしましょう。自身が困っているかどうかなど、子ども目線で考える姿勢が必要とされています。

事例 2

クラス便りから

　先週、歯ブラシを用意していただきたいとお願いしたところ、さっそくお子さんに持たせていただき、ありがとうございました。

　子どもたちは、同じ絵柄の歯ブラシを見せ合いながら、はりきって「給食の後の歯みがき」を始めました。子どもがみがいた後、保育士が仕上げみがきをしています。「うちのママの仕上げは気持ちがいいよ」とか、「家には砂時計がないな」などと話してくれました。手洗い、うがい、歯みがき等の生活の基本的な習慣をつけることについては、ご家庭と一緒に歩調を合わせてやっていきたいと思いますので、お知恵を貸していただけますよう、よろしくお願いいたします。

　子育て「支援」を意識し、子育てを保護者と一緒にという気持ちの中で、ついつい「今日、○○することができたので、お家でも○○してください」「○○するとうまくいきましたので、家でも試してください」などと保護者に声かけをして、「家庭でも○○してください」というような指導的な態度になることは好ましくありません。「一緒に」というのは、楽しいことへの共感、困っている気持ちへの共感から始まるものであり、保育者のこうなって欲しいという願いや、こうあるべきだという子ども像を保護者に押し付けず、一緒に目の前の子どもに向き合うことだと考えます。

（2）保育者と家庭との連携

　子どもの健やかな育ちを保障するために、家庭との連携を細やかにとって、園生活の中で個別的な配慮を行うことが必要な場合があります。

①障害のある子ども

　身体障害や視覚・聴覚障害、ダウン症などの障害のある子どもの園生活が安全で充

実するように家庭と情報交換をします。どのような援助や配慮が必要なのか、あるいは必要ないのか、保護者の希望は何か等、共通理解を図ります。個別支援指導計画を保護者と相談しながら作成し、必要な場合は専門的な助言を受けたり、市町村（行政機関）との橋渡しをしたりします[22]。

②アレルギーのある子ども

食物アレルギーの場合は、保護者と栄養士、看護師などを交え連携していきます。園でできること、できないことを明確にし、メニューや食器、食べる場所などについて相談しましょう。給食で対応可能か、お弁当を持ってくるか[23]等や救急の場合についても各自の行動を確認しましょう。

③疾病（病気）のある子ども

医師（嘱託医）、看護師等の助言を基に、保護者と園で保育内容を考えた連携をとります。園外保育（遠足・見学等）、プール活動、給食等、保育のねらいと内容を保護者に伝え、どのように参加するか、一緒に考えます。お互いに無理のない範囲での協力が必要です。

④母語が外国語の子ども

父母あるいはどちらかが外国籍で、家庭で日本語以外の言語を使用している場合は、保護者の日本語理解や言語環境等を確かめて、園のことや子どもに関する話がどのように理解されているかを話していきます。就学相談なども必要になります。

以上のような例は、なぜ配慮が必要か分かりやすく、子ども本人にもまわりの子どもにも説明がしやすいでしょう。

一方、子どもが急に落ち着きがなくなる、活動に集中できなくなる等の行動に急な変化があった場合は、家庭での様子を聞きながら、よりよい関わりを模索していく必要が生じます。保護者の疾病など外からは見えにくい問題を抱えている、あるいは保護者が園に情報を伝えたくないということもあります。その場合、連携しようとして無理に聞き出す必要はなく、子どもが園で落ちついて生活できるように、まずは園での生活を整えます。

経済的に苦しい家庭や、家族の病気など家庭内にいろいろな事情がある場合もあります。連携は重要ですし、保護者支援の必要なケースも多いかと思いますが、かといって、保護者に多くの負担を課したり、指導的な態度で接したりするのは、適当な連携・支援とは言えません。どの家庭とも一様に連携するというのは、難しいかと思いますので、個別に対応する場合も多いでしょう。担任など保育者のみの支援が難しいケースは、園長を中心に園の体制の中で必要な連携を探ります。

（3）保育所を利用している保護者に対する子育て支援

保育所保育指針には、第4章に「子育て支援」の章があります。「保育所における保護者に対する子育て支援は、全ての子どもの健やかな育ちを実現することができるよう、

＊22 本書第12章 2.専門職間および専門機関との連携・協働 p.171参照。
＊23 普段から弁当の園でも食育の活動をする場合があるので、確認が必要です。

第1章及び第2章等の関連する事項を踏まえ、子どもの育ちを家庭と連携して支援していくとともに、保護者及び地域が有する子育てを自ら実践する力の向上に資するよう、次の事項に留意するものとする」（下線部は筆者による）として、次の3つの視点を挙げています。

1 保育所における子育て支援に関する基本的事項
2 保育所を利用している保護者に対する子育て支援
3 地域の保護者等に対する子育て支援

「2 保育所を利用している保護者に対する子育て支援」の具体的な内容としては以下のように記されています。

(1)保護者との相互理解
（略）
(2)保護者の状況に配慮した個別の支援
ア 保護者の就労と子育ての両立等を支援するため、保護者の多様化した保育の需要に応じ*24、病児保育事業など多様な事業を実施する場合には、保護者の状況に配慮するとともに、子どもの福祉が尊重されるよう努め、子どもの生活の連続性を考慮すること。
イ 子どもに障害や発達上の課題が見られる場合には、市町村や関係機関と連携及び協力を図りつつ、保護者に対する個別の支援を行うよう努めること。
ウ 外国籍家庭など、特別な配慮を必要とする家庭の場合には、状況等に応じて個別の支援を行うよう努めること。
(3)不適切な養育等が疑われる家庭への支援
ア 保護者に育児不安等が見られる場合には、保護者の希望に応じて個別の支援を行うよう努めること。
イ 保護者に不適切な養育等が疑われる場合には、市町村や関係機関と連携し、要保護児童対策地域協議会で検討するなど適切な対応を図ること。また、虐待が疑われる場合には、速やかに市町村又は児童相談所に通告し、適切な対応を図ること。

※下線部、脚注は筆者による

　いずれの場合も、日常的な保護者とのやりとりが重要になります。一方的に問題のみを取り上げるのではなく、保護者の子育ての中での困り感や不安に寄り添い、よく気持ちを聞いて、課題を整理したり、できそうなことを一緒に考えたりしていきましょう。経験のある保育者は、子どもの育ちや保護者の不安等に対していろいろな例を

---

*24 保育所での延長保育、昼食提供、休日保育、夜間保育、一時預かり等や、幼稚園での預かり保育、満3歳児保育（プレ保育）等。

思い出し、「こうかな」「ああかな」等見通しをもつことができます。一方、保護者にとっては、初めてのことが多いものです。「教育相談」という構えた面接ではなくともよいので、まずは保育の中での子どもの様子を伝えることから始め、信頼関係を構築してから、保護者の望んでいることや不安についてやり取りできるようになることが保護者支援につながると思います。

（4）保護者からの苦情（利用者の意見・要望）への対応

保護者からの園への苦情（クレーム）、問い合わせ、詰問、意見等はいろいろなケースがあります。その窓口としては、直接の訴えや園長等への訴え、意見箱に意見を述べる等があります。

- ・昨晩、子どもを自宅で風呂に入れていたら、膝にあざがあった。先生からは何も聞いていない。
- ・着替えの袋がしっかり閉まっていなくて、かばんが濡れた。
- ・○○先生の言い方がつっけんどんで、話をしにくい。
- ・園のまわりにごみが多い。
- ・子どもが給食を嫌がるのに、無理やり食べさせられているらしい。献立の工夫が必要ではないか。
- ・お便りを出すのが遅い、シフトがあるので、早く知らせてほしい

その日の事件や、保育者に対する苦情、園の運営に対する意見など内容は様々ですが、いずれも事実確認をし、誤解がないように丁寧に説明をしましょう。保護者の訴えることをよく聞くことも重要ですが、一方で、園長は職員を守るという役割もあり、ただ謝るというのではなく、次に○○するようにしていきます、という具体的な改善点や保育の姿勢を示す必要もあります。苦情イコール困ったことや批判ではなく、よりよい保育にしていくための意見と捉えていきましょう[25]。

（5）地域の保護者等に対する子育て支援

保育所保育指針には、地域の保護者等に対する子育て支援として、次のように示されています。

(1)地域に開かれた子育て支援
ア　保育所は（略）地域の実情や当該保育所の体制等を踏まえ、地域の保護者等に対して、保育所保育の専門性を生かした子育て支援を積極的に行うよう努めること。
イ　地域の子どもに対する一時預かり事業などの活動を行う際には、一人一人の子どもの心身の状態などを考慮するとともに、日常の保育との関連に配慮するなど、柔軟に活動を展開できるようにすること。
(2)地域の関係機関等との連携
ア　市町村の支援を得て、地域の関係機関等との積極的な連携及び協働を図ると

ともに、子育て支援に関する<u>地域の人材</u>と積極的に<u>連携</u>を図るよう努めること。

イ　<u>地域の要保護児童への対応</u>など、地域の子どもを巡る諸課題に対し、要保護児童対策地域協議会など関係機関等と連携及び協力して取り組むよう努めること。

※下線部、脚注は筆者による

　具体的には、保育所の施設や機能の開放として、園庭開放[*26]や親子教室の開催があります。また、子どもや子育てに関する相談を受け付け、助言や情報提供を行います。市町村の保健師が同席して身長や体重測定すると同時に、栄養相談を受けることもあります。また、一時預かり事業は、核家族で育児援助が受けにくい家庭や待機児童のいる家庭には大変心強い味方となります。

　いずれの事業も活動の周知のための広報が重要です。園庭開放は決まった日時にする、親子教室は楽しそうな会の名前にする等、園に行きやすいような、行きたくなるような設定をしましょう。

　表11-2は、B保育園が行った地域の保護者に対する子育て支援の例です。地域の親子のふれあいの場として「親子ひろば」を、また、地域の親子と在園児の交流の機会として「にこにこひろば」を開催しています。この園では毎月ポスターを作り、地域の自治会の協力を得て自治会の掲示板に貼ってもらっています。園のホームページを見て参加した家族もいるそうです。

表11-2　親子ひろば・にこにこひろばの予定表

【親子ひろば】

4月25日	巧技台やお話会を楽しもう
5月26日	大きな紙にお絵かきしよう／紙芝居や大型絵本のお話会
6月23日	お家にある身近な素材を使って、にじみ絵であじさいを書こう
7月28日	自分だけの電車を作ろう
8月25日	うちわをつくろう／パネルシアター
以下略　毎月一回開催	

【にこにこひろば】

5月10日	青空の下で遊ぼう——2歳児と一緒に屋上で体操・シャボン玉遊び
6月14日	保育園の給食どんなかな——園の給食を食べる・園長・管理栄養士の食事相談
7月12日	園庭で砂場遊びを楽しもう
8月9日	屋上で元気にプール遊び
9月5日	おはなし会——低年齢児用のお話と手遊び
以下略　毎月一回開催	

[*26]　園庭開放は、幼稚園、認定こども園でも行われています。

　地域の保護者支援は園の活動のみではなく、地域の資源に働きかけ、多様な人々が関わっていくことで、さらに広がりのある活動になります。そして、社会全体で子育てしていく土壌がその地域につくられていくと考えられます。

　子どもたちの地域の散歩、お店訪問、老人施設との交流、野菜づくりへの協力、お祭りなど、保育内容の豊かさが応援団を増やします。園へのお招きなども魅力的な活動です。

　保護者がサポーターになり、地域の人たちも応援してくれるような、参加型の保護者支援ができるよういろいろな働きかけができるといいですね。

ワーク

　表11-2の、「にこにこひろば」6月14日のテーマ「保育園の給食どんなかな」を基に、お知らせのポスターを作成しましょう。

幼稚園での報・連・相

①報・連・相はパワーの源!?

　ほうれん草（変換ミスではありません！）に栄養がたくさん詰まっているように、幼稚園での報・連・相（報告・連絡・相談）にも保育を支えるパワーがたくさん詰まっています。

　報・連・相は幼稚園全体で行わなければ意味がありません。園長や副園長、主任はもちろんのこと、担任を受け持つ保育者、そうでない保育者、事務職員、バスの運転手さんにまで浸透させる必要があります。それぞれの立場・役割で働きながらも…想いは一つ「子どもたちの安全・安心」です。子どもたちが朝登園してきた姿と何一つ変わることなく（たくさんの経験、成長はありますよ）保護者のもとに送り届けるということです。そのためには教職員間の“つながり”が重要です。

　また、保育に行き詰った時にもこのつながりが大切になってきます。あなたが困った時にそばにいるのも、またまわりの教職員なのです。いろいろな目、耳が子どもたちを見守り、それが保育者のパワーの源となります。

②毎日の“ちょこちょこ”の積み重ね…

　いざ保育をしている中で「報・連・相をしなくては」と意気込み過ぎる必要はありません。幼稚園の仕事の流れの中で朝の打ち合わせや帰りの打ち合わせ、あるいは掃除をしながら、休み時間にお茶を飲みながら等、そんな中で“ちょこちょこ”話をすればいいと私は思っています。

　子どもが怪我をした等、一刻を争うような重要なことはすぐに報・連・相をしなくてはなりませんが、その他多くのことに関して、毎日の“ちょこちょこ”の積み重ねが報・連・相の役割を果たしてくれると思います。日々の保育が忙しくてなかなか報・連・相が行えないというような場合でも“ちょこちょこ報・連・相”をぜひ試してみてください。何事も一人で悩まずに、どんなことでも“ちょこちょこ”してみてくださいね。

（野津裕子）

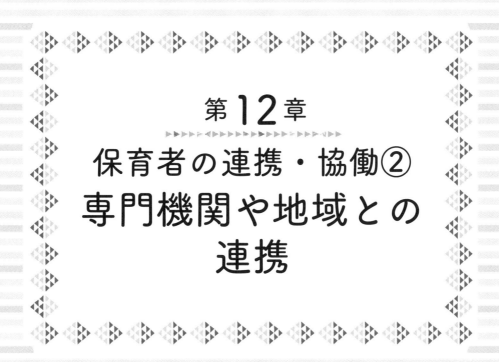

第12章
保育者の連携・協働②
専門機関や地域との
連携

この章で学ぶこと

　この章は、園と専門機関や地域との連携についてがテーマです。例えば、小学校との連携の必要性と具体的な方法、地域と共に子どもを育てる姿勢について仕組みを理解しましょう。また、個別配慮が必要な子どもへの支援に関して、専門職・専門機関との協働の仕方について学びます。

1．地域における自治体や関係機関との連携・協働

（1）保育を支える行政の役割

　保育の質は「構造の質とプロセスの質」の二つの視点から考える必要があると言われています[*1]。構造の質とは、法律や制度、予算など、園舎や設備等、人員配置等などであり、物的な要素が強く、園ですぐに替えられる・努力すれば何とかなるというものではありません。行政的な仕事の面があります。つまり、国の方針、各自治体の方針によって大きく差があることになります。

　まず、園のある自治体や、あなたの住んでいる自治体の子育てや教育に関する方針・姿勢など調べてみましょう[*2]。どのような方針で、どの部署で、どのような施策が実施されているのかにより、その自治体の保育・教育に関する保育・教育への期待や力の入れ方が分かります。保育・教育の分野には税金が投入されていますので、自治体の方針・姿勢によって園の運営への影響が大きいと言えます。

　幼稚園・認定こども園と関係が深いのは、教育委員会です[*3]。公立・私立にかかわらず研修や公開保育等があり、教育の内容等についてのアドバイスを行っています。保育所・認定こども園と関係が深いのは、子育て支援課や保育課など[*4]です。入所の申し込み、子どもの入所審査を行うと共に、委託費[*5]について取り扱う部署で、監査を行う役割もあります。各園は制度の中で運営されますので、これらの部門との連携は不可欠です。

　その他、子どもの発育や発達に関して、市町村には健診等を実施している保健センター[*6]があります。妊娠した時から産まれて以降の健診の受診の状況も把握していますので、保護者の育児不安や子育ての初期の子どもとの関係性などの情報をもっています。健診時[*7]に子どもの育ちに関する個別の相談があり、継続的にフォローしているケースもあります。園の生活の中で気になることがあったら保健センターに相談し、関係者に園を訪問してもらうこともできます。医療的な援助が必要な場合は園の中でどのようにしたらよいか、保健師・看護師のアドバイスをもらい適当な援助ができるように研修を実施することもあります。

子育て支援の会での保健師によるミニレクチャー

＊1　本書第9章4．保育の質を捉えるその他の視点p.128参照。
＊2　インターネットで「市区町村名　子ども・子育て支援事業計画」といったキーワードで検索するとよいでしょう。
＊3　指導主事が関わることが多いです。
＊4　自治体によって課の名称は異なります。
＊5　施設型給付の委託費は、国負担1/2、県負担1/4、市町村負担1/4です。
＊6　保健センターには、保健師、管理栄養士、社会福祉士、心理士などの人的支援を要請できます。
＊7　4か月児健診、1歳6か月児健診、3歳児健診などがあります。

　さらに、自治体の福祉の部署とも連携をとる必要があります。虐待の通告、就労や疾病等の保護者の状況、家庭の実情等に関して情報共有し、子どもが家庭で安全で安定した生活が送られているのかどうかを確かめます。そして、子どもが健康で健全な毎日を送るために、園でできることは何かを考える必要があります。

　また、国の動向にも注目してください。例えば、2019年10月から「幼児教育・保育の無償化」が始まり、どの子どもも一定の保育・教育を受けるという考えのもと、全国的に実施されています。ただし、給食費や預かり保育の費用等はそれぞれのケースによって異なります。無償化に伴い、税金が投入されていますので、各園の保育の質評価を今まで以上にしっかりと、一定のガイドラインに沿って行うことになります[*8]。

（2）小学校との連携

①連携の基本的な考え方

　幼稚園教育要領、保育所保育指針、幼保連携型認定こども園教育・保育要領（以下、要領・指針）には、「育みたい資質・能力」（3つの柱）および「幼児期の終わりまでに育ってほしい姿」（10の姿）が示されています[*9]。

　この10の姿は、就学前の各施設から小学校への進学に向けて、小学校の教師と保育者の間で子どもの育ちを伝え合う際に共有するものです。「小学校教育との接続に当たっての留意事項」（保育所保育指針では「小学校との連携」）には次のように記されています。

> （1）　幼稚園においては、幼稚園教育が、小学校以降の生活や学習の基盤の育成につながることに配慮し、幼児期にふさわしい生活を通して、創造的な思考や主体的な生活態度などの基礎を培うようにするものとする。
>
> （2）　幼稚園教育において育まれた資質・能力を踏まえ、小学校教育が円滑に行われるよう、<u>小学校の教師との意見交換や合同の研究の機会などを設け、「幼児期の終わりまでに育ってほしい姿」を共有するなど連携を図り</u>、幼稚園教育と小学校教育との円滑な接続を図るよう努めるものとする。
>
> 　　　　　　　　　　幼稚園教育要領 第1章 第3 5 小学校教育との接続に当たっての留意事項
>
> 　　　　　　　　　　　　　　　　　　　　　　　　　　　　　※下線部は筆者による

　中学校区で行うことが多いようですが、保育者と小学校と教師の合同の研修会や研究会、公開保育や公開授業等が実施されています。そこでは、地域の子どもを共に育てる姿勢が大切です。

　以前は、小学校以降と就学前の保育・教育では、基本になる教育と保育に関する考え方が異なっており、お互いの文化がなかなか理解されない時代もありました。また、幼稚園と保育所では、小学校に入ってからの態度や学習に向かう力が異なり、幼稚園出身の子どもは座っていられるが、保育所出身の子どもは集中力がない等のひどく間

[*8]　「保育所の自己評価ガイドライン」については、第9章参照。
[*9]　本書第8章2.幼児教育で育てたい資質・能力、就学までに育つことが期待される子どもの姿pp.114-115参照。

違った考え方もあったように思います。

　しかしながら、要領・指針にあるように、就学前の保育・教育での、生活と遊びに基づいて子どもが自ら環境に働きかけて育つという考え方は、今や幼稚園、保育所、認定こども園に共通のものです。そして、就学前の学びは「アクティブラーニング」そのものであり、生きる力の基礎である主体的で創造的に行動できる力は、遊びを通じてこそ獲得できると言えます。座れるか座れないかといった目先のことにとらわれず、子どもが主体的に学べているのかという共通理解を図っていかなければなりません。

　また、子ども同士の連携として、幼稚園教育要領、幼保連携型認定こども園教育・保育要領には、下記のように記されています。

　　地域や幼稚園の実態等により，幼稚園間に加え，保育所，幼保連携型認定こども園，小学校，中学校，高等学校及び特別支援学校などとの間の連携や交流を図るものとする。特に，幼稚園教育と小学校教育の円滑な接続のため，幼稚園の幼児と小学校の児童との交流の機会を積極的に設けるようにするものとする。（略）

　　　　　　　　　　　　　　幼稚園教育要領 第 1 章 第 6 幼稚園運営上の留意事項 3

事例 1

幼児と小学校の児童の交流

　S保育園のクラスには、隣接するM小学校の5年生のクラス写真が貼ってあります。年長児が来年、入学する時には6年生になるお兄さんお姉さんの写真です。

　園では5月のはじめに小学校の校庭に散歩に行き、5年生と一緒に遊びました。ちょうど、Eの姉がいて、「リレーをやらない？」と誘ってくれたので、二組に分かれて走りました。6月には、小学生が園に紙芝居を読みに来てくれて、クイズもやりました。そこで、園の7月の納涼祭に遊びにきてくれるように、小学校にポスターを貼りに行くことになっています。給食のことや運動会のことなども、小学生が教えてくれるそうです。

しょうがっこうはこんなところ

5年生の写真を見て、小学校のことを話す子ども

　子どもと児童の交流は、年間を通じて、小学校と計画をし、継続して連携・協働していきましょう。そして、年長児が小学生になることを楽しみにして入学できるといいですね。

②就学相談

　就学相談とは、入学後に個別の支援が必要かどうか、必要ならばどのようなクラス*10で学ぶことが子どものよりよい育ちに結び付くのかなど、保護者と関係者が考える仕組みの一つです。

　年度のはじめごろに、教育委員会から、年長児の保護者に就学相談のお知らせをします。園に掲示する場合もあれば、全員にお知らせをする場合もあります。

　保護者が相談を申し込んだ場合、教育委員会の担当が相談を行い、時には発達検査をしたり、園訪問を行って子どもの集団での生活や遊びの様子を観察したりします。

事例2　就学相談のお知らせ

　M町の教育委員会では、下記のような就学相談のお知らせを各園に掲示してもらっています。

> M町　令和〇年度　小学校入学予定のお子さんの保護者の方へ
>
> 　M町教育委員会では、来年度小学校に入学するお子さんについて、入学後の学習や生活に不安をおもちの保護者の方を対象に、就学相談を受け付けています。
> 　入学後に、勉強についていけるか、学校生活に適応できるか、言葉が遅い、集中力が短い等のご心配をおもちでしたら、ぜひご相談ください。学校見学などの機会も設けます。
> 　お子さんが、スムーズに楽しく学校生活をスタートできるように、支援いたします。

　就学相談は、基本的に、保護者からの相談を市町村が受けますが、園では保護者との教育相談の際などに、発達の様子が気になる子どもの保護者に「入学後に心配があれば、相談をされてはいかがでしょうか？　小学校に、どのように学習しているか見に行くこともできますよ」などと話しています。家庭ではあまり困り感がなくても、学習についていけるだろうか、落ち着きがないので着席できるだろうか等の心配を気軽に相談できることを伝えておき、保護者に「相談しやすいですよ」と働きかけるこ

---

*10　学校内の特別支援学級や特別支援学校など。

ともあります。

　保育者はいろいろなタイプの子どもの実態を把握しておき、就学相談には至らなくても、園での情報を小学校に伝えます。その際、園で保育者が困っていることや、子どものできないことなどを伝える場合もあるようですが、「園では困った時にこのように対応して、こんな工夫をすると大丈夫」とか、「今はまだできないけれど、意欲はある」等の子どもの姿[11]を伝える方が役に立ちます。担任が一人で担うには難しい場合もあるため、園長や特別支援コーディネーター、あるいは教育相談の経験のある保育者が役割分担しながら、保護者と一緒に相談する三者面談を行うとよいでしょう。

③連携に必要な書類

　小学校に送ることが義務付けられている書類として、「幼稚園幼児指導要録」「保育所児童保育要録」「幼保連携型認定こども園園児指導要録」（幼保連携型以外の認定こども園では「認定こども園こども要録」）があります[12]。

　いずれも子ども理解に基づいて、その子の変化してきた過程を示し、得意なことや周囲との関わりなどを書いていくもので、子どもの育ちを支える資料となります。

（3）児童相談所等との連携

　子どもの育ちに何らかの課題がある場合や、保護者の養育力に問題がある場合などに、児童相談所に通告・相談、あるいは市町村の窓口と連携します。特に、虐待が疑われる場合は児童相談所に通告をすることが義務付けられています。場合によっては、家庭全体を援助するために福祉関係につなげた方がよいこともあります。

事例3　　　　　**ママが夜いない**

　4歳児クラスの子どもが急に担任に甘えだし、不安な様子が見られたので、個別の時間をつくり、ゆったり過ごすうちに、「ママが夜いない」というような話をしました。

　そういえばこのところ母親が元気がないと気が付き、降園時に聞いてみると、「経済的に大変で、夜もアルバイトをしている」とのことでした。そこで自治体の福祉課の生活相談を紹介しました。

---

[11]　このような子ども理解のためには、毎日の記録が非常に重要です。エピソード記録やドキュメンテーション等、「継続は力なり」で子どもを理解する力が付いていきます。

[12]　本書第10章2.保育の記録pp.145-149参照。

> **事例4**
>
> ### パパが怒ってばっかり
>
> 　クラスで乱暴な言葉で他の子どもに怒鳴ったり、わざとぶつかったりするKに、「最近いらいらしているのね」と声をかけました。するとKは、「パパが怒ってばかりいて、もう嫌だ。昨日はママを叩いた」[*13]と言いました。
>
> 　そこで、降園時にKの母親に「Kちゃんは最近いらいらしているようです」と伝えると、「実は、夫が大きな声でKを怒鳴ることが続いて、近所の方から児童相談所に通告されてしまいました。注意されたので、少しは気にしているようですが、今でも物を投げたりします。夫はしつけのつもりのようです」とのことでした。
>
> 　保育者は児童相談所に情報を求め、町の社会福祉士と保健師が家庭訪問し、母親の相談に乗ることになりました。

　また、子どもの発達が遅く、何らかの療育[*14]が必要になった場合は、児童相談所に相談し、発達検査などの心理判定を受けます。判定の結果、療育手帳[*15]が発行されると、療育を受けやすくなり、市町村から何らかの援助を受けられます。園や小学校での加配[*16]等も受けやすくなります。

　保護者がためらう場合もありますので、時間をかけて、子どもによりよい環境を整えるという視点で相談しましょう。

2. 専門職間および専門機関との連携・協働

（1）個別の支援が必要な子ども

　保育の現場には、様々な援助を必要とする子どもがいます。個別的な配慮が必要な子どもです 。第11章[*17]で述べた以外にも、親の就労状況による長時間保育、虐待が疑われる子ども、LGBTの可能性のある子ども、災害[*18]に遭った子ども、事件[*19]に遭った子ども等 、心理的なサポートを必要とする事例が多様にあります。

　これらの場合には、専門職に相談し、連携をしていきましょう。特に、心理的なサポートの必要性が高い場合は、保健師、心理士、社会福祉士、医師等、地域で連携できる専門職との関わりが重要です。対象とする子どもが抱えている問題により、どのような専門家と連携して行けばよいのかは異なりますが、その際には実際に子どもと

＊13　子どもの目の前で家族に対して暴力をふるう（面前DV）のも、児童虐待（心理的虐待）に当たります。臆せず早期の対応をする必要があります。
＊14　障害がある、または障害の疑いのある子どもに、発達に即した個別の支援をすることです。児童発達支援センターへの通所など、療育手帳がいらない場合もあります。
＊15　知的障害児(者)に交付され、18歳未満の者には児童相談所が交付します。
＊16　配置基準以外の人員を配置すること。
＊17　本書第11章２. 家庭との連携・保護者支援p.156参照。
＊18　自然災害など。
＊19　交通事故や、事件で肉親を亡くした場合なども含みます。

園で生活し、子どもの様子を身近でみている保育者の目が欠かせません。目の前の子どもの気持ちや行動の変化に気付きやすいからです。

（2）障害のある子ども、気になる子ども、配慮の必要な子どもに関する連携

①個別支援の必要性

個別の配慮というと、障害ではないが「気になる子ども」という言い方で、クラスの中で個別の配慮を必要とする子どものことや、保育活動の中での保育者の悩み、あるいは関わり方の工夫等が語られる場面が増えました。発達障害のある子どもや、障害があるわけではないが保育者が配慮して関わる必要のある子どもが多くなったと感じます。

「気になる」という表現については、批判もあり、配慮を要するという言い方をすることも多いようです。下記のような考え方が一般的だと思われます[20]。

> 保育現場でよく使われている「気になる子」という表現は、保育者の視点優先であり、保育者が「困った」と感じているだけである、という批判がある。保育力の不足により、保育がうまくいかないのを子どものせいにしていないか、また子ども自身が困っているかどうかなど、子ども目線で考える姿勢が必要とされている。

文部科学省の2022年（令和4年）の調査[21]において、小・中の通常学級に在籍する調査対象となった約5万人のうち、「知的発達に遅れはないものの学習面又は行動面で著しい困難を示す」児童生徒は8.8％を占めると報告されています。担当教員等の調査ですので、発達障害のある割合とは言い切れませんが、配慮を要する児童・生徒がおり、生活場面や学習場面で支援が必要になり、具体的な支援方法が模索されています。

また、2016年に実施された小倉直子らによる「気になる子」アンケート結果[22]では、東京都内および近郊の34の保育施設に在園する2,029名の子どものうち、21名が障害児、障害ではないが気になる子が144名（7.1％）でした。この調査での「気になる」という主訴は、「言葉の遅れ」「落ち着きがない」「こだわり」「友達とのトラブル」等、いわゆる子どもの発達障害が疑われる場合と、「朝起きて連れてこられない」「虐待の疑い」等、家庭環境への支援が必要と思われるケースが報告されています。つまり、子ども自身のもつ発達課題（事例5）と、園や家庭の状況の環境的な課題（事例6）があるということです。

＊20　学校法人三幸学園こども未来会議（編）『保育する力』「第5節　個別性への支援」ミネルヴァ書房，2018年，p.86

＊21　文部科学省「通常の学級に在籍する特別な教育的支援を必要とする児童生徒に関する調査結果（令和4年）について」文部科学省，2022年
　　　http://www.mext.go.jp/content/20230524-mext-tokubetu01-000026255-01.pdf（2023/10/23）

＊22　前掲注20　pp.86-87

> **事例 5**
>
> ## 集団活動に参加できない子ども
>
> 　5歳児のYは、外遊びの中でいろいろなことを発見し、虫や草花に親しんで遊ぶ子どもです。しかし、一斉活動になると落ち着かず、うろうろして椅子に座らなかったり、部屋を出ていったりする行動が見られます。
>
> 　まわりがざわざわしているのがうっとうしそうなので、座る場所は端にし、待つ時は図鑑を見ながら待つなどの工夫をしたところ、部屋の中に入るようになりました。困っていることを自分から言えない様子があるため、保育者がその都度、Yの気持ちを確認しながら、納得して集団活動に参加するようにしています。

> **事例 6**
>
> ## お願いを忘れがちな保護者
>
> 　6月半ばから水遊びが始まり、サンダルや水着を園に持ってくるように保護者にお願いしました。「水遊びをしてもよいですか」というカードに保護者の承認をもらうことになっていますが、Aのカードには記入がありません。しかし、サンダルや水着は持ってきているので、保護者がどのように判断したのかが分かりません。本人は水遊びをとても楽しみにしていて、「ハンコがないの」と言って怒り、泣きだしました。Aの保護者は持ち物などを忘れがちで、登園時間もばらばらであり、Aが前日と同じ服を着ていることもしばしばあるため、保護者の手が行き届いていないのだろうかと保育者は感じています。今日は、承認印が無いことを園長に報告した上、体温を測ると平熱だったので、保護者に連絡をとり、水遊びをすることにしました。
>
> 　朝、体温を測っていない様子だったこともあり、保護者に家での生活の様子を聞いてみようと思いました。

②巡回相談のシステムと有効な利用

　障害のある子どもや発達障害のある子どもの支援については、各自治体で「巡回相談」というシステムが導入されています。子どもの発達の様子をどのように捉え、行動の問題に関してどのような関わりができる可能性があるのか等、心理士や保健師、療育専門の保育者等が、園に出向いて、園の保育者といろいろ相談をしていきます。

　相談の内容は、子どもの発達や、保育を進める上で困っていることなどですが、地域の園は療育の場ではないので、個別にだけではなく、保育展開の中で工夫すること

を一緒に考えていきます。具体的には、環境をどう整えるか、一日の保育の流れをどうするか、子どものグループをどう構成するかなどです。

事例 7

すぐに怒る子どものいるクラスへの助言

　H町の園に通う5歳児のTは、ちょっとしたことでも暴言がひどく、相手にすぐ手が出ます。いつもくっ付いているS以外からは敬遠されている様子があり、トラブルになることが多いです。動きが早いので止められないため、Tの手が出る前に止めたい、誰もけがをしないようにと、担任のうち一人はずっと見ている状態です。これではTものびのび遊べないな、と思う状態が続いていました。

　6月に行われた巡回相談では、心理士から次のような助言がありました。

・トラブル場面でも担任は感情的に叱らない。

・理由を聞きとるよりも、「こうしてほしい」という提案をする。

・トラブルになった時は、それぞれの思いを聞いて、どうしたらよいかクラス全体で考えらえるように働きかける。

・大人の対応を一致させる。

・Tも含めたみんなが興味をもちそうな行事に向けて、ワクワクする取り組みを用意し、それぞれに得意な役割を振る。

　その後の納涼大会で、Tはグループリーダーになり、年中の4歳児のメンバーの面倒をよくみて、怒ってもすぐに謝るなど気持ちを収めることができ、立派にリーダーの役割を果たしました。グループの子どもたちもTの出すアイデアが面白く、一緒に作り上げていく気持ちが高まったようでした。

　半年後の巡回相談では、Tの表情が以前に比べて柔らかくなり、クラス全体の緊張感もなくなったね、と言われました。担任は改めて、それぞれの育ちに気付きました。

　H町の巡回相談では、クラスの担任にとって関わり方が難しい子どもや、発達がゆっくり、あるいは偏っているようだと感じる子どもに関して、心理士が（保育者が捉えている）発達の課題を聞き取り、保育中に遊びや生活に参加して様子を観察し、その後で保育者とカンファレンスを行います。

　月一回訪問するので、その間の子どもの変化なども確認し合います。そこで、日々接していると気が付かない成長の様子が分かることも多いです。1か月の間でも、保育者が工夫して育てる、意図して関わることで、子どもの変化は必ず生まれます。気にかけて育てる、ということがポイントです。

　発達障害が疑われる子どもが何人か在園する場合は、園全体で情報共有し、チームを組んで保育に当たる必要があります。保護者への働きかけも必要です。

　園の中だけで何とかしようと思うよりも、外部の様々な資源を利用し、専門的な助言を受けながら保育を進める方が有効です。園に丸投げされ、適切な助言が受けられないと、園も保育者も疲弊しますし、なにより子どもが困ったままの生活を強いられます。研修等を利用しながら、よりよい関わり方を学んでいきましょう。

③児童発達支援センターとの連携・協働

　図12-1はH町の連携のイメージ図です。図にある療育施設の一つが「児童発達支援センター」で、多くの市町村に設置されています。児童発達支援センターでは、発達検査の他、療育相談や療育指導が行われており、小学校入学前の特別な支援を必要とする子どもが通園できます。地域の幼稚園、保育所、認定こども園に通園しながら、定期的に（例えば週1回など）利用する子どももいます。

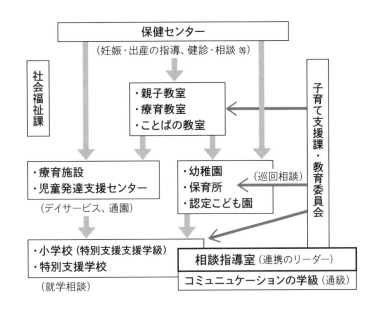

図12-1　H町の連携のイメージ

小倉直子「地域における非常勤専門職の連携の試み」
発達，124，ミネルヴァ書房，2010年，p.33を基に筆者作成

　以上のような専門的な機関から情報を得て整理し、個別支援計画等を立てながら、子どもの発達援助を行っていきます。そこでの情報を基に、保護者と相談をして、家庭との連携もしていきます。

 保育の現場では

保育者支援に関して、現職者の声

現職者に保育者同士の連携や地域での相談機能についてインタビューしてみました。

Q 日々の保育で悩んだ時、悩んでいることをどのようにして解決できるようにしていますか?

A
- 日頃から保育のこと、子どものことを話せる雰囲気や場を作るようにする。
- 担任一人で抱えこまないよう、声をかけあったり、みんなで子どもをみる体制作りをする
- 研修・自己研鑽・職員のスキルアップを心がける
- 相談できる仲間作りが大切
- 保育者同士では、言い過ぎないで、見守る姿勢ももつ

Q 保育者同士ではなかなか出口が見えない時に相談するところはありますか?

A
- (行政の)指導課、子育て支援課等に相談する。指導主事や保健師・社会福祉士等
- OT、PT、ST・心理士などの専門家
- 巡回相談等の心理士
- 地域の養成校の先生や経験のある先輩の先生方

Q 巡回相談では具体的にどのようなことを相談していますか?

A
- 具体的な場面を通しての援助の仕方
- 専門的な立場からの見解や発達についての見立て
- 今行っている援助について、一緒に考え、環境や関わりを工夫する
- 就学相談に向けて相談する
- 保育の悩みなども一緒に考えてくれる安心感がある

Q 巡回相談を利用する時に気をつけていることがありますか?

A
- 保育者の困り感ではなく、子どもの困り感・子どもの視点で考えること
- 心理士の立場からの意見を受けて現場でどのように取り入れられるか、しっかり考えること
- 多面的な捉えと同時に、保育者と子どもの関係性や自分たちの保育観を見直したり、再確認したりする
- 守秘義務
- 柔軟に考えられる体制作り
- 保育者の考えもしっかり伝える

協力　小田原短期大学　乳幼児研究所
保育現職者研究会
（白川三枝）

第13章

保育者としての葛藤

この章で学ぶこと

　本章は、本書を手に取ったあなたが保育者としてどうあるべきかを問う、その核となる章です。

　第1に、保育者が常に葛藤しながら子どもと関わる理由を学んでいきます。第2に、その葛藤を昇華させるために行われるべき様々な研修について触れていきます。第3に、保育者のキャリア形成について学びます。第4に、園長のリーダーシップの下、保育者としてどうあるべきかについても学んでいきます。

　本章において「保育者として葛藤するということ」を学んだことが、保育者として働き続ける理由へと必ずつながっていきます。

1. 保育に正解・不正解はない!?

まずは、次の事例を情景を頭に思い浮かべながら読んでみましょう。

事例 1

海で遊んだ子どもと家族

　ある家族が海に遊びに行きました。父、母、小学校1年生（7歳）と幼稚園の年長児（6歳）の4人家族です。この家族にとって海は泳ぎに行く場所ではなく、波打ち際でみんなで一緒に遊ぶ場所として存在していました。ある日…。

　「ぼく、こんなにたくさん貝を見つけたよ！」子どもたちは2人とも楽しそうです。

　しばらくして、2人は父と母の前にやってきて、両手いっぱいに貝を持ったまま黙って立っていました。

　「はい。どうぞ」と母はビニール袋を取り出し、2人に渡しました。子どもたちは喜んで受け取り、すぐに貝を袋に入れ始めました。

　しかしながら、これが父と母の口論のきっかけとなってしまいました。

　「なぜ、ビニール袋を渡したんだ？」と父親。

　「なぜって、欲しそうにしてたからよ。」と母。

　「欲しいって少しでも言ったか？」「言わないけど分かるよ。」…口論は止まりません。父と母、それぞれの言い分は次の通りです。

　母：貝を持って自分の前に立った時点で、「袋が欲しい」ということが分かる。

　→だから、ビニール袋をあげた。

　父：黙って立っていただけで、他のことをしたかったのかもしれない

　→だから、ビニール袋はあげない方がよい。

　事例1は、実は平成20年7月ごろの筆者と家族のエピソードです。一見、保育の勉強とは関係のなさそうなものですが、「保育のプロ」を目指すあなたが読んでみて、どんな印象を受けたでしょうか。

　事例1を通して最も伝えたいのは、保育に正解はないということです。保育において、明確な不正解[*1]はあったとしても、明確な正解はないということです。このことについて、以下に3つのポイントに分けて解説をしていきます。なお、事例1の父（筆者）も母も、広義における保育者[*2]です。

（1）子どものしたいことは子どもにしか分からない

　子どものしたいことは、大人が予想できたとしても、本当のところは子どもにしか分かりません[*3]。事例1では、子どもたちは両手に貝をいっぱいにして、父と母の前

＊1　子どもに対する暴力、体罰等がそれに当たります（第5章参照）。
＊2　本書第1章1.保育者の存在意義p.3参照。

でじっと立っていました。この後、子どもたちは何をしようとしていたのでしょうか。ビニール袋を渡さなかった場合を考えてみてください。ひょっとしたら、海の方に振り返って貝をすべて放り投げたかもしれません。あるいは、両手から貝を手放し砂浜に戻すかもしれません。その後、貝の個数を数えだすかもしれません。結局は、母が予想したようにビニール袋が欲しいと口にしたかもしれません。このように子どもの行動を予想することが、保育者としてはとても大切な考え方の一つになります。つまりは、保育者として予想できる（される）子どもの行動の可能性をいくつも念頭に置きながら子どもと関わっていくということです。

（2）「先を見通した保育」と「待つ保育」

　先述したように、父は子どもたちが手に持った貝をこの後にどうするのか、子どもたちの次の行動を楽しみに待っていました。母は、子どもたちはきっと貝を入れる袋が欲しいと判断してビニール袋を渡しました。これが保育の中で行われたと想定すると、前者は待つ保育であり、後者は先を見通した保育です。どちらの保育も父と母それぞれの保育者観が基となっている保育です。どちらの保育も正解でも不正解でもありません。こういった時に父と母が口論したように、互いの保育者観をぶつけ合う（事例１のように感情的にはならずに…）ことで、保育者相互の学び合い、育ち合いが培われていきます。それを研修の場等で発言し合うことで、施設全体の学び合い、育ち合いへと昇華させることもできます。

（3）自分がしない保育にこそ感動が潜んでいる

　事例１には、実は続きがあります。

事例1

海で遊んだ子どもと家族（続き）

　父母の止まらない口論なんて子どもたちはお構いなしに、子どもたちはまた波打ち際で遊び始めました。

　子どもたちのどちらからともなく、手に持ったビニール袋に砂浜の砂を入れ始めました。子どもたちは袋を砂いっぱいにしては、出して、それを海水で洗って…そんなことを何回か繰り返していくうちに、袋に少しだけ砂を入れ、そこにさっき集めた貝を入れた後、海水を袋にパンパンに入れて、できあがったものを父と母に見せにやってきました。やはり父は「待ち」ます。母も、この時ばかりは何を伝えようとしているかが分かりませんでした。

「これ、おれのうみ！」

　子どもたちはそう伝えると、また足早に波打ち際に戻っていきました。

＊3　その子ども本人にさえ分からないことも多いかもしれません。大人が何をしてほしいのか、どうしたいのか聞いても、うまく答えられなかったり、その答えがよく分からなかったり…。それらを何パターンか予想して行動するのが保育者です。

いかがだったでしょうか。子どもたちの「おれのうみ」を目の当たりにした父は、まさに感動しました。そして同時に、その感動は自身の保育からは生まれないだろうものであったことについても、父は感動しました。自身がしない保育にこそ感動が潜んでいると知った日となりました。

（1）においては、子どもたちが何をしようとしていたのかを自身の中で様々考える「個の葛藤」、（2）においては、相互に保育者観をぶつけ合う「相互の葛藤」、（3）では自身がしない保育にこそ感動があった「（再び）個の葛藤」、これらのどのポイントにも、「葛藤」が存在しています。

葛藤とは、「心の中に、それぞれ違った方向あるいは相反する方向の欲求や考えがあって、その選択に迷う状態」[*4]であり、何かに迷い、何かに戸惑い、考え続ける自身の姿です。そして本書においては、保育に対して迷い、戸惑い、考え続ける姿を、保育を学ぶ者全てに求めます。さらには、葛藤する者こそ、その先には保育者としての成長が望むことができるでしょう。

先述したように、自身の中での葛藤を「個の葛藤」、保育者間で相互の保育者観をぶつけ合う場面を「相互の葛藤」と位置付けます。さらに、その場面がグループや園全体まで拡大した時、それは「集団の葛藤」となり得ます。特に、相互の葛藤、集団の葛藤の場面においては、保育者間（あるいは園全体において）の相互の学び合いが得られる貴重な機会となります。園において、そういった場をつくり、組織的に取り組むのが「研修」です。

「個の葛藤」→「相互の葛藤（集団の葛藤）」→「個の葛藤」、こういった葛藤の繰り返しこそ、保育者としての成長を促す大きな鍵となります。葛藤が繰り返されるというと、苦しい印象を受けるかもしれません。しかし、後述するような様々な研修にこそ、その苦しさを解消するきっかけが潜んでいます。どうか、葛藤をネガティブに捉え過ぎずに、むしろ成長のための糧であると捉え、ポジティブなものへと昇華させることを切に願います。

2. 資質向上に関する組織的な取り組み——様々な研修

保育者間の相互の学び合いの場、それが研修です。保育者には様々な研修に積極的に参加しながら、個の葛藤に立ち向かう姿が求められます。園にとっては各保育者が成長することこそ、組織の成長の鍵であるといえます。

（1）園内研修

園内では、園長のリーダーシップの下、1年間（4月から3月の間、年度[*5]）の中で様々な研修が計画されます。さらには、年度をまたいで計画される研修も存在します。

形態については、保育者を4〜5名程度のグループに分けて研修テーマに応じて話

---

*4　新村出（編）『広辞苑（第7版）』岩波書店，2018年，p.580
*5　例えば、令和5年4月から令和6年3月までを「令和5年度」といいます。

し合いを進め発表するといったものや、大学教員等の外部講師を招いて講義・演習形式を用いて行うもの等、これも様々考えられます。

　どの研修においても、保育者は積極的に参加する態度が求められます。園内研修のいくつかを以下に挙げておきます。

　　　教育課程に関する勉強会…教育課程をPDCAサイクル[*6]に基づいて毎年再編成していく中で、大学教員を招いて行いました。幼児期の終わりまでに育ってほしい姿（10の姿）への理解、それを踏まえた教育課程再編成等が研修内容でした。
　　　保護者理解のための研修会…これも大学教員を招いて行いました。詳しくは、本項（3）研究にて例示しています。

（2）園外研修

　園から場所を変えて、大学等[*7]へ出向いて研修を受ける形態を園外研修といいます。自身が興味のあるものやスキルをより高めたいものを選択して受けに行きます。あるいは園からの要請があって受けに行くこともあります。後者の場合は園（園長）からの業務依頼として、その園の教職員として受講します。その中でも代表者として受講した場合は、その報告を園に戻ってから行う必要があります。報告は、園長にのみ行う場合と会議等で全教職員（あるいはその一部）に向けて行う場合があります。園外研修においても当然、積極的に参加する態度が求められます。代表的な園外研修を以下に挙げておきます。

　　　初任者研修…1年目の保育者に対して、地方自治体が地域の幼稚園・保育所協会（連合会）等と連携して行います。
　　　スキルアップ研修…自身がより高めたいスキルに応じた研修が様々存在します[*8]。苦手を克服するため、得手をより高めるため、自身の目的に応じて選択しましょう[*9]。

（3）研究

　園で課題となっていることを深く知ろうとするために、園内で研究をすることもあります。研究においても、大学教員等の外部講師を招いて行う場合があります。研修よりも、より長い期間・時間をかけて行われることが多いです[*10]。次に、一つだけ例に挙げておきます。

[*6]　本書第10章1.計画に基づく保育の実践と省察・評価pp.134-141参照。
[*7]　大学の他、地域の公民館・会館、県市町村役所内の一室等、様々な場所で行われます。多くの場合は費用を支払って受講します。
[*8]　技術を学ぶ研修（例：運動会に向けて、子どもが取り組める動き、踊り等を学ぶ）、知識を学ぶ研修（例：特別な配慮を要する幼児への理解を深める）等、様々な内容があります。
[*9]　筆者が勤めていた幼稚園では長期休暇中にスキルアップ研修を園の研修費でもって受講することを求められました。自身で受講したい研修を調べたり、園から受講できる研修の紹介を受けたりして取り組んでいました。
[*10]　研修は、何かを知るために、それを知っている人から教わる営みです。それに対し研究は、何かを知ろうとするために、それを自身で探っていく営みです。研究で外部講師を呼ぶ場合は、それを探る過程でヒントとなる学びを得ることが目的となります。

182

「保護者をどう考えていくか～共に再考しましょう～」（筆者計画の研修内容）＊11

①保護者の再考、②保育者の再考、③園（保育所と幼稚園を対象とした）そのものの再考、④この３者をつなぐものを再考する、で構成されています。

①保護者を再考する、では保護者が置かれている状況（社会環境）をネット環境がすぐそばにあることを想定した保育者の関わりが求められていることについて共に考えていきます。

②保育者を再考する、では保育者として求められる資質を、専門的知識・技術と人間性であると問いながら、人間性とは何かについて考えます。

③園を再考する、では保育所、幼稚園それぞれの果たすべき役割について共に考えていきます。特に保育者の資質向上について、保護者に対する支援の在り方について議論します。

④それぞれをつなぐもの、それを相互理解と称して、それぞれの立場で見えるものをどう共有していくかについて考えていきます。そこに対話がある必要があること、３者間の情報共有が欠かせないこと、そのためには園からの積極的な情報発信が必要であること、等が話し合われます。

（4）様々な課題

筆者が関わる保育現場の声として、特に保育所からは「幼稚園と比較して、保育所のほうが研修を行うための時間を確保することが難しい」といった現状を聞くことがあります。保育所に限らず、どの保育現場においても研修のための時間をどのように確保するかが課題の一つとなり得ます。

（5）教員免許状更新講習～令和4年7月1日付廃止されました

平成19年6月より教員職員免許法の改正に伴い教員免許更新制が導入され、学校の教員に対する更新講習が義務付けられていました。しかしながら、令和4年7月1日付で教員免許更新制は廃止されました。保育者のうち学校として位置づけられている幼稚園教諭免許状について更新する必要があり教員としての能力を維持していくために保育に関する最新の知識・技術を獲得することを目的としていましたが、それが廃止、これから取得する免許状については生涯有効であることとなりました。なお、廃止された教員免許更新制においては、教員免許は取得した年から10年間の期限付き免許となり取得から10年後を迎えるまでに全国各地で行われる教員免許状更新講習を受講する必要がありました。仮に受講せずにそのままにしておくと、その免許は失効となり教員として働くことができませんでした。

＊11　ある保育所と幼稚園で行った研修内容です。1回のみの研修です。対象はその園の保育者（園長を含む）20名程度でした。

3. 保育者の専門性の向上とキャリア形成の意義

（1）学び続ける保育者

　保育者は、一人一人の子どもの発達の状態を見極め、生活や遊びの様子、興味・関心、クラスの子ども集団の様子や関係性に応じて、必要な経験や環境を用意し、関わります。一人として同じ子どもはおらず、一つとして同じクラスはありません。そして毎日子どもの状況は変わります。保育では、ある子にとっては良いことが、他の子にとって良いとは限らず、昨日はうまくいったことが今日はうまくいかないということも多々あります。加えて、価値観や家庭の状況も多様化している現代においては、こうすれば良いという決まったやり方や成功の方程式はありません。保育にただ一つの正解はないということです。ですから、保育者はその子やそのクラスにとってよりよい保育を考え続けなければなりません。そのためには、保育者自身の生活や学び、人間関係を豊かにすることが重要です。それにより、多面的に子どもをみる目が養われ、豊かな保育実践が可能となるでしょう。

　また保育者は、子どもを取り巻く社会の変化にも対応していかなければなりません。グローバル化や情報化、少子高齢化など社会の急激な変化に伴い、高度化・複雑化する諸課題への対応が求められます。中央教育審議会答申「子どもを取り巻く環境の変化を踏まえた今後の幼児教育の在り方について―子どもの最善の利益のために幼児教育を考える―」（平成17年1月28日）では、核家族化や女性の社会進出の進行、地域における地縁的なつながりの希薄化などを背景に、地域社会や家庭の教育力の低下が指摘されました。他者との関わりや自制心、耐性、基本的な生活習慣、運動経験など、これまで子どもたちが家庭や地域の中で体験し、身に付けていたことが十分でなく、保育実践を難しくしているといいます。そうした子どもの育ちをめぐる環境や親の子育て環境などの変化の中で、「幼児教育は，子どもの基本的な生活習慣や態度を育て，道徳性の芽生えを培い，学習意欲や態度の基礎となる好奇心や探求心を養い，創造性を豊かにするなど，小学校以降における生きる力の基礎や生涯にわたる人間形成の基礎を培う上で重要な役割を担っている」のです。

　様々な社会的課題に対応していくために、これからの教員に求められる資質能力として、中央教育審議会「教職生活の全体を通じた教員の資質能力の総合的な向上方策について（答申）」（平成24年8月28日）では、「学び続ける教員像」が示されました。一人一人の子どもにとって必要な経験は何かを考えるうえで、保育者は、現在持っている保育の知識や技術をアップデートすることや、子どもや保育を取り巻く環境の変化や新たな課題について新たな情報を得ていく必要があります。そのため、前節で触れた通り、法令においても研修等が義務付けられています。

(2) 保育者のキャリア形成

　保育者は専門家としてどのように成長していくのでしょうか。近年、地域の子育て支援や虐待の予防・早期発見・早期対応、障害児保育など、保育者に求められる社会的ニーズは複雑化、多様化し、より高度な専門性が必要となっています。また保育士不足が喫緊の課題となる中、離職率を引き下げ、就業を継続できるよう勤務環境や処遇改善等を含めた支援も行われてきています。

　2009（平成21）年度より全国保育士会で行われている保育士のキャリアパス構築に向けた検討の中では、図13-1のように保育士のキャリアパスが構想されています。その特徴は、中堅以上になると専門保育士という領域別のスペシャリストになるという道筋が示されたことです。乳児保育、障害児保育、食育、保健衛生など強みをつくり活かしていくということが示されています。勤務年数が長く経験が豊富なリーダーだけでなく、専門領域ごとにリーダーとなることができるキャリアパスが構想されました。

　国レベルにおいても、保育所保育指針（平成29年版）では、「保育所においては、当該保育所における保育の課題や各職員のキャリアパス等も見据えて、初任者から管

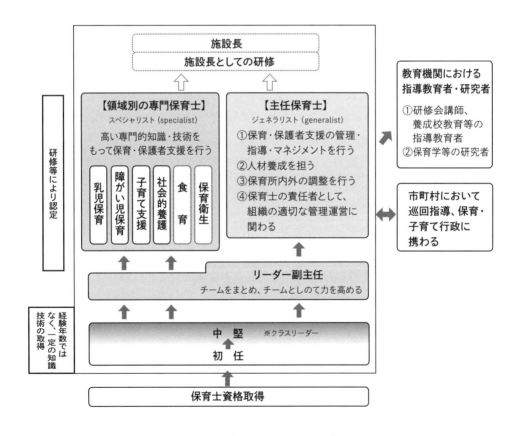

図13-1　保育士のキャリアパスの構想
『保育士のキャリアパスの構築に向けて』
全国保育士会・新たな保育制度への対応に関する検討委員会報告（第1次）2011年より抜粋

理職員までの職位や職務内容等を踏まえた体系的な研修計画を作成しなければならない」（第5章4(1)）ことが示されています。その一環として2017（平成29）年に実施された施策である「技能・経験に応じた保育士等の処遇改善」においては、新たに中堅の教職員に役職を創設し、幼稚園・保育所等におけるキャリアアップの仕組みの構築が図られました（図13-2,図13-3）。多様な能力や専門性を評価し、多層化していくことで、多様なキャリア形成ややりがい、職場復帰に効果が期待されています。具体的には新設されたキャリアアップ研修を受講し、園では修了した研修分野に関わる職務分野別のリーダーとして発令を受けることで、月額給与のアップが図られました。

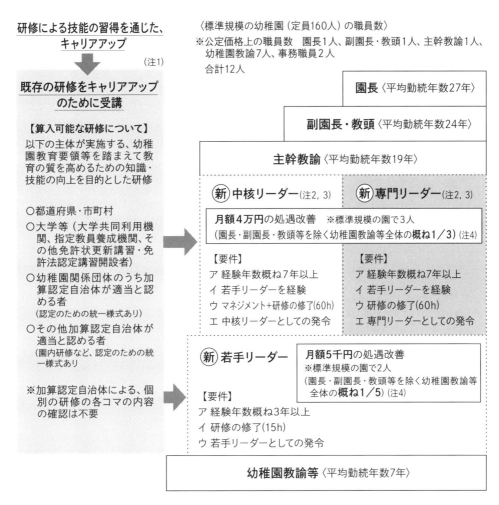

図13-2　幼稚園教諭等（民間）に関するキャリアアップ・処遇改善のイメージ（1号関係）

（注1）研修に係る加算要件については、令和3年度までは研修の受講要件を課さない
　　　研修受講の必須化時期については、研修受講の状況等に係る調査を行った上で、令和3年度の早期に結論を得る。
（注2）指導教諭、教務主任、学年主任など既存の発令を行っている場合は、上記の発令に代替可
（注3）各幼稚園、認定こども園の状況を踏まえ、中核リーダー・専門リーダーの配置比率は柔軟に対応可
（注4）「園長・副園長・教頭等を除く幼稚園教諭等全体の概ね1／3、1／5」とは、公定価格における職員数に基づき算出するもの

内閣府 子ども・子育て本部「技能・経験に応じた処遇改善等加算Ⅱの仕組み」https://www8.cao.go.jp/shoushi/shinseido/faq/pdf/jigyousya/youshiki/shikumi.pdf （2023.10.25）

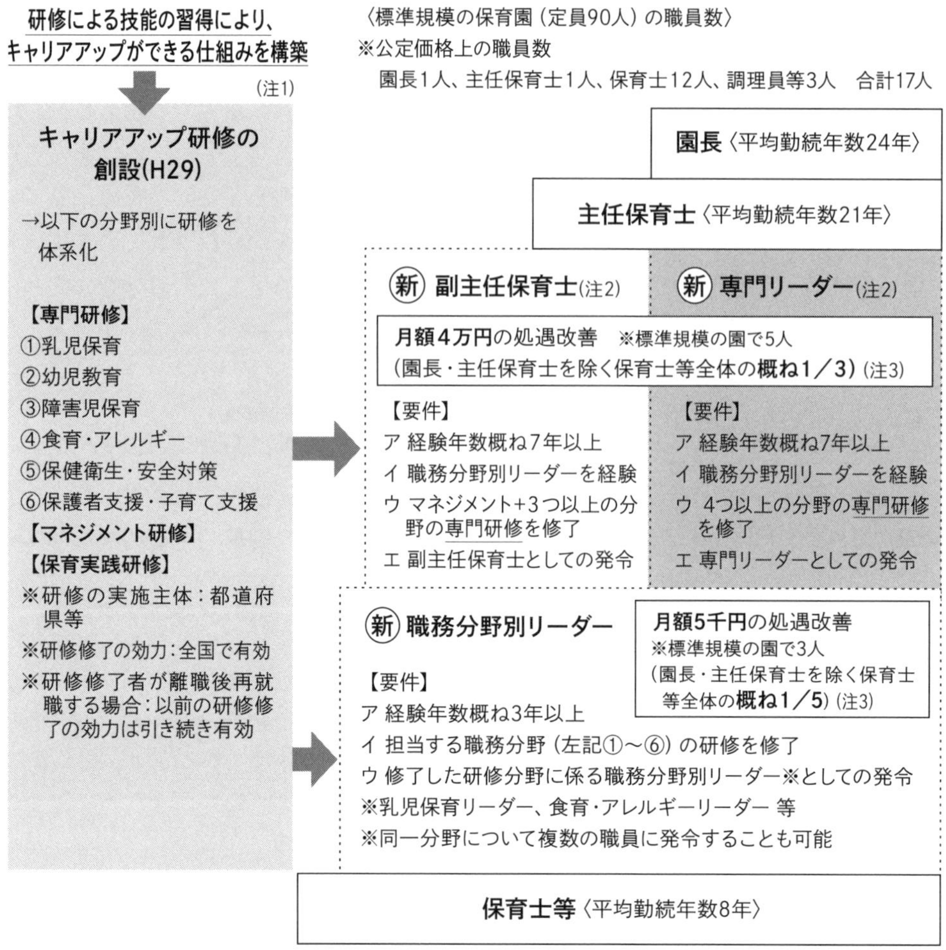

研修による技能の習得により、
キャリアアップができる仕組みを構築
（注1）

〈標準規模の保育園（定員90人）の職員数〉
※公定価格上の職員数
　園長1人、主任保育士1人、保育士12人、調理員等3人　合計17人

キャリアアップ研修の創設(H29)

→以下の分野別に研修を
　体系化

【専門研修】
①乳児保育
②幼児教育
③障害児保育
④食育・アレルギー
⑤保健衛生・安全対策
⑥保護者支援・子育て支援

【マネジメント研修】

【保育実践研修】

※研修の実施主体：都道府県等

※研修修了の効力：全国で有効

※研修修了者が離職後再就職する場合：以前の研修修了の効力は引き続き有効

園長〈平均勤続年数24年〉

主任保育士〈平均勤続年数21年〉

（新）副主任保育士（注2）　（新）専門リーダー（注2）

月額4万円の処遇改善　※標準規模の園で5人
（園長・主任保育士を除く保育士等全体の概ね1／3）（注3）

【要件】
ア 経験年数概ね7年以上
イ 職務分野別リーダーを経験
ウ マネジメント＋3つ以上の分野の専門研修を修了
エ 副主任保育士としての発令

【要件】
ア 経験年数概ね7年以上
イ 職務分野別リーダーを経験
ウ 4つ以上の分野の専門研修を修了
エ 専門リーダーとしての発令

（新）職務分野別リーダー

月額5千円の処遇改善
※標準規模の園で3人
（園長・主任保育士を除く保育士等全体の概ね1／5）（注3）

【要件】
ア 経験年数概ね3年以上
イ 担当する職務分野（左記①〜⑥）の研修を修了
ウ 修了した研修分野に係る職務分野別リーダー※としての発令
※乳児保育リーダー、食育・アレルギーリーダー 等
※同一分野について複数の職員に発令することも可能

保育士等〈平均勤続年数8年〉

図13-3　　保育士等（民間）に関するキャリアアップ・処遇改善のイメージ（2・3号関係）

（注1）研修に係る加算要件については、令和3年度までは研修の受講要件を課さない
　　　研修受講の必須化時期については、研修受講の状況等に係る調査を行った上で、令和3年度の早期に結論を得る。
（注2）一人当たりの処遇改善額及び対象者数については、各保育所等での人員配置や賃金体系の実情を踏まえ、一定の要件の下で柔軟な運用を認めている。
（注3）「園長・主任保育士を除く保育士等全体の概ね1／3、1／5」とは、公定価格における職員数に基づき算出するものである。

内閣府 子ども・子育て本部「技能・経験に応じた処遇改善等加算Ⅱの仕組み」https://www8.cao.go.jp/
shoushi/shinseido/faq/pdf/jigyousya/youshiki/shikumi.pdf （2023.10.25）

　全国保育士会の構想と同様に、ここでも、専門領域を深めることによってキャリアアップを図ることが示されました。組織として保育の質の向上を図るためには、教職員が同様の保育の基本的なスキルや能力を高めるだけでなく、それぞれで深めた専門領域や得意を活かして組織に貢献していくことが重要となっていることが分かります。
　就職後は、迷いや葛藤を感じながら日々、子どもと向き合うことになります。子どもの成長や、保護者とのかかわり、保育における様々な困難や自己効力感を経験して

いくうちに、保育者としてどのように成長していきたいのか、現場でどのように力を発揮していきたいのか、どんな専門性を深めたいのかも見えてくるでしょう。

　そうしたキャリアパスが構想される背景には、保育者の離職の問題もあります。女性のライフイベントである結婚・出産を期に退職するケースも多いのが現状です[*12]。そのために、例えば「短時間正社員制度」を活用した保育士の再就職も促進されており、保育現場においても多様な働き方を可能にする取り組みが進められています。

4．園長としてのリーダーシップ

　園長には、例えば、本章の「2．資質向上に関する組織的な取り組み」で述べたような様々な研修を積極的に計画し実行することが求められます。このように園長は、園においてリーダーとして全体を指揮する立場にあります[*13]。ここでは、そのリーダーシップを園長が発揮するためにはどうあるべきかを、その具体的な仕事や役割がどういったものなのかを知ることを通して学んでいきます。

　園長がどのような働き方をしていて、保育者とどのように関わろうとしているのか、そして園全体をどう方向づけていくのか等を知ることは、一緒に働く保育者にとっても、保育現場への理解をより深めることになるでしょう 。

（1）園長は忙しい!?

　園長の仕事は多岐に渡ります。「園長の仕事って何があるんだろう？」とイメージするだけでも何となくその忙しさを想像できるのではないでしょうか。

　具体的に例を挙げると、様々な行事や研修には必ず顔を出して、子どもたち（保育者や、時に保護者も含めて）の前で挨拶の言葉を述べます。

　日々の細かい仕事として、毎朝届いている手紙（FAX等も含まれます）やメールチェック[*14]を行います。園だよりを自ら作成したり、園のホームページを更新したり、SNS発信をしたり…今日の給食の数（登園した園児数に応じて注文する場合）を数えている園長もいます。

　まだまだあります。保育者養成の学校からは実習生が毎年多くやってきます。担当の教職員を置いて対応している所も多いですが、園長は次世代の人材を育てる使命感をもって、多くの実習生とも関わっていきます。次年度に保育者の欠員が見込まれる場合は、教職員の新規採用に関することも園長の仕事の一つです[*15]。

　園内の会議や研修全般のコーディネート[*16]を行うことも仕事の一つです。具体的には、園内研修を園長自らが行う場合の準備や、外部講師を招聘する場合の人選や連絡の指示、

＊12　森本美佐・林悠子・東村知子「新人保育者の早期離職に関する実態調査」『奈良文化女子短期大学紀要』第44号，奈良文化女子短期大学，2013年，p.104
＊13　園長のリーダーシップについては本書第11章 1.園内の保育者チーム p.152参照。
＊14　事務職員等があらかじめチェックを済ませている園もあります。
＊15　欠員の見込みがない場合でも、万が一に備え、新規採用の仕事を行うこともあります。
＊16　園全体を調整しながらまとめることです。

会議・研修中の議論等が行き詰まった時の「大切な一言」、各会議・研修における教職員役割の指示[17]等があります。もっといえば、会議・研修の際に必要な茶菓子や飲み物を人数分用意することを誰かに指示したり、あるいは自身で用意したりする園長もいます。

　言い洩らしたものもあるかもしれませんが、ここで伝えたいことは、園長はやはり「忙しい」ということです。その忙しさの中にいても、園長は子どもたちのことはもちろん、保育者、保護者、地域の人たち等、園に関わる全ての人たちのために存在し働いていることを、保育者として知っておいてください。

（2）園の「代表的な顔」としての園長

　言うまでもなく、園長は園の「代表的な顔」として存在しています。日頃、何も起きていない状況下においても、対外的に園の顔として様々な応対を行っています。例えば、園にかかってくる多くの電話は園長宛です。代わりの担当をおく園もありますが、それでも園長が電話をとらない日はないといっても過言ではありません。さらに、公私にかかわらず[18]外食や買い物に行けば、必ずと言っていいほど子どもや保護者に出会います。ここでも代表的な顔としての応対が求められます。

　何かが起これば、より代表的な顔としての役割が鮮明になります。園児がけがをしたり事故に巻き込まれたり等、何かトラブルが生じればその全ての責任の終着点は園長です。例え、保育者個人の人為的なミス等があった場合においてもこれは変わりません。園長はリーダーとして生じてしまったトラブル等に関する説明責任、今後同様のことが起こらないようにすべく園内における改善案の策定・公開等が求められます。

（3）いつでも受け入れる姿勢、それこそリーダーシップの出発点

　（1）で述べたように、忙しさを極める園長ではありますが、「いつでも受け入れる姿勢」[19]こそ、園長としてのリーダーシップを発揮するためのスタート地点であることを強調しておきます。子どもたちはもちろん、教職員、保護者、地域の方々等、園に関わる全ての人たちが「園長にいつでも受け入れてもらえる」という安心感を抱くことが、園長を中心とした人と人とのつながり、またそこからの人から人へのつながりへと広がっていくことでしょう。

〈参考文献〉
・神長美津子「専門職としての保育者」日本保育学会編集常任委員会（編）『保育学研究』第53巻第1号，日本保育学会，2015年，pp.94-103

＊17　例えば、司会や記録等を行う教職員を決める、あるいは決めるよう促すこと。
＊18　プライベートの時間も含めて、という意味です。
＊19　誤解を恐れずにいえば、暇そうにしていると言い換えることもできます。

先生だって勉強します!!

①「おれのうみ」と「みんなのうみ」

「おれのうみ」の話、面白かったですね。なぜ私が面白かったと感じたかというと、子どもの遊びに「感動」していたからです。子どもが面白いと思ったことに感動する力ってすごいことですよね。こんな心を忘れないでいてほしいと思います。子どもが発見し追究していた「おれのうみ」を、私たち保育者は、ついつい勝手に「みんな」の「うみ」にしてしまいがちなことにも気を付けなければなりません。してはいけないということではなく、結果的にそうなっていったとしたら理想的だとは思いますが、「おれの」なのに「みんなの」にされてしまった子どもの気持ちは、どうなのかということを常に考えながら保育をしていかなければなりません。そしてそのような葛藤が保育中にたくさんあります。その心を汲むことが「寄り添う」ということなのかもしれませんね。

　結果的に、「おれのうみ」が「みんなのうみ」になったとき、集団としての保育になっていくのかもしれませんね。「個」と「集団」に対してはいろいろな見解がありますが、どちらか一方に偏らず考えていきたいですね。

②答えのない問題

　そんな問題は、絶対に解けないですよね。だから私たち保育者は学び続けます。

　これが正しいということが明確ではなく、様々な子に、様々な答えがあります。

　研修に出ることで、保育の新しい価値観に出会います。遊びに行くことで、自分に新しい価値観が生まれます。保育者と語り合うことで、その価値観を発揮できる環境を見つけることができます。そして何より、子どもたちから毎日、たくさんのことを学びます。

③園長先生！　先生!!　助けて♪

　保育者って、保育室にいると孤独なんです。孤独なんて言うと、誤解を受けてしまいそうですが、保育が始まると子どもと一緒に過ごし目の前のことに真剣に関わっています。どの保育者も一緒なのでなかなか、保育中にアドバイスを求めに行くことは難しいのです。だからこそ、前日などに保育者と子どものことについて語り保育の準備をしておくことはとても大切だと考えています。13章文中に、園長先生の多忙さが書かれていましたが、園長先生も、保育者と気軽に語り合う関係を望んでいるのかもしれません。園長先生は、保育の質の向上をいつも考えています。時には職員を叱咤激励することもあります。だからこそ、職員との関係を不安に感じている園長先生も多くいるのが現状です。意外と、園長先生こそ孤独なのかもしれませんね。

（土井敬喜）

第14章

保育の現代的な問題

この章で学ぶこと

　この章では、保育の未来を担うみなさんが直面するであろう、昨今の保育現場が抱えている諸問題をみていきます。

　まず、保育者として働き続けようとする際にぶつかる課題について。次に、日常的に起こり得る事故や災害に対し、危機管理にどう取り組んでいくべきか。最後に、園での毎日の業務を効率化するために欠かせないICTの活用について述べていきます。

　本章で学ぶことは、保育者として働き始める際の一つの指標となるでしょう。特にICTの活用については、現段階でパソコン等の操作が苦手な人は、今のうちに慣れるよう取り組んでおくとよいでしょう。

1．就労継続の問題—働き続けるために

（1）保育現場の実態

　2013（平成25）年の厚生労働省の調査では、保育所保育士として働く人の数は約41万人おり、常勤で働く保育士は約31万7千人です。また、それ以外に、資格は所有しているものの何らかの理由で現在、保育の現場に就いていない保育士（潜在保育士）が70万人以上います。常勤で働く保育士のうち、ほぼ半数にあたる約15万6千人は経験年数が8年未満となっています（表14-1）[*1]。もう少し細かく見ていくと、経験年数6年未満の保育士が40.1%のところ、6～10年未満はその半数以下の16.4%、10～14年未満は12.1%となっています（図14-1）。

　幼稚園教諭も同様に4年以下が33.6%、5～9年が22.7%、10～19年が28.2%、20年以上12.2%となっています（図14-2）。

　経験の浅い保育者が多く、経験を積むことができてきた時期に現場を離れている可能性があり、長期就労が難しいことを物語っています。

表14-1　保育所保育士の経験年数（2013年，常勤のみ）

経験年数	2年未満	2～4年未満	4～6年未満	6～8年未満	8～10年未満	10～12年未満	12～14年未満	14年以上	不詳	総数
人数	47,392	43,205	36,934	28,773	23,036	20,049	18,248	88,361	11,148	317,146
割合	14.9%	13.6%	11.6%	9.1%	7.3%	6.3%	5.8%	27.9%	3.5%	100.0%

厚生労働省『第1回保育士等確保対策検討会　資料4』2015年　スライド7を基に筆者改変
https://www.mhlw.go.jp/stf/shingi2/0000103649.html （2020/01/07）

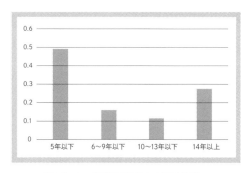

図14-1　保育所保育士の経験年数
（2013年，全国）

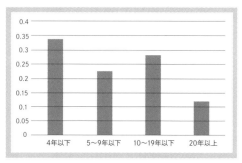

図14-2　幼稚園教諭の経験年数
（2017年，広島県）

公益財団法人広島県私立幼稚園連盟「人材確保に向けた調査研究事業報告書」
文部科学省，2018年，p.3を基に筆者作成
http://www.mext.go.jp/a_menu/shotou/youchien/1396677.htm （2020/01/07）

＊1　出典は平成25年社会福祉施設等調査（厚生労働省）。なお、経験年数を示しており、1か所で務めた年数ではない。

（2）自分の（心の）よりどころを知る ——キャリア・アンカー

　キャリア・アンカー[*2]とは、仕事を行っていく上で何かを犠牲にする必要がある場合、どうしても諦めきれない、譲れないと感じる能力・動機・価値観です。アンカーとは碇(いかり)を意味します。碇は船が流されないように、一定の範囲に留めるための道具です。働き始めると様々な考え方や価値観をもっている人や組織と出会い、協働します。その中で流されかけても、自分の中に碇となるよりどころがあれば、引き戻されたり、自己実現を考えたり、自分のなかの自分を発見したりできます。

　キャリア・アンカーには8つのカテゴリーがあり、自己診断表により得点化されます。その中で得点の高い2つほどのカテゴリーがその人の譲れない部分、すなわちアンカーになります。自分自身が仕事に対してどういった価値観をもっているかを知ることは働く上で非常に大切です。なぜなら自分の価値観と職場や上司、同僚から求められているものにギャップ（差）があると仕事に集中できません。自分の譲れないもの（アンカー）を知ることで働き方が変わってきます。また、過去の出来事と照らし合わせてみると、アンカーが影響していたかもしれません。ここでは8つのカテゴリーの特徴を一つ一つ見ていきましょう[*3]。

①専門・職能別コンピタンス

　専門家として能力を発揮できることに満足や喜びを感じます。その反面、専門家として能力を発揮できない環境になると満足や喜びを感じなくなります。職位や地位に対してあまり魅力を感じません。

②全般管理コンピタンス

　責任のある仕事、人をまとめる仕事にやりがいを感じます。また、出世欲も強く、高給や職位、地位、部下の数などに魅力を感じます。

③自律・独立

　規律やまとまりよりも自分のやり方やペースで働く環境を優先します。よって昇進も自分のペースが乱れる可能性があれば魅力的に捉えません。

④保障・安定

　終身雇用などの安定を望みます。仕事内容より、給与や働く環境、福利厚生に関心があります。定期的な昇進、昇給を好みます。

⑤起業家的創造性

　何か新しいことに取り組むことや新しいアイデアを生み出すなど創造性を重視します。ただ、飽きっぽさももち合わせています。「③自律・独立」との違いは、とにかく自分で何か新しいことを試みたい、新しい何かを生み出したいという思いをもっている点です。

⑥奉仕・社会貢献

　何らかの形で世の中を良くしたい、良くするという価値観をもっています。そ

---

*2　E. H. シャイン／金井壽宏（訳）『キャリア・アンカー：自分のほんとうの価値を発見しよう』白桃書房，2003年
*3　本来、キャリア・アンカーは自己診断表などを基に自分のアンカーを絞り込んでいきます。

の価値観に適合する仕事に興味をもちます。給与が上がる昇進よりも、自由度や影響力が高まる昇進を好みます。

⑦純粋な挑戦

　自分を試す機会を望み、困難な場面を求めたりします。競争心や野心のない同僚などと共に働くことは苦手です。

⑧生活様式

　仕事も家庭も大切にしたいと思っています。育休や有休、時間休、フレックスなど個人の働き方に合わせもらえれば、所属先に対して前向きに働きます。

　8つのカテゴリーそれぞれは「どれが良くて、どれが悪い」というわけではありません。また、「共感できるカテゴリーが保育者に向いていないんじゃないか」というような職業とのミスマッチの心配も必要ありません。例えば、「⑥奉仕・社会貢献型」は、医療、看護、社会福祉、教育の従事者に多いと言われています。しかし、医者であれば専門性を発揮したいと考えても不思議ではありません。保育者でも専門性を発揮したい保育者もいれば、自分の保育者としての可能性を試したいと思う人もいるかもしれません。将来は園長になりたい人や自分の園を持ちたいという人もいるかもしれません。冒頭で、仕事を行っていく上で、何かを犠牲にする必要がある場合、どうしても諦めきれない、譲れないと感じる能力・動機・価値観と説明しましたが、逆をいうと自分が仕事に何を求めているのかとも捉えることができます。職場を決める際、職場の雰囲気、文化などと自分のアンカーを考慮しながら選択するのも、長く働き続けるためには大切です。

（3）自分に合った方法でストレスに向き合う

　人は生活を送る上でいろいろなストレスを感じることがあります。ストレスには、快ストレスと不快ストレスがあります。例えばトップアスリートは大事な試合に挑む際、適度な緊張状態にあります。この「適度な緊張」が快ストレスです。過度な緊張は逆に不快ストレスです。不快ストレスを多く感じるとメンタルの不調につながります。

　そもそもストレスとは、まず原因となる「ストレッサー」を認知します。その結果、イライラしたり不安になったり、ドキドキしたりすることを「ストレス反応」といいます。これらを総称してストレスと呼びます。

　それでは、ストレスに対してどのように対処すればよいのでしょうか？　ストレスに対処する方法を「ストレスコーピング」といいます。ストレスコーピングには「問題焦点型コーピング」と「情動焦点型コーピング」があります。

　問題焦点型コーピングは、状況を自分の力で変えられると認識した時に有効です。原因に焦点をあて、状況を分析し、状況を変化させたり除去したりします。例えば、難しい授業がある（原因）、苦手な箇所がある（状況分析）、しっかりと予習復習する（状況変化・除去）という具合です。一方、課題が大変（原因）、アルバイトが忙しい（状況）、

課題をあきらめる（除去）。これも立派な問題焦点型コーピングです（問題焦点型コーピングの回避・認知型）。

　情動焦点型コーピングは、状況を自分の力で変えられないと認識した時に有効です。原因を受け入れ、怒ったり、泣いたりすることで苦痛や快・不快感を変化、除去します。例えば、職場の人間関係がストレス（原因）、うまくやっていけるか不安、誰かに相談する（変化）という具合です。一方で、せっかく作った教材を使った活動がうまくいかなかった（原因）、辛くて泣いてしまった（苦痛）、パーッと気分転換しよう（変化・除去）、これも情動焦点型コーピングです（回避・行動型）。

　上手にストレスと向き合うには、自分に合ったコーピングを知る、知っておくことが望まれます。また、一つのコーピングに固執するのではなく、状況に応じてコーピングを使いこなす必要もあります。ただ、「絶対に遅れてはいけない書類が完成していないのであきらめる（問題焦点型コーピングの回避・認知型）」など、その状況に適さないコーピングで対処してしまわないよう、コーピングの使い方を間違えない判断をする必要があります。

（4）いろいろな自分を知る

　ある人は現場では保育者であり、主任も任されている。しかし、家に戻ると自分の子どもの母親（父親）でもありパートナーの妻（夫）でもある。このように現代社会では一人に対して複数の役割が与えられています。ある役割は他の役割（例：保育者→母親）に対して良い影響（達成感、やる気アップなど）や悪い影響（葛藤やストレス）を与えています[*4]。良い影響とは、例えば保育者としての知識を職場以外の場面（保育者以外の自分自身のママ友など）で生かすことができた、求められたなどです。専門職ならではの充実感です。一方で悪い影響とは、仕事の都合で子どもの学校行事に参加できなかったなどです。こういった役割がもたらす影響を自分なりに考え、理解することで、前述（3）のコーピングが生きてきます。

　また、時と場合によっては自分のがんばりやほめてもらいたいこと、気付いてもらいたいことを同僚や家族に要求する[*5]ことで（例：「今日の活動、すごくうまくいったんです」）意欲が湧いたり、心の負担の軽減につながったりします。

*4　スピルオーバーといいます。
*5　交流分析（TA）におけるポジティブ・ストロークを要求することです。

ワーク

　自分にしっくり来るアンカーはありましたか？　以下の問いにできる限り細かく答えてみましょう。

1. なぜ、保育の分野を選んだ（目指した）のですか？

_____

_____

_____

_____

2. 保育を選んだこと（目指したこと）について、現在どう思っていますか？

_____

_____

_____

_____

_____

　どうでしたか。過去を振り返り、保育を選んだ際の意思決定や現在の状況と考え方に変化がありましたか。変化があった人もなかった人も、そこにはあなたのアンカーが影響している可能性があります。

〈参考文献〉

石井源信・楠本恭久・阿江美恵子（編）『現場で活きるスポーツ心理学』杏林書院，2012年

小木和孝（編集代表）『働態研究のツール』人類働態学会，2018年

http://www.humanergology.com/kaihou/doutaiTools_web20190514.pdf（2020/01/07）

2．危機管理

　幼稚園教育要領、保育所保育指針、幼保連携型認定こども園教育・保育要領それぞれの、３歳以上児のねらいおよび内容　健康、内容の取扱いには、次のように記されています[*6]。

> 　安全に関する指導に当たっては、情緒の安定を図り、<u>遊びを通して</u>安全についての構えを身に付け、危険な場所や事物などが分かり、安全についての理解を深めるようにすること。また、交通安全の習慣を身に付けるようにするとともに、<u>避難訓練</u>などを通して、災害などの緊急時に適切な行動がとれるようにすること。
>
> ※下線部は筆者による

　日頃の「遊びを通して」子ども一人一人の安全を、保育者が確実に保障することを、本節においては「個における危機管理」と表現します。また、「避難訓練」に代表されるような、園全体で取り組むものを「集団における危機管理」と表現します。どちらの危機管理においても、保育者は子どもを守るために欠かすことのできない大切な役割を担うことになります。

（1）個における危機管理

　保育者は不測の事態に子どもの身に危険が及ばないよう、常に気を引き締めつつ、日頃の保育を実践していく必要があります。しかし、どんなに気を付けていたとしても、事故は起こり得ます。<u>万が一、事故が起こった際は、真っ先に園への報告をすることが保育者には求められます。</u>

　事故を防止するための保育者の具体的な取り組みとして、園の内外や園庭等に危険な箇所がないか、故障している遊具はないか等、保育中はもちろん、子どもの登園前、登園後も入念にチェックすることが求められます[*7]。さらには、子どもが昼寝をしている時、水遊びの最中等、子どもから絶対に目を離さないことが必須の行動様式となります。保育現場の実際として、絶対に目を離さないということが難しい状況もあります。そういった場合は、集団における危機管理へとつなげていきます。

　手洗い、うがいに代表されるような子どもの衛生管理についても、保育者はその指導・援助に努めなければなりません。食事の際にも子ども一人一人の実情に合わせた指導・援助が求められます。例えば、アレルギー疾患のある子どもへの対応としては、栄養士や調理員のアドバイスを受けながら適切な食事提供を確実に行う必要性が生じます。食物アレルギーは子どもの生命に関わる場合もあります。くれぐれも慎重に、誤った食事を提供するようなことのないように対応してください。それでも、万が一間違い

---

*6　幼稚園教育要領 第2章 健康 3（6）
　　保育所保育指針 第2章 3（2）ア（ウ）⑥
　　幼保連携型認定こども園教育・保育要領 第2章 第3 ねらい及び内容 健康 3（6）
*7　安全の確認も、第2章 2.幼稚園教諭の一日の流れp.13，p.18で述べた環境構成に含まれます。

が生じてしまった場合は、その瞬間に適切な対応が求められます。園ではこういった場合の対応マニュアルが策定されています。したがって、事前にマニュアルにしっかりと目を通しておく必要があります。

　事故が起こりそうな時、事故が起こった後、どちらにも共通していえることがあります。それは、自分一人で抱え込まないということです。直観的に理由もなく危険を察知したことでも構いません。必ず園へ報告しましょう。すぐそばにいる保育者でも構いません。特に保護者から言われる様々なことについて、少しでも分からないこと、すぐには答えることができないようなことがあった場合には、まさに一人で抱え込まないということが大切になってきます。「○○ちゃんの保護者に△△と言われましたが、どう答えてよいか分かりません」と園長（あるいはそれに準ずる者等）へ相談しましょう。他の保育者でも構いません。後になって、「実は△△と言われていました…」などと報告するのは、筆者の経験上、遅すぎることが多いからです。とにかく、すぐに報告・相談してください。

（2）集団における危機管理

　個における危機管理に加え、保育者間、園全体でチームとなって、常時子どもを見守る体制を作り上げることも大切です。例えば、水遊びの際、複数の子どもから目を離さないでいることが保育者一人では難しい場合は、複数の人員を配置して役割を分担するなど、集団における危機管理につなげていく必要があります。

　また、園には危機管理マニュアル等、様々な危険を回避するために必要な事項が書かれている文書があります。それらに事前に目を通しておき、万一の事態には確実に対応できるよう、日頃から心がけておきましょう。

①保健計画・安全計画等

　園全体で子どもの衛生管理や日頃の安全を保障するために、様々な年間計画を策定しています。代表的なものとして、保健計画（内科検診、歯科検診、身体測定等が含まれる）、安全計画（園内の設備点検、園バス運行の際のマニュアル等が含まれる）が挙げられます。これらの計画に基づいて、保育者は日頃の保育活動を進めていくことが求められます。それぞれにおいて気づいた点があれば、直ちに園（園長・施設長、あるいはそれに準ずる者）へ報告することも求められます。

②避難訓練（地震、火災、人災）

　園の年間計画の中に、避難訓練も設定されています。避難においては、子どもの生命を守ることはもちろんですが、保育者自身の生命を守ることも大切です。避難訓練は、地震や火災を想定したものの他に、昨今の社会状況を踏まえ、人災[8]を想定したものも行われています。どの訓練も、保育者は事前にその計画や園のマニュアル等をしっかりと読み込み、実際に起こった時と同じ緊張感でもって、自身の役割を全うすることが重要です。

＊8　2019年は事件の容疑者の逃走事件が立て続けに起こり、筆者の関わる幼稚園ではそのうち1件を受けて2日間休園にしました。不審者対策のほか、近年は弾道ミサイルを想定した避難訓練の必要性も考えられます。

> **ワーク**
>
> 　あなたが生活している学校等において、安全な場所と、危険な場所を、思いつく限り挙げてみましょう。
>
> 〈安全な場所〉
>
> _____
>
> _____
>
> 〈危険な場所〉
>
> _____
>
> _____
>
> _____

　安全な場所、危険な場所という2つの視点は、園においても同様に考えられます。ボランティアや実習に臨む際、これらの視点をもちながら子どもと関わることが、自身で取り組む危機管理の第一歩と言えます。

3．ICTの活用

　近年、社会での業務効率化や働き方改革などの動きによって、保育業界でもICT[*9]の活用が広がってきています。

　従来、園では膨大な紙の書類が様々な場面で記録され、保管されてきました。しかし、同じ情報を複数の書類に何度も記録しなければならなかったり、必要な情報が複数の書類に分割されていたりと、「効率」の面で乏しい状態でした。

　そのような状態も、保育業務支援システムのソフト[*10]やアプリ[*11]を使うことで、同じ情報は一度の入力で複数の書類に転記したり、ひとまとめにできる情報は一つの書類にまとめたりと、業務の効率化につながります。

　ここでは、実際に園でICTをどう活用しているかを紹介していきます。

（1）園運営や登降園の管理

　園を運営する中で、保育者は様々な情報を取り扱います。例えば、子どもの名簿、住所や、保育料などの情報は、紙でまとめると膨大な量になります。

　子どもの情報は、園全体、クラス、グループなど、様々な場面で使われます。子どもの名前など同じ情報を、複数の書類に一つずつ書いていくだけで大変です。その後さらに、書類に様々な記録を加えていくのですから、労力を考えると、書類の質は「作

[*9]　Information and Communication Technology（情報通信技術）の略。
[*10]　ソフトウエアの略。パソコンなど電子機器本体（ハードウエア）に対し、OSやアプリケーションなどを指します。園では、アプリに対し、パソコンで使うものをソフトと呼ぶ場合が多いようです。
[*11]　アプリケーションの略。携帯電話やスマートフォンで使うものをアプリと呼ぶ場合が多いです。

成するだけで精いっぱい」になってしまいかねません。それらの情報を、園運営管理ソフトを使うことで、ひとまとめに管理することができます。同じ情報は、一度入力するだけで、他の必要な書類にも自動で転記されます。書き間違いの訂正の時間も大幅に削減されます。

　また、利用時間の異なる子どもたちが在園していれば、登園・降園の時間もばらばらになります。その際、手書きの出席簿だと、保護者が子どもを送り迎えに来た時、保育者がすぐにチェックできない場合もあります。そこで、カードキーや、タイムカードのような機能を使うことで改善することができます。カードキーを使用して玄関を開錠することで不審者対策にもなりますし、登園・降園のリアルタイムでの打刻は、災害時の人数管理にも役立ちます。

（２）計画や記録の作成

　保育者の業務のうち、帳票管理にもICT活用の利点があります。ここでの帳票とは、保育計画や日誌、連絡帳などを指します。

　例えば、先週の週案の反省を生かして今週の週案を立てるなど、計画を作成する際、何冊ものファイルに保存された記録を参照するよりも、一つのソフトにまとめて保存された記録があれば、参照がしやすくなります。さらに、例文や過去の文章を参照することで、その時の子どもに合った文章表現をすぐに入力することができます。年間カリキュラム、月案、週案と、長期の計画に基づいて短期の計画を立てる際も、参照のしやすさは業務効率の改善につながります。

（３）保護者との連携

　園では、保護者との綿密な連絡が必要となる場面が多くあります。連絡帳を使っている園も多いかと思いますが、ここでは、保護者用のアプリを活用する例をみていきましょう。

　アプリでは、連絡帳のやり取りはもちろん、出欠連絡などもできます。また、メール配信で園から直接、保護者にお知らせを伝えることができます。園での掲示や紙のおたよりでは、保護者の中には見落としてしまったり、なくしてしまったりする人もいます。結局、口頭でお伝えしたり、お知らせが伝わらなかった保護者からクレームを受けたりすることもあります。その点、お知らせをアプリで配信すれば、既読の確認もできますので、保護者がお知らせを見ているか見ていないかも一目瞭然です。

　そして、多くの園で活用されているのが、アプリの写真販売の機能です。普段の保育の様子を撮影した写真を販売している園は多くあると思いますが、今までは模造紙などに何百枚も写真を貼って掲示し、保護者に購入希望を募り、焼き増しをしている園がほとんどでした。この方法は、保育者の負担がとても大きいです。電卓で計算して、注文書に転記して…などを遅くまで園に残って行う保育者も多かったと思います。そこで、写真を園がアプリにアップロードする方法を取ると、保護者がアプリで閲覧して、ネット通販感覚で購入することができるようになります。デジタルカメラで撮影した

写真もパソコンからすぐにアップロードできるので、かなりの時間の短縮になります。保護者にとっても写真を選びやすい状態で購入できるので、双方にメリットが増えます。

　保育者には、子どもと直接関わる以外の業務が多くあり、その負担が保育業界では問題視されてきました。その業務をICTの活用によって効率化することで、子どもと向き合う時間が確保しやすくなり、保育の質が上がることが期待されます。

　子どもの発達を保障する保育という仕事はとても尊いものです。働く人や利用する人がより快く保育の現場に関わっていくためには、先進技術の取り入れがだんだんと不可欠になってくると思われます。

表14-2　保育士の業務内容とアプリの利用の一例

例

時刻	業務内容	アプリの利用
7：00	登園（標準時間）	登園記録 欠席・遅刻の受付
8：00	登園（短時間）	連絡帳の確認
9：30	朝の会	健康記録
10：00	クラス活動	写真撮影 けが等の記録
12：00	昼食	食事記録
13：00	午睡	睡眠チェック表記録 保育日誌・連絡帳記録
14：30	おやつ	食事記録
15：00	遊び	写真撮影
15：45	帰りの会	お知らせの送信
16：00	降園（短時間）	降園記録 引き継ぎ
18：00	降園（標準時間）	計画作成

保育園・幼稚園ICTシステム「コドモン」　https://www.codmon.com/　（2020/01/07）
「保育士の書類業務にかかる時間が減少します」の表を筆者改変

私のストレス解消法

　保育の仕事は、人の心と向き合う仕事です。人の心は、保育の対象となる子ども、その保護者また保育を進める上での先輩、後輩、同僚等です。あまりに多くのいろいろな人との関わりに、時に疲れてしまう保育者も少なくありません。

　そんな時は…自分の好きなことに"向き合って"みるのはいかがでしょうか？

　一度心をリセットすると、狭かった視野が開かれて、また新たな角度からいろいろなことが考えられるようになります。それを"ストレス解消"なんていうのかもしれません。そんなストレス解消の中にも実は多くの保育のヒントが隠れていたりすることもあります。例えば…絵を観に行ったとしたら、次の製作の技法に取り入れられそうなヒントを見つけたり、ダンスが好きな人は、自分がダンスしながらそれを発表会や運動会の動きに取り入れてみたり、本が好きな人は、子どもたちが気に入りそうな絵本を探しに本屋を歩き回ったり…そんな中に保育のヒントが潜んでいたりするものです。

　他にも自分が好きなことなら何でもいいです。旅行に行ってもいいですし、ドライブしたり、キャンプに行ったり、映画を観たり…自分のリフレッシュに向けて楽しむことが明日の保育に新たなヒントを与えてくれるかもしれませんよ。そんな中、「これ、子どもたちに伝えてみよう」とか「子どもたちと調べてみよう」とか…子どもたちのことが少しでも頭に浮かんだとしたら、あなたは本当に子どものことが好きで、それこそ保育者として一番大切な気持ちです。

　ちなみに私のストレス解消法は、フラダンスです。ずーっと習っているフラダンスで心も体もリフレッシュしています！　ゆったりとした音楽に身を委ね、素敵な衣装を身にまとい踊っていると、その時は仕事での様々なストレスも忘れることができます。また、習っているまわりの仲間はいろいろな仕事に就いていて、かつ年代も様々なので、休憩中には世間話をしながら、その中で知らない仕事の話を聞くことができるので、視野が狭くなってしまった私の思いもそこから拡げられるような気になります。

　フラダンスでのハンドモーションを子どもたちの発表会に取り入れることで、保護者から大絶賛頂いたこともありました！（ちょっとだけ…自慢です…）きっとあなたのストレス解消法も保育に役立つ時が来ると思いますよ。

　　　"Mahalo nui！（ありがとう！）"

（野津裕子）

第15章

保育者を目指す
あなたへ

この章で学ぶこと

　保育者は保育に関する専門家（プロフェッショナル）です。　第1章か
らここまで学ぶことで、このことが胸に刻まれたかと思います。

　本章前半では、総まとめとして、ワークを通して改めて「保育者とは
何か」を問い直します。後半では、自己理解した保育者とは何かについ
て述べます。

　最後になりますが、本書の全ては、保育者を目指すあなたへの応援の
メッセージです。あなたがよき保育者となるよう、心から願っています。

1．本書のまとめ

　ここでは、保育者論の学びを終えようとしているあなたに、あなた自身が子どものころに関わった保育者を、2つの視点から思い出してもらうことで、本書の総まとめをしたいと思います。

ワーク

　保育者とのよい思い出(楽しかったこと、うれしかったこと)を挙げみましょう。

_____

_____

_____

_____

_____

　ヒント　絵を描いてくれた、何かをほめてくれた等。

　保育者とのよくない思い出（嫌だったこと）を挙げみましょう。

_____

_____

_____

_____

_____

　ヒント　好き嫌いせず食べるように言われた、何かで怒られた等。

　さて、いかがだったでしょうか。ここでも、私が受け持っている授業内で学生たちに同様の質問をした結果をお見せします（表15-1、表15-2）。やはりとても素直で素敵な意見が多数出てきています。

表15-1　保育者とのよい思い出

・<u>誕生日を覚えていて</u>、祝ってくれた

・一緒に遊んでくれた、画用紙で作った<u>メダル</u>をくれた

・一輪車が乗れるようになったことを<u>喜んでくれた</u>、優しい声をかけてくれた

・年齢が下の子の世話をした時に、ありがとうと言ってくれた

・けがをして入院していた時に、クラスの<u>アルバム</u>をくれた

・抱きしめてくれた、けがをした時に治療してくれた

・分からないことを教えてくれた、<u>ありがとうと言ってくれた</u>

・いつも笑顔でいてくれた、丁寧に話をしてくれた、<u>実習に行った時も覚えていてくれた</u>

・卒園するときに一人一人に<u>メッセージをくれた</u>

・何かをお手伝いすると必ずお礼を言ってくれた、<u>名前を笑顔で呼んでくれた</u>

・何かできたらほめてくれた、笑顔で挨拶をしてくれる

・困っている時に声をかけてくれた

　表15-1をみると、「誕生日を覚えていてくれた」「（卒園後、保育者を目指す学生として）実習に行った時も覚えていてくれた」「名前を笑顔で呼んでくれた」等、子ども一人一人のことを覚えていてくれたことや、「メダルをくれた」「アルバムをくれた」「メッセージをくれた」等、何か物をくれたこと、「喜んでくれた」「ありがとうと言ってくれた」等、子どもの行動を認めてくれたことが挙げられ、「保育者が子どもにしてくれたこと」がよい思い出になっているといえます。これらを、保育者になった際には、あなたが子どもにする番になります。それは、いわば保育が世代を越えて引き継がれることを意味します。

表15-2　保育者とのよくない思い出

・友達とけんかした時に<u>叱られた</u>

・昼寝の時に友達と話していたら、布団を離された

・先生が途中で変わってしまった（今思うと、途中で辞めてしまったのかもしれない）

・お化け屋敷に連れて行かれた

・先生の使っているものがほしくて勝手に使ったら<u>叱られた</u>

・友達の分までご飯を食べたら<u>叱られた</u>

・遠足行きたくなかったのに連れて行かれた

・すべり台を逆から登ったら<u>叱られた</u>

・給食で嫌いなものを食べるように言われた

・よくない思い出はない

表15-2で圧倒的に多いのが、「叱られた」という言葉です。子どもは時に、何かいたずらをしたり、ちょっとした悪さをしたり（例えば、保育者がかぶっている帽子を急に取るなど）、普段は仲がよくてもけんかをしてぶつかり合ったり、様々な「叱られそうなシチュエーション」を作るものです。そういった時に多くの保育者は「叱る」態度を選ぶことになりますが、この時に気を付けておかなければならないことは、怒鳴ったり、（絶対にしてはいけないことですが）子どもの身体を叩いたりするような叱り方を選ばないということです。もう一つ気を付けておきたいことは、「叱るべき行為についてのみ叱る」ということです。何かをしてしまった子どもに対して「○○ちゃんはいけない子だ」などと叱るのではなく、「○○をしてはいけません」等、してしまったことに対して叱るということです。

なお、「よくない思い出はない」という意見にも注目したいものです。

（1）こんな保育者になりたい ── 理想の保育者像

先にワークで記入した保育者に対するよい思い出は、「こんな保育者になりたい」というあなた自身の願いにも通じます。端的に言えば、あなたが目指す保育者像となるということです。ここでは「理想の保育者像」と呼ぶことにしましょう。きっと多くの新任保育者が、こういった理想の保育者像を胸に抱きながら、保育の現場に飛び込んでいくことでしょう。

しかしながら、理想の保育者像はあくまで理想に過ぎません。覚悟しておいてほしいのは、保育者となった際、時にはそうなれない（理想的でない）自身の姿を認識してしまうことが少なからずあるということです。例えば、「一人一人にメッセージ（手紙）を作ってあげたかったけれど、時間がなくてできなかった」「そういえば、○○ちゃんがお手伝いをしてくれていたけれど、その時にお礼を言うことができなかった」等です。いわばこれは、「現実の保育者像」です。実は多くの保育者が、理想の保育者像でありたいけれど、それができない現実の保育者像と向き合いながら、日々の保育に邁進しているのです。

（2）理想と現実の狭間で揺れる保育者

ここで言っておきたいのは、それでも保育者は理想の保育者像を目指すべきであるということです。何度も述べましたが、保育者は保育のプロです。保育をすることを生業とするのであれば、どんな時でも理想の保育者像を追求すべきです。しかしながら、保育者も人間です。そうできない時があります。理想の保育者像と現実の保育者像との狭間で揺れる、その時に生まれる感情こそ保育者としての「葛藤」です。

葛藤は、理想の保育者像を追求していく過程で生まれます。日頃の保育を適当にこなしているのであれば、そこに葛藤が生まれるはずがありません。つまり、よりよい保育者になろうとしている時こそ葛藤が付随してくるのです。その葛藤には明確な答えが出ない時もあります。出ない時の方が多いかもしれません。そんな時は研修等[1]を通じて、自身が抱えた個の葛藤を、保育者相互の葛藤、つまり集団の葛藤へと昇華

---

[1] 本書第13章2.資質向上に関する組織的な取り組み──様々な研修p.180参照。

することが、理想の保育者像を追求する上で大切なプロセスとなります。いずれにしても、保育者が抱えた葛藤に答えが出たり出なかったりするでしょう。

「理想を追い求めながらも、葛藤と共にある職業、それが保育者である」ということを強調しておきます。

2. 自己理解した保育者とは

本書の学びを通して、あなたは保育者に必要なこととしてどのような視点を見出すことができたでしょうか? 子どもが好きで、子どもへの理解を深め、子どもと共に生活し、遊びを中心に子どもの育ちを援助すること——これは保育実践者に求められる基本的なことです。そして最も大切なことだともいえるでしょう。

その上で、他にも、特別な配慮を必要とする子どもへ対応する力、小学校や家庭・地域と連携する力等、保育者に求められる資質・能力は非常に多岐にわたる内容があります。

本書では具体例を示しながら、保育者としてどのような事柄を理解しておくべきかについて述べてきました。この節では、これからの時代に保育・教育に携わる者にはどのような姿が求められるのかについて学びます。そして、保育者として学び続けていくために、生活の中で取り組みたい事項について考えていきましょう。

(1) 保育者としての基礎

保育者になりたいと思って学び始めた当初、あなたはどのような保育者になりたいと思っていましたか? 入学していろいろな科目を学んでいる今、なりたい保育者とはどのような「先生」でしょうか?

子どもと一緒に力強く楽しく踊る先生、怒っている子どもに「そうか、腹が立ったね」と気付いて気持ちのおさまるまで一緒にいてくれる先生、子どもの絵を見て「あら素敵な色ね」と言ってくれる先生、静かな声でゆったりと歌を歌ってくれる先生など、「自分はこんな先生になりたい」というイメージをもっていますか?

長年、保育者の養成に携わってきた日吉佳代子は、保育者になる人が土台としてもっていてほしい資質、つまりあらかじめもっていることが望まれる性質や特性について次のような項目を挙げています[2]。

①健康であること
②基礎学力があること
③明朗で、温かみのある優しい人柄であること
④柔軟性やユーモア、好奇心、何でも面白がれる心を持っていること
⑤向上心があり、意欲的、根気があること

---

[2] 大戸美也子・新澤誠治・日吉佳代子(編著)『保育原理』樹村房, 1990年, p.193

⑥協力的で、協調性があり、人といることが楽しいと思えること

⑦音楽的・芸術的センスがあること

⑧行動的でまめに動くこと

⑨運動能力がある、機敏性があること

　保育者を目指そうとするなら、こういう人であってほしい、と挙げられたものですが、みなさんに当てはまっていましたか。客観的に自己分析してみましょう。自信をもってイエスといえる項目はどれでしょうか。これはだめだと思ったものがあったからといって、保育者になれないということではありませんが、こういう特性をもつことができるとよいのだなと捉えて、身に付けようと努力していくことは必要です。簡単にいえば、日常の生活を健全に丁寧に前向きに送る者としての基本といえます。

　倉橋惣三は、子どもの幼稚園での生活が日常生活とかけ離れたものではない「さながらの生活」であることの重要性を主張し、「生活を、生活で、生活へ」という言葉で表しました[*3]。

　子どもの日常生活につながった自発的な活動の中に、教育的な意味を見出し、子どもに直接働きかけたり、あるいはさりげなく物的環境を整えたりするなど、保育者の果たすべき役割は多岐にわたります。子どもの日常生活を一緒に再現し、再構成しながら発展させるためには、何よりも保育者自身が生活を丁寧に作れることが必要です。保育者一人一人が生き生きとした生活者であることが重要です。

（2）求められる保育者像

　文部科学省は2002（平成14）年に、「幼稚園教員に求められる専門性」として次の9つを挙げました[*4]。

(1)幼稚園教員としての資質

(2)幼児理解・総合的に指導する力

(3)具体的に保育を構想する力、実践力

(4)得意分野の育成、教員集団の一員としての協働性

(5)特別な教育的配慮を要する幼児に対応する力

(6)小学校や保育所との連携を推進する力

(7)保護者及び地域社会との関係を構築する力

(8)園長など管理職が発揮するリーダーシップ

(9)人権に対する理解

　また、保育所保育指針には、次のように記されています。

＊3　倉橋惣三『幼稚園真諦』フレーベル館，2008年，pp.18-24

＊4　幼稚園教員の資質向上に関する調査研究協力者会議「幼稚園教員の資質向上について－自ら学ぶ幼稚園教員のために（報告）」文部科学省，2002年
　　　http://www.mext.go.jp/b_menu/shingi/chousa/shotou/019/toushin/020602.htm （2023/11/17）

　保育所における保育士は、児童福祉法第18条の４の規定を踏まえ、保育所の役割及び機能が適切に発揮されるように、<u>倫理観に裏付けられた専門的知識、技術及び判断をもって</u>、子どもを保育するとともに、子どもの保護者に対する保育に関する指導を行うものであり、<u>その職責を遂行するための専門性の向上</u>に絶えず努めなければならない。

第１章 1 (1)保育所の役割 エ　※下線部は筆者による

　そして、保育所保育指針解説においては、保育士に求められる主要な知識及び技術として、６項目を示しています（本書第３章１（1）参照）[5]。

　幼稚園教諭、保育士ともに、専門的な知識や技術を基に、実践の中で様々な状況に応じその状況に適した丁寧な対応ができることや、豊かな感性で遊びを展開することが求められています。養成校のカリキュラムでたくさんの科目を学びますが、それぞれの科目が関連し、みなさんの中で結びついて、総合的な知識や技術になっていくことが期待されています。

（3）現代の社会状況において求められる教育者・保育者像

　保育者として保育を行うに当たり、いつの時代にも求められる資質・能力がありますが、時代の変化によって、求められる資質・能力は異なっています。

　教育再生実行会議は、2015（平成27）年5月の提言において、「これからの時代を生きる人たちに必要とされる資質・能力～求められる人材像～」として３つの視点を挙げています[6]。

　　・主体的に課題を発見し、解決に導く力、志、リーダーシップ
　　・創造性、チャレンジ精神、忍耐力、自己肯定感
　　・感性、思いやり、コミュニケーション能力、多様性を受容する力

　これからの時代に生きていく人として、子どもの未来像を描く時には、この３つの資質・能力を考えることが必要だということです。

　では、そのような資質・能力を身に付けた子どもの育ちを保障するためには、今の社会では保育者としてどのような力を身に付けることが望まれているでしょうか。

　2015（平成27）年12月の中教審答申では、幼稚園教諭に求められる資質能力として以下のような内容を記しています[7]。

（1）　幼稚園教諭に不易[8]とされる資質能力

　　幼稚園教諭に求められる資質能力は、幼稚園教育要領に示す５領域の教育内容

＊5　本書 p.24
＊6　教育再生実行会議「これからの時代に求められる資質・能力と、それを培う教育、教師の在り方について（第七次提言）」首相官邸，2015年，pp.2-3
　　　https://www.kantei.go.jp/jp/singi/kyouikusaisei/pdf/dai7_1.pdf（2020/01/07）
＊7　一般社団法人保育教諭養成課程研究会「2　幼稚園教諭に求められる資質能力と教員養成段階に求められること」文部科学省，2017年　http://www.mext.go.jp/a_menu/shotou/youchien/1385790.htm（2020/01/07）
＊8　不易とは、時代が変わっても、これだけは変わらないということです。

第15章　保育者を目指すあなたへ

に関する専門知識を備えるとともに、５領域に示す教育内容を指導するために必要な力、具体的には、幼児を理解する力や指導計画を構想し実践していく力、様々な教材を必要に応じて工夫する力等、<u>幼児期の学校教育を実践していく専門家としての側面</u>からみていく必要がある。また、幼児期の教育では、家庭と連携して幼児一人一人の成長を支えることも重要であり、保護者との関係を構築する力や、小学校との円滑な接続のために必要な力、特別支援が必要な幼児への指導を実践していくために必要な力等の<u>諸課題に適切に対応していく専門家としての側面</u>からもみていく必要がある。

(2) 新たな課題に対応できる力

　これからの時代に教員に求められる資質能力として「(略) 自律的に学ぶ姿勢を持ち、時代の変化や自らのキャリアステージに応じて求められる資質能力を生涯にわたって高めていくことのできる力や、情報を適切に収集し、選択し、活用する能力や知識を有機的に結びつけ構造化する力などが必要である」(略)

(3) 組織的・協働的に諸問題を解決する力

　これからの学校教員は、チーム学校の考えの下で、多様な専門性をもつ人材と効果的に連携・分担し、組織的・協働的に諸問題の解決に取り組む力の醸成が必要であることを指摘している。(略)

※下線部、脚注は筆者による

　また、平成30年実施の教育要領では、幼稚園教育において育みたい資質能力や、幼児の発達に即して「主体的・対話的で深い学び」に沿っての不断の指導改善などの幼児期の学校教育としての充実のための視点が示されています。必要に応じて幼児の体験と関連させながらICTを活用し、幼児の体験を豊かにしていくことや、教員一人一人がカリキュラム・マネジメントに参画していくことなどの新たな課題に対応できる力量をつけることも求められています。

　以上のことから浮かび上がる保育者像として、これからの保育者には「豊かな実践力と人間関係力を備えた人材」が求められているといえます。

（４）保育者になるために

①人間関係力を育てる

　保育の現場では、一人で保育を行うことは少なく、誰かと役割分担して協力しながらクラスを運営したり、園の活動を作ったりしています。

　小原敏郎は、保育者の求められる今日的な役割として、「子育て支援力」と「チーム保育」の２つを指摘しています。保育者の連携や協働に欠かせないチーム保育を実現していくための「人間関係力」に含まれる要素としては、「共感する力」「感情を効果的にコントロールする力」「グループに貢献する力」「リーダーシップを共有し、他人を助ける力」「利害の対立を御し、解決する力」を挙げています。そのために、多様な

集団に身を置き、自己の人間関係力の向上を図ることもすすめています*9。

養成校の学生として、実習やボランティア、あるいはアルバイト等を通じ、職制や個性の異なる人々との集団活動を行う中で、相手を尊重し、相手との関係を構築できる体験を積んでいけるよう努力しましょう。

②日常生活を豊かに過ごす

先に「（1）保育者としての基礎」で述べたように、保育者になるための学びは日常の生活の積み重ねにあります。日頃の生活から保育者になるために努力することがあります。それでは、どのようなことに取り組んだらよいでしょうか。

例えば、保育実習（施設）の授業では、「施設は生活の場」という言葉を聞きませんでしたか。家事ができることが実習で役立つと言われたかもしれません。また、幼稚園、保育所、認定こども園では、整えられた環境が大事だとか、季節の変化が感じられることが大切だということも学んだと思います。表現の授業では、保育者自身の感性が大切と学んだでしょう。

日常の生活の中で具体的に取り組めることとして、次のような事柄があります。他にも自分が取り組んでみたいことを考えてみましょう。

- ・新聞を読み、社会の動きを知る
- ・自分の住んでいる市町村で取り組んでいる保育事業を調べる
- ・子どもに関する報道に関心を持ち、友人と意見を交わす。
- ・街で見かけた子どもの行動や言葉表情を観察する（ただ可愛いではなく）
- ・子どもと保護者の会話や関わりに関心を持つ
- ・規則正しい生活習慣を身に付け、体調管理を徹底する
- ・適切な言葉を使い、場面に応じた会話を楽しむ
- ・何事も丁寧にとり組む
- ・花や草木、鳥や虫などから、季節を感じ、生活に取り入れる
- ・美術館や博物館、映画、書籍など文化に親しむ

※神蔵幸子・中川秋美・宮川萬寿美（編著）『保育原理』青踏社，2019年，p.15を参考に筆者作成

（5）保育者としてあるために

保育者としてあり続ける人とは、生活者として自立し、他者と関係を創り、協力しながら保育の場を作り続けていく人です。子どものことを第一義に考え、日々の保育を振り返り、集団の中での自分の役割を自覚し、いまここで新しく振るまえる人です。保育者の専門性を述べる時に、保育者は「反省的実践者」*10であるとされ、振り返りの重要性が論じられています。

ここでの振り返りとは、保育実践の中での子どもや保育について省察を行い、そこで、また新たな状況をつくり出していくという循環を作りだすものです。子どもの発達や

---

*9　石川昭義・小原敏郎（編著）『保育者のためのキャリア形成論』建帛社，2015年，pp.121-122
*10　ショーン，D/佐藤学・秋田喜代美(訳)『専門家の知恵—反省的実践家は行為しながら考える』ゆみる出版，2001年

成長は、子どもが物や人との関わりにおいて、主体的で創造的に振る舞うことから育まれます。保育者も同様に、自分自身を見つめ、人や物と関わり、その関係をより豊かにしていくことで、成長できます。保育に携わることが、生きがいになり、誇りをもって働き続けるために、いまここで新しい保育実践を日々展開していけるように努力しましょう。

園長先生のつぶやき

　そのクラスを見れば、担任の保育者が見えてくる、その子を見れば保護者の姿が見えてくるというと、保育者は保育の仕事に身構えてしまうかもしれません。でも、子どもたちに一人一人の個性があるように、保育者一人一人にもかけがえのない個性があります。極端なことを言えば、一人一人の保育者の個性をいかした保育ができれば、それはそれでいいのではないでしょうか（ただし、それぞれの幼稚園の教育目標から大きく外れない程度で…）。

　いろいろな保育者がいる方が子どもたちも楽しかったり、時には救われたりします。保育者も人間です。子ども一人一人に対して"合う・合わない"が正直言ってあるものです。もちろんそんな中でも平等に接することが当然ではありますが、時にいろいろな保育者に支えてもらうことも重要です。

　自分に自信をもって、自分にしかできない保育を目指して頑張ってもらいたいと願っています。経験年数の長い保育者のクラスと新人の保育者のクラスでは、正直言っていろいろな面で"差"がでてしまうのは確かなことです。しかし、何事も勉強と思いながら一生懸命精いっぱい取り組んでいけば、園長先生は必ず見てくれています。

　最近は残念なことに年度途中で辞めてしまう保育者もいます。そうなってしまうまでには、様々な積み重ねや事情があると思いますし、園側にも様々な課題があるのだと思って私は真摯に向き合っています。途中で保育者がいなくなってしまう事実は、残された子どもたちにとってはとてもショックな出来事です。毎日、保育者と会うことを楽しみにしている子どもたちにとってはとても切ない出来事です。もしあなたが"辞めたい"という思いをもった時にはぜひ身近な保育者（もちろん園長先生でもいいです）に相談してください。

　保育者という仕事は、自分がやりたいだけでできる仕事ではなく、そこに子どもたちがいて初めてできる仕事です。自分の思いもとても大切なものですが、同時に子どもたちの思いにも寄り添い、責任をもって保育を担ってほしいと願っています。

（野津裕子）

第15章　保育者を目指すあなたへ

さくいん

執筆担当

野津直樹　小田原短期大学 保育学科 准教授
編者／第1章／第2章／第11章1／第13章1・2・4／第14章2／第15章1

宮川萬寿美　小田原短期大学 保育学科 特任教授，乳幼児研究所 所長
編者／［保育の現場では］第6章／第9章／第11章2／第12章／第15章2（共著）

佐野眞弓　元横浜女子短期大学 保育科 教授
第3章／第4章1・2

上野文枝　小田原短期大学 保育学科 准教授，社会福祉士
第4章3・4／第5章／第6章

竹内あゆみ　小田原短期大学 保育学科 専任講師
第7章

神蔵幸子　洗足こども短期大学 名誉教授
第8章2／第15章2（共著）

金允貞　十文字学園女子大学 幼児教育学科 講師
第8章1／［保育の現場では］第8章1

内山絵美子　小田原短期大学 保育学科 専任講師
第10章1／13章3

鵜野澤武美　横浜女子短期大学 保育科 専任講師
第10章2

中山貴太　小田原短期大学 保育学科 専任講師
第14章1

髙橋佑介　ぽけっとランド 園長
第14章3

野津裕子　森の里幼稚園 園長
［保育の現場では］第1章／第2章／第5章2／第10章／第11章／第14章／第15章

白川三枝　箱根幼稚園 副園長（元・二ノ平保育園 保育士）
［保育の現場では］第3章／第12章

金井潤子　箱根幼稚園 園長（元・仙石原幼児学園 保育教諭）
［保育の現場では］第4章2

名川壮平　児童養護施設 強羅暁の星園 児童指導員／家庭支援専門相談員
［保育の現場では］第4章3

土井敬喜　南大野幼稚園 副園長
［保育の現場では］第5章3／第7章／第8章2／第9章／第13章

保育者論ー主体性のある保育者を目指して

2020年4月1日　初版第1刷発行
2023年4月1日　初版第4刷
2024年1月6日　第2版第1刷

編著者　野津直樹・宮川萬寿美
発行者　服部直人
発行所　株式会社萌文書林
　　　　〒113-0021　東京都文京区本駒込6-15-11
　　　　TEL 03-3943-0576　FAX 03-3943-0567
　　　　https://www.houbun.com
　　　　E-mail: info@houbun.com
印刷所・製本所　中央精版印刷株式会社
デザイン・DTP　久保田祐子（クリエイティブ悠）
イ ラ ス ト　西田ヒロコ